제시 리버모어의
주식투자 바이블

월스트리트의 전설, 추세매매의 아버지
제시 리버모어의 주식투자 바이블

HOW TO
TRADE
in STOCKS
by JESSE LIVERMORE

제시 리버모어 지음 | **리처드 스미튼** 해설 | **이은주** 옮김

이레미디어

이 책을 어머니 프랭키 스미튼Frankie Smitten 여사에게 바친다.
어머니는 용기 있고 인내심 강하고 지혜로운 여성으로서
내가 아는 최고로 멋지고 훌륭한 분이셨다.
무엇보다 어머니는 내게 큰 사랑을 주신 분이셨다.
_리처드 스미튼

롱아일랜드 킹스포인트에 소재한 리버모어의 대저택 '에버모어 Evemore'. 이곳에는 저녁 만찬용 식탁이 48개나 마련돼 있었으며, 지하실에는 이발소가 있었고 이발사도 입주해 있었다. 저택 뒤편에는 길이가 91미터나 되는 요트가 정박해 있었다. 사진은 1933년 6월 27일에 대규모 파티가 열렸던 당시의 모습이다. 이 저택도 결국은 경매 처분됐다.

(사진-데일리 뉴스)

낚시 후 자신의 요트에서 포즈를 취한 리버모어와 그의 친구 에드 켈리. 리버모어는 낚시광이었다. 요트를 타고 바다로 나가는 그 시간이 리버모어에게는 사색의 시간이었다. 바다에 나갔을 때 '기발한 생각'이 많이 떠올랐다고 한다. (사진-폴 리버모어)

12미터짜리 요트 '어니터 베니션' 1호. 리버모어는 요트 항해를 즐겼다. 총 세 척의 요트를 보유했는데 마지막 요트인 어니터 베니션 3호는 길이가 91미터나 됐다.

(사진-폴 리버모어)

1926년 3월 3일 제시 리버모어와 도로시 리버모어 부부. 대저택 '에버모어'에서 열렸던
가장무도회 당시 말쑥한 차림의 부부. 제시 리버모어는 아름다운 여인들을 좋아했고
파티를 좋아한 아내 도로시는 100명 이상이 참석하는 대규모 파티를 자주 열었다.

(사진-데일리 뉴스)

1925년 3월 18일, 팜비치에 있는 브레이커스 호텔 화재 장면. 도로시 리버모어는 호텔 사환들을 방으로 보내 화염 속에서 루이뷔통 가방 24개를 가져오게 했고 사환들은 무사히 가방을 구해왔다. 앞쪽에 알몸 상태인 두 남자가 보인다. 너무 다급한 상황이라 미처 옷을 걸칠 틈도 없었던 것이다. (사진-팜비치 히스토리컬 소사이어티)

팜비치에 있는 브래들리의 '비치 클럽'. 미국 역사상 가장 오래된 불법 카지노. 미국에서 '가장 뛰어난 도박사' 에드 브래들리와 미국에서 '가장 위대한 트레이더' 제시 리버모어는 급속도로 빠르게 친구가 되었다. (사진-팜비치 히스토리컬 소사이어티)

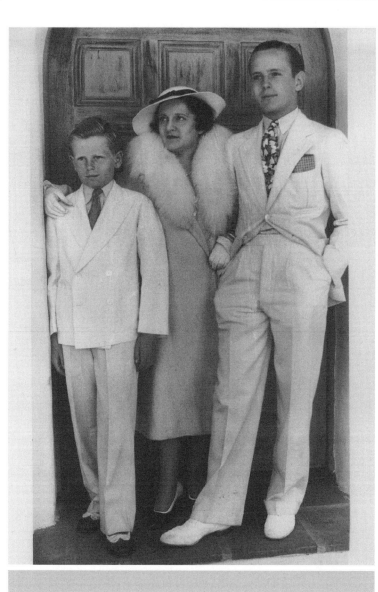

리버모어의 저택 앞에서 폴 리버모어, 도로시 리버모어, 제시 주니어. 두 아들은 대단한 미남이었다. 제시 주니어는 14세 때 어머니의 친구들과 육체적 관계를 맺었고(어머니는 이 같은 사실을 전혀 몰랐다) 술도 마시기 시작했다. (사진-코비스 베트만 아카이브)

팜비치에 있는 브레이커스 호텔 현관에 선 제시 리버모어. 리버모어는 겨울이면 이곳에서 자주 시간을 보냈다. 브레이커스로 갈 때는 기차를 이용했고 자신이 도착하기에 앞서 팜비치로 요트를 내려보냈다. (사진-코비스 베트만 아카이브)

레이크 플래시드 별장에서의 제시 리버모어와 도로시 리버모어 그리고 친구들. 리버모어는 이곳에서 사냥과 골프를 즐겼다. (사진-폴 리버모어)

흰 버들가지 페디캡(삼륜차)을 타고 브레이커스 호텔 구내를 돌고 있는 도로시 리버모어와 그 친구.
(사진-패트리샤 리버모어)

패트리샤와 제시 리버모어 주니어. 하와이로 가는 도중의 행복한 한때. 제시 리버모어는 나중에 심각한 알코올 중독에 빠졌고 아내 패트리샤를 신체적으로 학대했으며 결국에는 그녀를 죽이려고까지 했다.
(사진-패트리샤 리버모어)

제시 리버모어는 아름다운 여인들을 사랑했다. 이것이 불행의 씨앗이었다. 파크 애비뉴에 있는 침실 10개짜리 저택에서 손님 80명을 초대해 파티를 열었고, 이때 세 번째 아내 해리엇과 함께 포즈를 취했다. (사진-코비스 베트만 아카이브)

제시 리버모어의 막내아들 폴 리버모어의 홍보 사진. 폴은 하와이로 가기 전에 다수의 영화와 다양한 TV 시리즈물에 출연했다. (사진-폴 리버모어)

폴의 아름다운 아내 앤 리버모어. 앤은 빅밴드(대규모 재즈 밴드)에 속한 가수로서 토니 베넷이나 프랭크 시나트라 같은 가수와 동시대에 활약했다.
(사진-앤 리버모어)

제시 리버모어 그리고 세 번째 아내 해리엇과 아들 폴. 1935년 12월 8일, 어머니가 쏜 총에 맞고 병상에 누운 아들 제시 주니어를 보고 나서 뉴욕으로 돌아왔을 때 모습이다.
(사진-데일리 뉴스)

도로시 리버모어가 아들을 쏘고 나서 캘리포니아주 샌터바버라 법정에서 심문 차례를 기다리고 있다. 도로시는 살해할 의도를 가지고 치명적인 무기를 사용하여 공격한 혐의로 고발되어 어니스트 와그너 판사 앞에 불려왔다. (사진-코비스 베트만 아카이브)

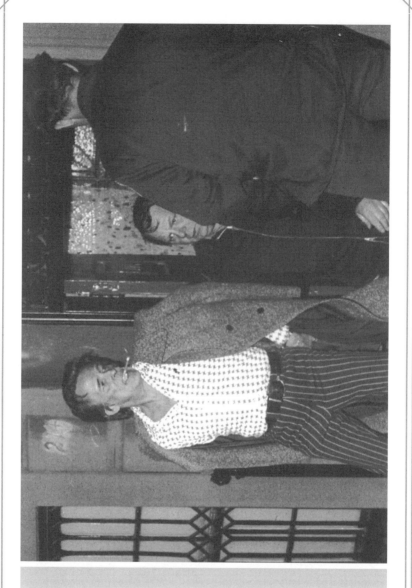

1975년 3월 23일, 제시 리버모어 주니어. 아내 패트리샤를 살해하려다 자신의 개를 쏘고 나서 집에서 끌려나와 경찰차 쪽으로 가고 있다. 뉴욕 경찰 소속 경찰관의 가슴에 총부리를 겨누고 방아쇠를 당기기도 했다. (사진–데일리 뉴스)

캘리포니아주 몬테시토에 있는 도로시 리버모어의 저택. 보안관 잭 로스를 중심으로 지방 검사 퍼시 헤켄도르프와 또 다른 보안관 제임스 로스가 제시 리버모어 주니어가 자신의 어머니 도로시가 쏜 총에 맞은 것으로 보이는 사건 현장을 둘러보고 있다. 실제로 제시 주니어는 현관 계단에서 총에 맞았다. (사진-코비스 베트만 아카이브)

1934년 5월 15일, 제시 리버모어가 파산중재인 앞에 앉아 있다. 리버모어는 법적인 의무가 없더라도 항상 자신이 경제력을 회복하게 되면 채권자에게 그 빚을 갚았다.

(사진-데일리 뉴스)

1934년 파산 이후에 20개월 일정으로 호화 여객선 렉스 호를 타고 유럽 여행에 나선 제시 리버모어와 그의 아내. 떠나기 전에 리버모어는 이렇게 말했다. "내 모든 고통을 덜고 좀 쉬고 싶다." (사진-데일리 뉴스)

1940년 11월 27일, 리버모어가 즐겨 찾던 나이트클럽인 스토크 클럽에서 제시 리버모어와 아내 해리엇. 다음 날 리버모어는 자살로 생을 마감한다. (사진-데일리 뉴스)

1940년 11월 28일, 아버지의 주검을 확인하기 위해 뉴욕에 있는 쉐리 네덜란드 호텔에 도착한 제시 리버모어 주니어. (사진-데일리 뉴스)

리버모어는 성공과 실패의 부침을 겪으며 성인 시절 내내 심한 우울증에 시달렸다. 이 사진은 '월스트리트의 큰 곰'으로 불리던 리버모어가 권총 자살로 생을 마감하기 이틀 전인 1940년 11월 26일에 찍은 것이다. (사진-코비스 베트만 아카이브)

"월스트리트는 절대 변하지 않지만, 지금 사정은 변한다. 주식은 변하지만, 월스트리트는 절대 변하지 않는다. 인간의 본성은 절대 변하지 않기 때문이다."_제시 리버모어
(사진-폴 리버모어)

감사의 말

이 책을 쓰는 데 도움을 주고 조언을 아끼지 않았던 패트리샤 리버모어Patricia Livermore와 폴 리버모어Paul Livermore에게 감사한 마음을 전하고 싶다. 또 전문가로서의 도움을 주셨던 아버지 루이스 스미튼Louis Smitten에게도 감사한다. 모든 주제에 대해 늘 사려 깊은 충고를 해주었던 친구 고든 뱃저Gordon Badger에게도 감사한 마음을 전한다.

이 책의 출판과 편집, 표지 디자인을 맡았던 테레사 다티 앨리굿Teresa Darty Alligood에게도 심심한 감사의 말을 전한다.

트레이더로서의 제시 리버모어와 그 방법론에 대해 강한 신뢰감을 나타냈던, 트레이더스 프레스Traders Press, Inc.의 사장이자 발행인인 에드워드 돕슨Edward Dobson에게도 감사한다. 우리 두 사람은 제시 리버모어가 오늘날의 시장에 관해 우리에게 많은 것을 가르칠 수 있는 그야말로 '시장'의 고수라는 데 생각이 일치한다.

그리고 무엇보다 1940년에 이 훌륭한 책을 출간해준 제시 리버모어에게도 감사한 마음 가득하다. 이 책은 출간 당시는 물론이고 오늘날에도 역시 가치 있는 자료로서 '시장' 관련 서적의 고전으로 추앙받아 마땅하다고 생각한다. 리버모어의 지혜, 노력, 그 탁월함에 대해 다시 한번 감사의 말을 전한다.

_리처드 스미튼

위대한 투자자, 제시 리버모어

제시 리버모어Jesse Livermore는 주식시장의 전설과도 같은 존재다. 오늘날 월스트리트의 일류 트레이더들은 제시 리버모어를 유사 이래 가장 위대한 트레이더로 꼽는 데 주저하지 않는다. 리버모어는 주식시장 역사에 한 획을 그은 인물이다(위대한 투자자 제시 리버모어의 매매비법과 기법, 주식매매 방법론이 처음으로 공개됐다). 리버모어의 타이밍 기법, 자금관리 시스템, 주식 및 상품매매에 대한 고高 모멘텀 접근법은 매우 혁신적인 방법론으로서 오늘날의 시장에 적용해도 무리가 없을 정도로 그 타당성을 인정받고 있다. 그 이유는 바로 이것이다.

"시장은 변한다. 그러나 인간의 본성은 절대 변하지 않는다."

리버모어는 14세1891년에 단돈 5달러를 들고 집을 나왔다. 그리고 증권사인 페인웨버Paine Webber 영업장에서 시세판에 주가를 기록하는 일을 시작했다. 이후 주식매매로 큰돈을 벌었다는 이유로 보스턴과 뉴욕에 있는 '버킷샵'에서 매매를 금지당하기도 했다. 리버모어는 1907년 시장이 붕괴되었을 때 큰돈을 벌었지만, 곧 그 돈을 다 잃었다. 이후에도 큰돈을 벌었다가 다시 날리기를 수차례 거듭했다.

1907년의 시장 공황 당시에는 J.P. 모건이 리버모어에게 친히 사람을 보내 공매도를 중지하여 시장이 '혼수상태'에 빠지는 일이 없도록 도와달라고 요청하기도 했다. 리버모어는 공황 당시 단 하루 만에 300만 달러를 벌어들였다.

리버모어는 이름다운 무용수 지그필드 폴리스Ziegfield Follies와 결혼하여 롱아일랜드에 있는 대저택 '에버모어Evermore'에서 살았다. 이 저택에는 14명의 하인이 있었고, 집 뒤에는 길이가 91미터나 되는 요트가 정박해 있었다. 리버모어는 매일 아침 요트를 타고 뉴욕으로 출퇴근했다. 1929년, 시장붕괴가 시작되기 전에는 공매도 포지션을 취한 덕분에 1억 달러의 이익을 실현할 수 있었다.

은둔주의자였던 리버모어는 5번가에 소재한 한 건물의 요새와도 같은 펜트하우스에서 철저한 보안 속에 비밀스럽게 매매를 했다. 일단 주식시장이 개장한 다음에는 장이 마감될 때까지 사무실 사람들은 모두 침묵을 지켜야 했다.

1935년에 리버모어의 두 번째 아내 도로시가 아들 제시 리버모어

주니어를 총으로 쏘는 사건이 발생했다. 도로시는 샌터바버라 법정에서 자신은 그때 술에 만취하여 흥분한 상태에서 일을 저질렀다고 주장했다. 그 당시 이 일은 세간을 떠들썩하게 했던 큰 사건이었다.

제시 리버모어는 월스트리트 역사상 가장 역동적이었던 삶을 권총 자살로 마감했다. 쉽게 이해할 수 없는 이 복잡한 천재는 월스트리트와 겨뤄 승리하고자 하는 야망을 품었고, 결국은 그 야망을 실현했다.

역사상 가장 위대한 트레이더 가운데 한 사람이었던 리버모어의 일과 인생을 이 책에서 살펴보라.

전설적인 트레이더
제시 리버모어와의 만남

이 책은 주식매매 관련 서적의 고전이라 불리는 제시 리버모어의 《주식 매매하는 법》을 필자가 다시 가다듬고 보충한 일종의 증보판이다. 이 책에는 리버모어의 매매기법 가운데 전에 공개된 적이 없었던 다양한 매매비법들이 담겨 있으며, 이 비법들은 리버모어 가족과의 면담, 리버모어의 개인 기록 및 자료 그리고 그동안 자신의 아버지에 대해 일절 언급하지 않았던 리버모어의 아들 폴과의 대화 등을 통해 입수했다. 이는 한 인간으로서 그리고 트레이더로서의 제시 리버모어를 이해하는 데 매우 중요한 자료들이다.

인류 역사상 자신의 분야에서 타의 추종을 불허할 만큼 독보적인 위치를 확보했던 사람은 열 손가락 안에 꼽을 정도다. 알베르트 아인슈타인, 헨리 포드, 토머스 에디슨, 루이스 파스퇴르, 퀴리 부인 그리고 운동선수 중에는 베이브 루스, 마이클 조던, 타이거 우즈 정도가 여기에 해당할 것이다. 특정 집단도 아니고 한 개인이 이렇듯 불세출의 성과를 낼 수 있는 이유는 무엇일까? 이 의문은 여전히 수수께끼로 남아 있다.

제시 리버모어는 '주식매매'라는 분야에서 독보적인 성공을 거두었다. 그런데 이 대단한 인물이 월스트리트 이외의 세계에서는 크게 유명하지 않은 이유가 무엇일까? 그것은 바로 리버모어가 은둔자에 가까운 사람으로서 평소에 혼자 활동하면서 은밀하게 일 처리 하는 것을 좋아하던 과묵한 사람이었기 때문이다. 리버모어는 일찍이 침묵의 힘 그리고 은밀하게 행동하는 것의 힘을 알았던 사람이라고 해 두자. 활동 이력을 통틀어 리버모어는 자신의 비밀을 누설했을때 그리고 침묵의 원칙을 깼을 때 크게 상처를 입었고, 스스로 정한 그러한 원칙에서 벗어날 때마다 그에 대한 대가를 톡톡히 치르곤 했다. 리버모어가 돈을 잃었던 유일한 경우는 바로 다른 사람의 말에 귀 기울였을 때뿐이었다.

리버모어의 침묵과 비밀주의 성향은 월스트리트에서는 알 만한 사람은 다 아는 일이었다. 따라서 언론의 궁금증은 극에 달해서 틈만 나면 리버모어의 매매비법을 캐내려고 혈안이 돼 있었다. 한마디로 리버모어는 언론의 열렬한 구애 상대였다. 시장 동향에 대해 물으면 리버모어는 늘 침묵으로 일관했지만, 그래도 언론은 떠돌아다니는 소문과 낭설을 조합하는 한이 있더라도 리버모어의 의견인 양 어떻게 해서든 이야기를 꿰맞추려고 했다.

시장 변동성이 큰 시기에는 월스트리트의 거의 모든 사람이 리버모어의 입만 바라볼 정도였다. 그만큼 리버모어의 말 한마디가 시장에 미치는 영향력은 대단했다. 간단히 말해 리버모어는 월스트리트의 전설과도 같은 정말 대단한 인물이었다.

리버모어는 15세에 처음으로 시작한 주식투자에서 3.12달러의 이익(당시로서는 한 달 월급에 맞먹는 5달러를 출자하여 3.12달러를 벌었으므로 지분 50%에 해당하는 액수를 번 셈이다)을 낸 이후로 서른이 되기도 전에 백만장자가 되었다. 주식시장이 대폭락했던 1907년 당시에는 단 하루 만에 거금 300만 달러를 벌어들이기도 했다. 그 당시 J.P. 모건은 금융계의 줄도산을 막고자 특별 자금을 지원하는 한편, 리버모어에게 사람을 보내 공매도를 중지해달라는 부탁까지 했다.

리버모어는 면화, 옥수수, 밀 시장 등 전체 상품 시장을 장악했으며 실질적으로 미국 내에 존재하는 모든 상품을 소유했다고 해도 과언이 아니었다.

리버모어는 주가가 천장을 찍었는지 아닌지를 가늠할 능력이 있었고, 이러한 능력 덕분에 1929년의 시장 대붕괴 당시 공매도를 통해 수억 달러의 이익을 냈다. 그러나 이렇게 큰돈을 벌기까지 그는 엄청난 노력을 했다. 단적인 예로 14세라는 어린 나이 때부터 메모 습관을 들였고, 그 이후로 매매할 때마다 그 내용을 꼼꼼히 기록해두었다. 이를 통해 리버모어는 주가 패턴과 추세를 알게 되었고 자신과 타인의 이론을 실전에 시험 적용해볼 수 있었다.

제시 리버모어처럼 매매하기

필자는 제시 리버모어식 매매기법을 소개한 소프트웨어 패키지를 선보일 예정인데, 리버모어의 기법을 활용하여 주식매매를 하려는 사람들에게 큰 도움이 될 것이다. 이 소프트웨어 패키지 안에는 금융 위험에 실제로 노출되는 일 없이 리버모어의 매매기법과 방법론을 적용할 수 있게 해주는 '가상 주식시장 컴퓨터 시뮬레이터Virtual Stock Market Computer Simulator'가 포함될 것이다. 일단 이 '가상 시뮬레이터' 사용에 익숙해진 다음에는 실전 매매 단계로 나아가면 된다. 이 '가상 주식시장 시뮬레이터'는 초보자와 전문가 모두가 사용할 수 있게 설계되었다.

리버모어가 아들에게 전한 "내가 했던 실수와 단점들을 잘 되새기면 앞으로 단타 매매에 치중하는 모든 트레이더와 투자자들에게 닥칠지도 모를 위험과 함정을 피할 수 있을 것이다. 내가 시장에서 한 실수, 그리고 시장에서 거둔 성공을 교훈으로 삼는다면 분명히 성공할 수 있을 것이다"라는 말은 독자 여러분에게도 해당된다. 제시 리버모어에 대해 제대로 알고 싶다면 이 책을 반드시 읽어야 한다.

주가와 차트 패턴이 반복되는 이유가 무엇인지는 정확히 알 수 없다. 하지만 리버모어는 "본래 인간은 시장에서도 탐욕, 공포, 무지, 희망 등의 감정을 바탕으로 똑같은 행동을 반복한다. 이것이 바로 특정 행동이나 주가 및 수치 패턴이 끊임없이 반복되는 이유다"라며 그 이유를 인간의 본성에서 찾았다.

_리처드 스미튼Richard Smitten

리버모어의 신년 의식

"안녕하세요, 리버모어 씨."

"네, 안녕하세요. 피어스 씨."

1923년 새해를 며칠 앞둔 금요일이었다. 제시 리버모어는 이날 오후 체이스맨해튼 은행으로 갔다. 그리고 이 은행의 지점장 앨프레드 피어스의 열렬한 환대를 받았다. 리버모어는 특수한 '시장 상황'에 대비한 준비금으로 최소한 200만 달러 정도는 항상 이 은행에 예치해 두었다. 말하자면 리버모어는 이 은행의 최우수 고객 중 한 명이었다. 여기서 말하는 특수한 시장 상황이란 인기주를 매수하거나 특정 상품을 매점하려 할 때라고 하겠다. 이럴 때 필요한 자금을 여기서 인출해 사용하는 것이다.

"모든 준비가 다 돼 있습니다, 리버모어 씨." 앨프레드가 말했다.

리버모어가 자신의 손목시계를 들여다봤다. 오후 5시 15분이었다. 은행 문은 이미 닫힌 상태였다. 리버모어는 직원용 출입구를 통해 은행 안으로 들어갔다.

　"아시다시피, 이곳의 시한時限 자물쇠는 5시 30분에 맞춰져 있습니다. 그러니까 15분 후에 닫히지요."

　두 사람은 아무 말 없이 은행 창구를 지나 뒷문을 통해 금고실로 향했다.

　"그럼 월요일 아침에는?" 리버모어가 물었다.

　"늘 그랬듯이 월요일에는 정각 8시에 열리게 돼 있습니다."

　"아, 아는데 다시 한번 확인해보고 싶었을 뿐입니다."

　"예, 이해합니다. 어쨌거나 그때까지는 온전히 혼자 계실 수 있습니다."

　"네, 제가 원하는 게 바로 그거예요." 리버모어는 가죽 가방 하나를 든 채 대답했다.

　앨프레드가 그 가방을 쳐다봤다. 그리고는 이렇게 물었다. "이 가방 안에 뭐가 들었는지 물어봐도 될까요?"

　"물론이지요. 이 가방 안에는 그러니까 1923년 한 해의 매매를 준비하는 데 필요했던 모든 자료가 들어 있다고 할 수 있지요. 지난 한 해 동안 했던 매매를 전부 검토해볼 생각입니다. 그간의 매매 기록을 살펴보면서 왜 매수를 했는지, 왜 공매도를 했는지 또 왜 포지션을 청산했는지 등에 관해 곰곰이 생각해보는 거지요."

"선생님은 매번 이익을 내지 않았던가요?" 앨프레드가 반은 농담조로 물었다.

"흠, 나에 대해 잘못 알려진 게 많답니다. 나도 사람인데 손실도 나고 그러는 거지 어떻게 매번 이익을 내겠습니까? 단지 다른 사람과 다른 점이라면 이런 것이겠지요. 나는 상황이 내게 불리하게 움직인다 싶으면 바로 손을 털고 나옵니다. 나도 손실을 볼 때가 당연히 있습니다. 그래서 그때 왜 손실이 났었는지 그 이유를 알아내려고 지금 이러는 거 아닙니까?"

두 사람이 마침내 주$_{\pm}$ 금고실에 도착했다. 금고실은 큰 강철 문이 달린 거대한 공간이었다. 문 양옆에는 무장 경비원 두 명이 서 있었다. 두 경비원은 앨프레드와 리버모어에게 가볍게 목례를 했다. 모두가 이 안에서 어떤 일이 벌어질지 잘 알고 있는 것 같았다.

리버모어와 지점장은 문턱을 지나 횅뎅그렁한 금고실 안으로 들어섰다. 그 안에는 거액의 현금이 들어 있는 상자들이 즐비했다. 지폐는 대다수가 100달러짜리였고 20달러짜리와 50달러짜리 지폐가 가득 들어 있는 상자도 하나 있었다. 현금 더미 한가운데에는 책상과 의자, 간이침대 그리고 안락의자가 놓여 있었다. 책상 위에 특수 조명이 하나 그리고 안락의자 위에는 보조 조명이 하나 달려있다.

리버모어는 현금 상자들 쪽으로 다가가서 열린 상자 속의 현금 더미를 내려다봤다.

"리버모어 씨, 여기 있는 현금은 5천 만 달러 정도 될 겁니다. 정확한 액수는 책상 위 메모지에 기록돼 있습니다. 오늘 오후에 허튼E.F. Hutton에서 보낸 게 아마 마지막일 겁니다."

제시 리버모어는 새해를 맞기 전에 늘 하던 대로 주식과 상품에 대한 거의 모든 포지션을 청산했다.

"리버모어 씨, 지금 이 건에 대한 수수료를 정산했으면 하는데요." 앨프레드가 말했다.

"이게 전부가 아닌데요? 시장에 유동성이 너무 부족해서 아직 처분하지 못한 주식이 있어요. 그 주식은 앞으로 수주 안에 팔릴 겁니다. 그러면 이곳에 보관할 현금이 더 늘어날 텐데요?"

"매매는 언제 다시 시작하실 건가요?"

"2월쯤 되지 않을까요? 팜비치로 휴가를 좀 다녀온 다음에 시작해야지요."

천장에 있던 빨간 등이 켜졌고 낮은 벨 소리가 20초 간격으로 울렸다. 그러자 지점장이 자신의 손목시계를 들여다봤다.

"5분 후면 금고실 문이 닫힙니다. 그동안 드실 음식은 여기 있습니다." 지점장은 한쪽 구석에 놓인 보냉상자를 가리켰다. "고객님의 사무장 해리 다치 씨의 주문 사항 그대로 다 갖춰놓았습니다. 음식은 1시간쯤 전에 다치 씨가 직접 사왔고 보냉상자는 정오경에 우리가 비치해두었습니다. 빵, 샌드위치용 저민 고기, 채소, 식수, 우유, 주스, 칵테일 재료 등등 다 있습니다."

"고맙습니다. 칵테일이라니. 흠, 좀 이따 맛 좀 봐야겠군요."

"그러시지요. 저는 밀실 공포증이 있어서 그만 가봐야겠습니다. 어휴, 이 돈 더미도 무섭네요."

리버모어는 지점장과 함께 금고실 입구 쪽으로 걸어갔다. 그리고 두 사람은 악수를 했다. "누구든 리버모어 씨가 여기서 이러고 계신 모습을 보면 정말 괴상한 사람이라고 할 겁니다."

"괴상하다 정도로만 생각해줘도 감지덕지하지요." 금고실 문이 서서히 닫히기 시작하자 리버모어는 미소를 띠며 혼잣말처럼 이렇게 말했다. 밖의 두 경비원이 이내 금고실 문을 완전히 닫았다.

리버모어는 문 옆에 서서 그 문이 완전히 잠기는 소리를 들었다. 이제 리버모어만 홀로 남은 공간 속에서 책상과 안락의자 위의 조명이 으스스한 분위기를 자아내고 있었다. 지금까지 금고실 문이 제대로 잠겼는지 실제로 시험해봤던 사람도 없었거니와 자청해서 금고실 안에 갇혀 금고의 안전성을 시험해봤던 사람도 아마 자신 이외에는 없을 것이라는 생각을 했다.

리버모어는 뒤돌아서서 책상 쪽으로 다가갔다. 그 책상은 5천만 달러나 되는 현금으로 둘러싸여 있었다. 앞으로 2박 3일 동안은 이곳이 집인 셈이다. 동굴 같은 금고실 안에서 리버모어는 깊은 고독에 싸인 채 한 해 계획을 세울 것이다. 큰 부자가 된 이후로 새해 무렵에는 늘 그랬던 것처럼 말이다.

월요일 아침이 되면 여느 때처럼 20달러짜리와 50달러짜리 지폐가 가득 들어있는 상자 쪽으로 가서 원하는 만큼 현금을 꺼내 주머니에 넣고 금고실을 나섰다. 그리고 앞으로 2주일 동안 그 돈을 필요한 곳에 쓸 것이다.

리버모어는 금고 안에 모셔둔 돈에 집착하는 그런 구두쇠가 아니었다. 그는 결코 돈의 노예로 살지 않았다. 그는 장부상으로 매매가 이루어지는 세계에 살았기 때문에 연말쯤 되면 그 장부상의 수치에 대한 현실감이 둔해졌다는 생각이 들곤 했다. 진짜 돈 혹은 궁극적인 힘이 표창된 현금에 대한 감각 말이다.

그 장부상의 수치를 현실화할 필요가 있었다. 그래서 매년 연말이면, 이 장부를 '리셋'하는 작업을 했던 것이다. 리버모어로서는 직접 현금을 만지면서 그 힘을 느끼는 시간이 필요했다. 이 작업은 또 자신의 주식 및 상품 포지션을 재평가하는 기회를 제공했고, 이러한 포지션 재평가를 통해 자신이 취한 그 포지션이 더 나은 기회를 창출해주었는지도 확인했다.

　월요일 아침에 금고실에서 나온 리버모어는 적어도 1주일 동안은 돈을 물 쓰듯 펑펑 써재꼈다.

"움직이고 있는 물체는 어떤 힘이나 방해물이
그 움직임을 멈추거나 변동시키기 전까지는
그 움직임을 지속하려는 경향이 있다.
주식에도 관성의 법칙이 적용된다."

_제시 리버모어

| 차 례 |

1부
제시 리버모어처럼 주식 투자하는 법

2부
제시 리버모어의 피라미딩 전략 해설

부록

제시 리버모어의 마켓 키(1940년 판)

* **리버모어의 마켓 키**는 1940년 초판본에 수록됐던 내용 그대로 이 책의 부록으로 실었다.
* 참고: 1~7장은 리버모어가 썼던 《주식 매매하는 법》 원문의 내용 그대로를 충실히 옮긴 것이다.

1부

제시 리버모어처럼
주식 투자하는 법

CHAPTER

1

투기도
사업이다

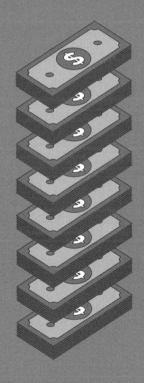

투기$_{speculation}$는 이 세상에서 가장 매혹적인 게임이다. 투기처럼 사람들을 늘 한결같이 매료시키는 게임도 아마 없을 것이다. 그러나 투기는 어리석은 사람, 정신적으로 나태한 사람, 감정 조절이 되지 않는 사람, 일확천금을 꿈꾸는 이른바 '투기꾼'에게는 절대 어울리지 않는 게임이다. 이러한 사람들이 투기에 뛰어들었다가는 빈털터리로 생을 마감하기 십상이다.

아주 오래전부터 나는 낯선 사람들이 끼어 있는 파티석상에는 거의 참석하지 않았다. 이런 사람들이 내 옆에 앉으면, 열이면 열 대부분 의례적으로 안부인사를 건넨 다음에 이내 이런 질문을 해오기 때문이다. "어떻게 하면 주식으로 돈을 벌 수 있을까요?"

그래도 젊었을 때는 단시일에 쉽게 돈을 벌고 싶어 하는 사람들에게 주식매매로 이익을 내는 일이 그렇게 쉽지는 않다는 점을 열심히 설명해주었다. 그것도 여의치 않다 싶으면 상대방이 기분 나쁘지 않게 에둘러 말하면서 슬그머니 그 자리를 피하는 쪽을 택했다.

그러나 지금은 다르다. 상대방이 기분 나빠하든 말든 그런 질문에는 퉁명스럽게 이렇게 대답한다. "그걸 제가 어찌 알겠습니까?"

나는 그런 사람들에게서 인내심의 한계를 느낀다. 적어도 투기 혹은 투자를 과학적 관점에서 진지하게 접근하는 이른바 '시장 전문가'에게 할 질문은 아니기 때문이다. 이는 일반인이 외과의사에게 "어떻게 하면 수술로 돈을 벌 수 있을까요?"라고 묻는 것과 다를 바 없다.

그나마 다행스러운 것은 주식투자나 투기에 관심이 있는 사람 중에는 내가 가진 정보를 공유하고픈 생각이 절로 들게끔 하는 사람이

제시 리버모어의 주식투자 바이블

이런 '무례한' 사람보다 더 많다는 사실이다. 즉 올바른 방향을 제시해주는 지침이나 길잡이 같은 것이 있다면 능동적으로 시장을 연구하려 할 사람들이 더 많을 것이라는 생각이다. 이 책은 바로 그런 사람들을 위해 쓴 것이다. 나는 이 책을 통해 한평생 주식시장에서 겪었던 경험 가운데 중요하다고 생각되는 것들을 알려줄 생각이다. 여기에는 성공과 실패의 경험에서 얻은 교훈들이 포함될 것이다. 이러한 경험과 교훈들은 매매에서의 '시간 요소_time element' 개념의 중요성으로 귀결된다. 시간 요소야말로 투기를 성공으로 이끄는 데 가장 중요한 요소라고 생각한다.

본격적으로 논의에 들어가기에 앞서 성공은 성실과 정직에 정비례한다는 사실부터 밝혀두고자 한다. 즉 자신의 매매 내용을 직접 기록하고, 스스로 생각하여 결론에 도달하려는 노력을 얼마나 기울였느냐에 따라 성공이냐 실패냐가 판가름 난다.

건강에 관심이 많은 사람이 '건강 유지 비결'에 관한 책을 읽고 나서 정작 운동은 다른 사람에게 시킨다면 효과가 있을 리 없다! 마찬가지로 이 책의 핵심 주제라 할 타이밍, 자금관리, 감정통제 등의 비법을 충실히 따르고 싶다면 매매 내용을 기록하는 일을 다른 사람에게 떠넘겨서는 절대 안 된다. 나는 성공 투자로 가는 길의 안내자 역할을 해줄 수 있을 뿐이다. 내 안내를 받아 많은 사람이 주식시장에서 양(+)의 수익을 올릴 수 있다면 그것으로 족하다.

이 책을 통해 그동안 투자자로서 혹은 트레이더로서 쌓아왔던 나의 경험을 성공 투자를 갈구하는 사람들과 공유하고자 한다. 한

가지 덧붙이자면 때로는 투자자보다는 투기꾼 쪽에 치우쳐 논의를 전개한다는 인상을 줄 수도 있다는 점은 인정한다. 투기적 성향이 강한 사람이라면 투기매매를 '사업business'이라는 관점에서 접근해야 한다. 대다수의 사람들이 투기를 단순 도박쯤으로 치부하지만 진정한 투기꾼은 투기매매 또한 사업으로 간주한다.

투기도 하나의 사업이라는 나의 전제가 올바른 것이라면, 이 사업에 손을 대는 사람은 누구든 사업 성공에 도움이 될 만한 정보와 자료를 모조리 수집하여 열심히 배우고 익히겠다는 자세로 임해야 한다. 사업에 성공하겠다는 마음가짐으로 투기매매에 임했던 지난 40년 동안 나는 이 사업에 적용할 수 있는 새로운 규칙을 찾아내려 애썼고 그것은 지금도 마찬가지다.

그 오랜 시간 주식시장에 몸담고 있으면서 그리 멀지 않은 장래의 시장 움직임조차 제대로 예측할 수 없었던 이유가 무엇인지를 고민하며 잠자리에 든 적이 한두 번이 아니다. 그러다가 새로운 아이디어에 대한 영감을 안고 아침 일찍 잠에서 깰 때도 있었다. 이런 날은 아침에 눈 뜨기가 무섭게 과거의 주가 혹은 시장 움직임 기록을 살펴보면서 그때 이 새 아이디어를 적용했다면 어떤 결과가 나왔을지를 가늠해보고 싶어 안달이 날 정도였다. 새로운 아이디어가 100% 정확하게 들어맞는 경우는 흔치 않았지만 아이디어 자체가 내 잠재의식 속에 차곡차곡 쌓여간다는 것은 장기적으로 볼 때 긍정적인 현상임에 틀림없었다. 나중에 또 다른 아이디어가 떠오를 것이고 그럴 때마다 이것이 실전 매매에서 얼마나 효과적으로 작용할지를 평가하는 작업은 계속될 것이다.

얼마 지나지 않아 이러한 다양한 생각과 아이디어들이 하나의 개념 혹은 이론으로 구체화되기 시작했다. 또 매매지표로 사용할 수 있는 방식으로, 주가 및 시장 동향을 기록하는 확실한 방법도 개발할 수 있었다.

나의 매매 이론 및 방법론은 실전에서 만족스러운 성과를 나타냈다. 이는 주식이나 상품의 투기 혹은 투자 분야에서는 새로운 사건이 일어나는 법은 없다는 만고의 진리가 사실로 확인되는 순간이기도 하다. 그리고 주식매매를 하다 보면 투기를 하지 말아야 할 때가 있는 것과 마찬가지로 투기매매를 꼭 해야 할 때도 있는 법이다.

이쯤에서 깊이 새겨둘 만한 명언이 하나 있다. 바로 "경마에서 한 번은 이길 수 있지만, 매번 이길 수는 없다"는 말이다. 주식도 마찬가지다. 돈을 벌 때도 있지만, 매일 혹은 매주 매매를 한다고 해서 그때마다 돈을 벌 수 있는 것은 아니다. 무모한 사람만이 매매하는 족족 돈을 벌 수 있다는 희망에 목을 매는 법이다. 카드 게임을 한번 생각해보라. 매번 이기는 게임을 할 수 있겠는가!

투자 혹은 투기에 성공하려면 관심 종목이 앞으로 어떻게 움직일지에 대해 나름대로 예측과 의견이 있어야 한다. 즉 이 부분에 관해 스스로 생각할 수 있어야 한다. 투기 행위란 앞으로의 주가 및 시장 움직임을 예측하는 것이라 해도 과언이 아니다. 정확하게 예측하려면 명확한 기준이 있어야 한다. 인간은 감정의 동물이라 그 행동을 예측할 수 없고, 또 시장은 이러한 인간들로 이루어져 있기 때문에 시장 동향을 예측할 때는 신중에 신중을 거듭해야 한다. 투기 고수들은 시장 상황이 자신의 판단 및 예측을 입증해주는 방향으로 전개될 때까지 인내심을 갖고 기다릴 줄 안다. 예를 들어 시장에 영향을 미칠 만한 소식이 발표됐을 때 이 소식이 시장에 미치는 효과를 스스로 분석해보라. 이 특정한 소식이 시장에 미치는 심리적 효과를 예측해보라는 것이다. 이 소식이 주가 상승 혹은 하락을 부채질할 수 있는 것이라고 판단되더라도, 시장이 그러한 판단과 예측이 옳았다는 사실을 확증해줄 때까지는 그 판단에 따른 행동을 보류하라. 애초의 생각과는 달리 그러한 소식이 시장에 별다른 영향을 미치지 않을 수도 있다. 그러므로 시장이 자신의 판단을 뒷받침해주는 방향으로 움직일 때까지는 섣불리 행동에 나서지 마라. 자신의 판단이 옳든 그르든 간에 인내심을 갖고 기다렸다가 조금 천천히 매매에 나서는 것이 실패를 줄이는 데 도움이 된다.

호재든 악재든 간에 시장에 확고한 추세가 형성된 이후에는 그 소식이 시장에 미치는 영향은 미미하다. 혹여 영향을 미친다 하더라도 일시적인 영향에 불과하다. 말하자면 그 당시의 시장이 과매수 혹은 과매도 상태일 때는 어떤 소식이든 그냥 묻혀버릴 공산이 크다. 과거 이와 유사한 상황일 때 주가가 어떻게 움직였는지에 관한 기록이 있다면 투자자에게 이보다 더 귀중한 자료는 없을 것이다.

그러한 시장 상황이라면 일단 자신의 의견이나 판단은 묻어두고 시장 자체의 행동에 주목해야만 한다. "사람들의 의견은 종종 틀리기도 하지만, 시장은 절대 틀린 적이 없다." 시장이 자신의 생각대로 움직이지 않는다면 그러한 생각이나 의견은 아무짝에도 쓸모가 없다.

한 사람 혹은 한 집단이 시장의 흐름을 뒤바꿀 수는 없다. 특정 주식에 대한 의견을 낼 수도 있고 주가가 상승 혹은 하락할 것이라는 예측도 할 수 있다. 그리고 그 예측이 맞을 수도 있다. 하지만 너무 성급하게 행동하면 결국 돈을 잃을 수도 있다. 자신의 판단을 믿고 곧바로 행동에 나섰는데 주가가 생각과 다른 방향으로 움직인다고 가정해보자. 거래는 뜸해지고 그 상황에 깜짝 놀란 투자자는 이내 손을 털고 시장에서 물러난다. 그런데 며칠 뒤에 시장 상황이 괜찮아 보여 다시 시장에 진입한다. 그러나 재진입을 하자마자 기다렸다는 듯이 시장은 또다시 투자자에게 불리하게 전개된다. 그러면 역시 자신의 판단이 잘못되었나보다 생각하면서 다시 한번 자신의 포지션을 청산한다.

하지만 투자자의 이러한 조급한 행동을 비웃기라도 하듯 이번에도 시장은 그의 판단에 어긋나는 방향으로 전개된다. 이 투자자는 성급하게 행동한 결과 두 번에 걸쳐 실수를 저질렀으며, 이 때문에 자신감을 완전히 잃게 될 수도 있다. 또 시장에 진입하여 포지션을 취한 후에 앞으로의 장세 예측에 따라 추가 매매에 나서지 않을 수도 있다. 처음에 선택한 주식은 계속해서 자신에게 유리한 방향으로 움직이는데 자신이 포지션을 늘리지 않은 탓에 기회를 100% 활용하지 못하게 되는 경우도 있다.

여기서 말하고자 하는 핵심은 특정 주식의 향후 동향에 대한 판단을 내린 후 조급하게 행동에 나서지는 말라는 것이다. 일단 주가 동향을 예측한 다음에는 시장이 그 예측을 확증해줄 때까지 기다려야 한다. 즉 시장 상황을 주시하면서 예측에 따른 진짜 매수신호가 나타날 때까지 참고 기다려야 한다. 이러한 맥락에서 믿고 따를 수 있는 행동지침 같은 것을 마련해둘 필요가 있다.

예를 들어, 어떤 주식이 약 25달러에 매매되고 있고 상당 기간 22~28달러 범위에서 움직이고 있다고 하자. 이 주식의 가치가 주당 50달러라고 보는데 현재 거래가가 25달러라고 하면, 이 주식의 거래가 활발해지고 주당 28~29달러 선에서 신고가가 형성될 때까지 느긋하게 기다려야 한다. 주가와 시장 수준이 이 정도는 돼야 자신의 가치 판단에 정당성이 부여될 수 있을 것이다. 즉, 이쯤 되면 이 주식의 가격이 안정권에 들어섰다고 판단할 수 있다. 그렇지 않았다면 이 가격선까지 오르지 않았을 것이다. 일단 28~29달러 선에서 신고가가 형성됐다면 이후 가격이 더 상승하고 그 상승세가 지속될 가능성이 커진다.

이제 자신의 주가 판단을 믿고 행동에 나서도 괜찮을 시점이다. 애초에 예측했던 바로 그대로 이렇게 주가가 상승할 것이었으면, 25달러일 때 망설이지 말고 주식을 매수했으면 좋았겠다 싶은 마음에 공연히 속이 쓰릴 사람도 있을 것이다. 그러나 그렇게 애통해할 필요는 없다. 이렇게 조급한 마음을 가진 투기자라면 어차피 주가가 25달러였을 때 주식을 매수했어도 주가가 상승할 때까지 기다리지 못하고 이내 그 포지션을 청산했을 가능성이 크다. 그는 주가 하락의 기미가 보였을 때 이를 참지 못하고 25달러 이하의 가격에 주식을 팔

아버렸을 것이고, 그 후 자신의 매매 행위에 잔뜩 화를 냈을 것이다. 또 정작 매수 포지션을 취해야 할 때는 이미 그 포지션에서 빠져나온 이후일 것이다.

내 경험에 비추어 보건대, 주식이나 상품의 투기에서 크게 이익을 냈을 때는 '매매 시작 초기부터 바로 이익이 나는 거래'를 했을 때였다. 나는 심리적 시간psychological time에 맞춰 매매를 개시했다. 심리적 시간, 즉 주가 움직임의 동력이 매우 강해서 중간에 꺾이는 일 없이 그 움직임이 줄곧 이어질 수밖에 없다고 여겨지는 시점에 내 첫 매매가 이루어졌다. 이 부분에 관해서는 나중에 제시할 몇 가지 매매 사례를 통해 더 확실하게 알게 될 것이다. 그러한 주가 흐름은 이 주식을 뒷받침하는 강력한 힘에서 비롯된 것이지 내가 그 주식을 매매했기 때문은 아니다. 다시 말해 주식 이면의 강력한 힘이 자연스럽게 그러한 흐름을 만들어낸 것이고 이에 따라 추세가 형성된 것이다. 다른 투기자와 마찬가지로 나 역시 그 확실한 힘이 발현되거나 확실한 일이 벌어질 때까지 느긋이 기다리지 못하고 성급하게 행동할 때가 적지 않았다. 나 역시 매번 이익이 나기를 바랐다.

아마도 이렇게 묻는 사람도 있을 것이다. "그렇게 경험이 많은 사람이 왜 그러셨나요?" 이 질문에 대해서는 나도 사람인지라 인간적 약점에서 벗어날 수 없었노라고 대답할 수밖에 없다. 투기자들이 거의 그렇듯이 나 또한 성급함이 판단력을 가리도록 내버려 두는 우를 범한 것이다.

투기는 카드 게임과 매우 흡사하다. 판돈을 걸 때마다 돈을 따고

싫고 게임을 할 때도 모든 판에 다 끼려고 하는 것이 게임 참여자의 속성이자 인간의 본성이다. 정도의 차이는 있지만 우리 인간은 모두 이와 같은 약점을 갖고 있으며 투자자 혹은 투기자에게는 이것이 가장 큰 적敵이기도 하다. 약점으로부터 자신을 방어하지 않는다면 이 때문에 크게 실패할 수도 있다.

'희망을 품는' 것도 인간의 특성이요, '두려워하는' 것도 인간의 특성이다. 그러나 투기라는 사업에 희망이나 두려움 같은 감정이 개입되는 순간 투기자는 크나큰 위험에 직면하게 될 것이다. 이 두 가지 감정을 혼동하거나 감정이 서로 뒤섞여 올바른 상황 판단을 하기 어려워지기 때문이다.

예를 하나 들어보자. 30달러에 주식을 샀다. 그런데 다음 날 주가가 32달러 혹은 32.5달러로 상승했다. 이렇게 되면 다음 날 다시 주가가 하락하여 하루 만에 발생한 이익을 실현하지 못하게 될까봐 전전긍긍하게 된다. 그래서 서둘러 주식을 팔아 얼마 안 되는 이익을 챙기려 한다. 하지만 이때는 가격 하락을 두려워하며 사소한 이익을 챙길 때가 아니라 오히려 더 큰 이익이 날 것이라는 희망을 품을 때다. 전날에는 존재하지도 않았던 2포인트의 이익을 잃을까봐 불안해하는 이유가 무엇인가? 단 하루 만에 2포인트의 이익이 났다면 다음 날에는 2~3포인트의 이익이 날 수도 있고, 다음 주가 되면 5포인트의 이익이 날 수도 있지 않겠는가?

주가와 시장의 움직임이 예측한 방향으로 나아가고 있다면 얼마 되지도 않는 이익을 성급하게 실현하려 해서는 안 된다. 자신의 판단

제시 리버모어의 주식투자 바이블

이 옳았다는 사실에 믿음을 가질 필요가 있다. 판단이 틀렸다면 2포인트라는 미미한 수준의 이익조차 내지 못했을 테니 말이다. 섣부른 행동 대신 자신의 판단을 믿고 주가가 더 상승하기를 느긋하게 기다려라. 이렇게 기다리면 더 큰 이익이 날 가능성이 있다. '시장 행동에서 이상 신호가 포착'되지 않는 한 자신의 판단 및 예측을 확신하고 현재 포지션을 유지할 필요가 있다.

한편 30달러에 주식을 샀는데 다음 날 주가가 28달러로 하락하여 2포인트의 손실이 났다고 해보자. 그런데 이번에는 그 다음 날 주가가 다시 하락하여 3포인트 이상의 손실이 발생할까봐 불안해하지는 않는다. 오히려 이러한 하락은 일시적인 현상일 뿐이며 다음 날이면 주가가 이전 수준으로 회복될 것으로 생각한다. 그러나 사실 이번에는 희망이 아니라 두려움을 느껴야 할 때다. 지금 2포인트 손실이 발생했으면 다음 날 또다시 2포인트 손실이 날 수 있고, 2~3주 이내에 5포인트 혹은 10포인트의 손실로 이어질 수 있기 때문이다. 손실 규모가 미미할 때 곧바로 손을 털고 나오지 않으면 나중에 더 큰 손실을 볼 수 있으므로 이때는 희망이 아니라 두려움을 느껴야 하는 시점이다. 다시 말해, 이때야말로 더 큰 손실이 나기 전에 주식을 팔아 손실 위험으로부터 자신을 보호해야 할 시점이다. "이익은 늘 자신을 돌보지만, 손실은 절대 자신을 돌보지 않는다."

투자자는 처음에 발생한 소액의 손실을 감수함으로써 더 큰 손실이 나는 것을 방지해야 한다. 이런 식으로 일종의 손실 '보험'을 들어둠으로써 자신의 자본 계정을 보존해야 한다. 그래야 나중에 이익을 낼 좋은 기회라 판단되는 시기가 왔을 때 시장에 재진입을 시도할 수 있다. 투자자 자신이 스스로에 대한 '보험중개인'이 되어야 한다. 투기라는 '사업'을 계속하려면 자신의 자본 계정을 보호해야 하고 또 파산 위험에 내몰릴 정도로 큰 손실이 나도록 내버려 두는 일은 절대 없어야 한다. 그래야만 나중에 시장에 대한 자신의 예측이 옳다고 판단될 때 다시금 시장에 진입할 수 있는 재정적 여유가 생기는 것이다. 상승장이든 하락장이든 매매에 나설 때는 충분한 근거를 가지고 움직여야 하고, 더불어 특정한 안내 지침을 바탕으로 시장 진입 시점을 결정할 수 있어야 한다.

다시 한번 말하자면, 시장이 어떤 추세를 타고 있다는 사실이 확실해지는 시기가 분명히 존재한다. 투기자로서의 직감이 발달했고 또 인내심도 강한 사람이라면 자신의 시장 진입 시점을 결정하는데 기준 지표로 사용할 방법론을 고안할 수 있다. 주먹구구식 추측만으로는 투기매매를 성공으로 이끌기 어렵다. 투기는 단순 추측을 바탕으로 하는 게임과는 차원이 다르다.

지속적으로 성공하고 싶은 투자자라면 매매의 기본 규칙 혹은 지침 같은 것을 마련해두어야 한다. 내가 사용하는 규칙이나 지침 가운데 어떤 것은 다른 사람에게는 전혀 쓸모가 없을 수도 있다. 그 이유는 무엇일까? 내게 그토록 가치 있는 지침이 다른 사람에게는 왜 무용지물일까? 이 질문에 대한 답은 간단하다. 어떤 지침이든 100% 정확할 수는 없기 때문이다. 내가 가장 선호하는 지침을 사용할 때 나는 어떤 결과가 나타날지 알고 있다. 내가 선택한 주식이 예상했던 것과 다른 방향으로 움직인다면 아직은 때가 아니라고 판단하고 곧바로 그 포지션을 청산할 것이다. 아마 며칠 후에는 이 지침에서 시장 재진입 신호가 나올 것이고, 이러한 신호에 따라 다시 포지션 진입을 시도하게 될 것이다. 이번에는 아마도 이 지침이 100% 정확할 것이다. 시간적 여유를 갖고 가격 동향을 분석한다면 누구든 이러한 안내 지침을 개발할 수 있으리라 생각한다. 그리고 이러한 지침은 앞으로의 사업 혹은 투자를 성공으로 이끄는 데 유용한 도구가 될 것이다. 이 책에서 나는 그동안 투기매매를 하면서 터득했던 귀중한 정보들을 소개할 생각이다.

대부분의 트레이더들이 차트와 각종 평균 수치들을 이용하고 있다. 이들은 자료를 보면서 주가의 상승, 하락, 횡보 경향을 주시한다. 이러한 차트는 추세를 확인하는 데 매우 유용하다. 그러나 나는 개인적으로 차트를 별로 선호하지 않는다. 차트는 너무 복잡하고 혼동의 여지가 많다. 다른 사람들이 열심히 차트를 작성하고 분석할 때 나는 주가를 비롯한 시장 상황을 열심히 기록한다. 차트를 주로 활용하는 사람들이 맞을 수도 있고 그래서 내가 틀릴 수도 있다는 사실은 당연히 인정한다.

내가 주가를 기록하는 쪽을 선호하는 이유는 이렇게 하면 앞으로의 시장 전개 상황이 한눈에 그려지기 때문이다. 하지만 시간 요소의 중요성을 감지하고 이 부분을 고려하기 시작했을 때에야 비로소 주가기록이 시장 흐름을 예측하는 데 유용한 도구로 자리 잡을 수 있었다. 시장 흐름을 파악하는 데 도움이 되는 수치 자료를 기록하고 여기에 시간 요소까지 결부시키면 앞으로의 시장 동향을 비교적 정확하게 예측할 수 있다고 확신한다. 그러나 이렇게 하려면 무엇보다 인내심이 필요하다. 이 부분에 대해서는 나중에 더 자세히 다루기로 한다.

개별 주식 및 업종의 정보에 통달하고, 주가 기록과 더불어 시간 요소까지 정확히 고려한다면 머지않아 시장 흐름의 주요 시점을 비교적 정확하게 예측할 수 있게 될 것이다. 자신이 기록한 내용을 정확히 읽을 수 있다면 어떤 업종에서든 그 업종의 선도주를 골라낼 수 있다. 거듭 강조하지만, 주가를 기록하는 작업은 자신이 직접 해야 한다. 반드시 자신의 손으로 직접 수치를 적어 넣어야 한다는 말이다. 이 일은 절대 다른 사람에게 맡기지 마라. 기록을 하는 과정에서 새로운 아이디어가 얼마나 많이 떠오르는지를 알면 여러분도 아마 깜짝 놀랄 것이다. 이러한 아이디어는 자신이 직접 떠올리고 발견하게 된 자신만의 비밀정보이므로 다른 사람한테서는 절대로 들을 수도 또 얻을 수도 없는 귀중한 것이다.

이 책에서 나는 투기자와 투자자에게 도움이 될 만한 '금기사항' 몇 가지를 제시하고자 한다. 주요 금기사항 가운데 하나가 투기와 투자를 혼동하지 말라는 것이다. '투기'매매가 전통적 관점에서의 '투자'로 변질되게 내버려 두지 마라. '비자발적 투자자'가 되는 것을 경계하라. 투자자라는 사람들은 큰 손실조차 그냥 감수하는 일이 종종 있다. 자신이 투자 목적으로 주식을 샀다는 그 이유 하나만으로 손실을 감수하는 것이다.

아마도 여러분은 투자자들이 이렇게 말하는 것을 심심치 않게 들었을 것이다. "나는 주가가 오르락내리락해도 또 추가 증거금 납부 독촉을 받아도 별로 걱정하지 않아. 나는 절대 투기를 하는 게 아니거든. 내가 주식을 사는 것은 투자를 위한 거야. 주가가 하락해도 크게 상관은 없어. 결국 이 주식의 가격은 오를 테니까."

그러나 낙관적인 투자자에게는 안된 일이지만, 당시에는 투자가치가 있다고 판단해서 산 주식인데 나중에 보니 시장 상황이 매수 당시와는 판이하게 달라지는 경우가 자주 발생한다. 그러므로 이른바 '투자주'였던 것이 결국에는 '투기주'가 돼버리는 일이 종종 있다. 이러한 주식 가운데는 시장에서 영구히 자취를 감춰버리는 경우도 있다. 애초에 투자 차원에서 주식을 매수했건만 이러한 상황 변화로 말미암아 투자자가 주식 매수에 투입했던 자본은 공중분해 되고 이와 함께 '투자'의 의미도 실종돼버리고 만다. 처음에는 영구 투자용으로 주식을 매수했다 해도 미래 장세에서는 그렇게 매수한 주식의 수익력이 급격히 하락하는, 새로운 시장 상황에 노출될 수도 있다는 사실을 간과했기 때문에 이러한 현상이 빚어지는 것이다.

투자자가 이같은 상황 변화를 눈치챘을 때는 이미 자신이 투자했던 대상의 가치가 크게 하락한 후일 것이다. 그러므로 능력 있는 투기자가 투기적 '사업'에 임할 때 자신의 자산 계정을 보호하는 데 신경 쓰듯이, 투자자 역시 투자 자산 보호에 신경을 써야 한다. 아무리 '투자'라고 해도 이렇게 자산 계정 보호에 신경을 쓴다면, '투자자'로 불리기 원했던 사람들이 미래의 시장 상황 때문에 억지로 '투기자'로 내몰리는 일도 없을 것이고, 또 믿었던 투자 자산 계정의 가치가 급격히 떨어지는 일도 막을 수 있을 것이다.

얼마 전까지만 해도 은행에 예금하는 것보다는 '뉴욕, 뉴헤이븐 & 하트퍼드 철도회사'에 투자하는 것이 훨씬 안전하다는 것이 일반적인 통념이었다. 1902년 4월 28일 당시 뉴헤이븐 철도 주식은 주당 255달러에 매매되고 있었다. 1906년 12월에 '시카고, 밀워키 & 세인트폴 철도회사'는 주당 199.62달러에 매매됐다. 같은 해 1월에 '시카고 노스웨스턴'은 주당 240달러에 매매됐다. 그리고 2월 9일에 '그레이트 노던 철도회사' 주식은 주당 348달러를 기록했다. 또 이들 종목 전부가 배당금까지 넉넉히 지급하고 있었다.

그런데 이들 종목에 대한 '투자'가 지금은 어떻게 됐는지 한번 살펴보자. 1940년 1월 2일 이 종목들의 주가는 이렇다. 뉴욕, 뉴헤이븐 & 하트퍼드는 주당 50달러, 시카고 노스웨스턴은 주당 0.31달러였다. 그리고 시카고, 밀워키 & 세인트폴의 경우 이날의 자료는 없고 1월 5일에는 주당 0.25달러를 기록한 것으로 나타났다.

한때 초우량주였는데 지금은 그 가치가 엄청나게 떨어졌거나 아예 휴지조각 신세가 돼버린 주식을 열거하라면 앉은 자리에서 수백 개라도 댈 수 있다. 안전한 투자처로 생각되던 종목이 이렇게 맥없이 무너지고 이와 함께 이른바 보수적 투자자로 자처하던 사람들의 투자 자산 손실도 이만저만이 아니었다. 이른바 투자자의 자산도 이렇게 계속해서 손실 경로를 밟고 있다. 요컨대 투자라는 이유로 혹은 투자자라는 이름으로 느긋하기만 해서는 안 된다. '투자'와 '안전'은 절대 동의어가 아니다. 즉 '투자'는 곧 '안전'이라는 등식은 더는 성립하지 않는다는 말이다.

투기자들이 주식시장에서 많은 돈을 잃은 것은 사실이다. 그러나 이른바 투자자라는 사람들이 투자라는 명목으로 자신의 투자 자산을 방치한 탓에 발생한 손실에 비하면, 투기로 잃은 돈은 그야말로 새 발의 피에 불과하다.

투기자는 도박꾼과 다름없다는 것이 내 생각이다. 단지 판돈을 아주 크게 거는 도박꾼이라는 것이 차이점이라면 차이점이다. 이 사람들은 큰돈을 건 다음에 그 포지션을 그대로 유지한다. 만약에 자신의 판단이 틀리면 건 돈 모두를 잃게 된다. 그러나 현명한 투기자라면 더구나 주가를 꼼꼼히 기록했던 투기자라면 무언가 잘못됐음을 알려주는 위험 신호가 나왔을 때 이를 곧바로 감지할 수 있을 것이다. 위험 신호에 신속하게 반응함으로써 손실을 최소화하는 한편, 더 좋은 기회가 오기를 기다렸다가 시장 재진입을 노린다.

주가가 하락하기 시작하면 그 가격이 어느 정도까지 떨어질지 아무도 모른다. 주가가 상승 경향을 나타낼 때도 가격이 어디까지 치고 올라갈지 역시 단언하기 어렵다. 마음속에 깊이 새겨둬야 할 몇 가지를 말하자면 다음과 같다.

단순히 주가 수준이 너무 높아 보인다는 이유 하나만으로 주식 매도를 결정해서는 안 된다. 특정 주식의 가격이 10달러에서 50달러로 상승하는 것을 지켜보고는 이 주식이 상당히 높은 가격에 거래된다고 판단할 수 있다. 이때는 향후 주가 하락이 아니라 오히려 상승

쪽을 더 염두에 두어야 할 시점이다. 요컨대 해당 기업의 수익률이나 경영 상태 등이 유리한 환경임을 고려할 때 현재의 50달러 수준에서 다시 150달러 수준까지 치고 올라갈 가능성이 크다는 차원에서 시장 흐름을 분석하는 것이 더 합리적이다. 그런데 특정 주식이 비교적 오랫동안 상승세를 나타낸 다음에는 주가 수준이 '너무 높아 보인다'라는 판단하에 주식을 공매도하는 바람에 크게 손실을 보는 사람들이 꽤 많다.

이와 마찬가지로 이전 고가 수준에서 너무 많이 하락했다는 이유만으로 주식 매수를 결정해서도 안 된다. 주가가 하락한 데에는 그럴 만한 이유가 있을 것이다. 현재의 주가 수준이 낮아 보이더라도 이 주식의 실질 가치와 비교할 때 가격이 여전히 과도하게 높게 형성된 것일 수도 있다. 이전에 기록했던 고점 범위는 잊어버리고 타이밍과 자금관리 원칙을 결합한 매매 공식을 바탕으로 주가를 분석하기 바란다.

나의 주가 기록표상 상승 추세가 진행 중일 때 나는 '일시적인 조정을 보인 후 그 흐름상에서 신고가를 경신'하자마자 바로 그 주식을 매수한다. 이것이 바로 나의 매매방식이다. 물론 이러한 방식을 너무 낯설어하는 사람들도 많을 것이다.

매도 포지션을 취할 때에도 이와 똑같은 원칙을 적용한다. 그 이유는 무엇일까? 그 당시의 추세를 따르는 것이 내 방식이기 때문이다. 내가 작성한 기록표가 그렇게 하라고 말해준다! 나는 주가가 조정을 받고 있을 때 무조건 매수하거나 주가가 반등한다고 해서 무조건 매도하지 않는다.

또 한 가지 명심할 것이 있다. 손실 평준화average loss는 시도하지 말아야 한다는 것이다. 여기서 손실 평준화란 평균 손실 규모를 낮추려고 계속해서 손실 포지션을 유지하는 행위를 말하며, 손절매와 반대되는 개념으로 이해할 수 있다. 첫 번째 매매에서 손실이 났는데도 같은 포지션상에서 두 번째 매매에 나서는 것은 어리석은 일이다. 반드시 머릿속에 깊이 새겨두기 바란다.

주가 흐름
제대로 포착하기

개인과 마찬가지로 주식 역시 특유의 성격과 개성을 보유하고 있다. 다혈질적이고, 민감하고, 변화가 극심한 성격이 있는가 하면 올곧고, 직선적이고, 논리적인 성격도 있다. 노련한 트레이더는 개별 주식의 이와 같은 특성을 인지하고 존중한다. 이러한 행동 특성을 알면 다양한 상황 조건에서의 각 주식의 동향을 예측할 수 있다. 시장은 절대 정체되어 있지 않다. 때로는 움직임이 둔해서 시장이 침체한 듯 보이기도 하지만 주가가 한 지점에서 고정되는 일은 거의 없고 소폭이나마 상승하거나 하락하는 양상을 나타낸다.

주가가 일단 확실한 추세를 타기 시작하면 그 흐름에 따라 거의 기계적으로 선형적 움직임을 보인다. 그러한 움직임이 시작될 무렵에는 며칠 동안 거래량이 증가하면서 주가가 서서히 상승하는 현상을 감지할 수 있을 것이다. 그런 다음에는 이른바 '통상적인 조정'이 나타날 것이다. 조정 국면에는 주가가 상승했던 이전 며칠간 보다 거래량이 훨씬 줄어들 것이다. 이와 같은 소폭의 조정은 지극히 정상적인 현상이다. 그러나 주식의 특성 혹은 개성이 크게 변하는 경우와 같이 비정상적인 주가 흐름이 포착된다면 그냥 넘겨서는 안 된다.

통상적인 수준의 조정이라면 하루 이틀 내에 주가가 다시 움직일 것이고 거래량도 증가할 것이다. 주가 움직임이 진정한 흐름이라면 통상적인 조정으로 말미암은 주가 하락분도 조만간 이전 수준으로 회복될 것이고 주식은 신고가 범위에서 매매될 것이다. 이러한 움직임은 수일 동안 계속될 것이고 그 중간에 조정이 있더라도 그 수준은 아주 소폭에 그칠 것이다.

조만간 주가는 또 다른 정상적인 조정을 부르는 수준에 다시 도달하게 될 것이다. 즉 주가는 다시 상승하고 또 한 번의 조정이 나타날 것이다. 주가가 확실한 추세를 타고 있을 때는 거의 이러한 현상이 나타나므로 두 번째 조정은 첫 번째 조정과 같은 선상에서 움직일 것이다. 주가가 이런 움직임을 나타내는 경우, 초기 국면에서는 이전 고점과 다음 고점 간의 주가 차이가 그리 크지 않다. 그러나 시간이 갈수록 주가 상승의 속도가 훨씬 빨라진다.

구체적인 예를 하나 들어보자. 50달러에서 출발하는 주식이 있다고 해보자. 가격 흐름의 첫 번째 국면에서 주가가 서서히 상승하여 54달러에 이르렀다. 그다음에 하루 이틀간의 조정을 통해 주가가 52달러가 됐다. 3일 후에는 다시 상승세로 돌아서서 59~60달러 선까지 치고 올라갔다가 다시 조정 국면이 나타난다. 그 정도 주가 수준에서의 통상적인 조정 폭은 3포인트 정도인데 실제 조정 수준이 1~1.5포인트 수준에 그쳤다고 하자. 이때 수일 내에 주가 상승세가 재개되면 그때의 거래량은 상승 흐름 초반기의 거래량에 미치지 못할 것이다. 이렇게 되면 이 주식은 매수하기가 더 어려워진다.

상황이 이렇게 전개된다면, 전체 주가 흐름상 이전 고점들과 비교하여 다음 고점들이 나타나는 속도가 훨씬 빨라질 것이다. 즉 정상적 수준의 조정을 거치지 않은 채 이전 고점 60에서 68 혹은 70까지 쉽게 치고 올라갈 수 있다.

통상적인 조정이 나타난다면 주가의 전반적 흐름을 예측하기가 더욱 어려워질 수 있다. 조정을 통해 주가가 순식간에 65달러 선으로 떨어질 수 있는데 그래도 이것이 여전히 통상적인 하락 범위에 속할 수도 있다. 그러나 조정 폭이 5포인트 선이라면 어떻게 될까? 오래지 않아 주가 상승이 재개되어 이 주식이 신고가 수준에서 거래된다면 이 역시 정상적인 조정이라 판단해도 무방할 것이다. 이 시점에서 '시간 요소' 개념이 개입된다. 그 주식에 미련스럽게 집착하지 말아야 한다. 매매로 짭짤한 수익을 올린 다음에는 서둘러 포지션을 청산하기보다 어느 정도 느긋하게 참고 기다릴 필요가 있다. 물론, 인내에도 정도가 있다. 너무 기다리다가 위험 신호를 놓쳐버리는 우를 범해서는 안 된다.

주가가 다시 상승하기 시작하여 하루 만에 6~7포인트 상승했고 다음 날에는 8~10포인트 상승했으며 거래도 활발했다고 하자. 그런데 장 마감이 임박한 몇 시간 동안 별안간 주가가 7~8포인트 급락하는 기현상이 발생한다. 다음 날 아침에도 이러한 조정 국면이 이어지다가 이후에 다행히 다시 주가가 상승하기 시작하여 강한 상승세로 장이 마감된다. 그런데 여러 가지 이유로 다음 날까지 이 상승세를 이어가지 못했다고 하자. 이것이 바로 위험 신호다.

추세가 진행되는 내내 통상적인 수준의 자연스러운 조정 외에 다른 움직임은 없었다. 그런데 별안간 비정상적인 조정이 일어난 것이다. 여기서 '비정상적'이라고 표현한 이유는 단 하루 만에 당일 고점에서 6포인트 이상의 조정이 일어났기 때문이다. 이처럼 전에는 일어난 적이 없던 비정상적인 현상이 발생한다면 이를 위험 신호로 간주해야 하고 절대 이 신호를 무시해서는 안 된다.

지금까지는 정상적인 수준의 주가 흐름상 인내심을 갖고 그 포지션을 유지해왔다. 그러나 위험 신호가 포착된 이상 인내심보다는 용기가 필요하다. 시장에 감도는 위험 신호를 진지하게 받아들이는 감각과 한발짝 뒤로 물러설 용기가 필요한 시점이다. 이러한 위험 신호들이 항상 들어맞는다고 주장하고픈 마음은 전혀 없다. 전에도 언급했다시피 주가 변동을 설명하는 데 적용하는 규칙 가운데 100% 정확한 것은 없기 때문이다. 그러나 이러한 신호에 계속해서 주의를 기울인다면 장기적으로 볼 때 반드시 큰 이익을 낼 수 있을 것이다.

천재적인 투기꾼 한 명이 언젠가 내게 이런 말을 한 적이 있다.

"위험 신호가 포착되면 일단 나는 절대 그 신호에 맞서지 않는다네. 그냥 포지션을 청산하고 말지. 며칠이 지나서 시장에 별 이상 징후가 보이지 않으면 그때 다시 시장에 진입할 수 있거든. 그렇게 하면 내 돈도 지키고 쓸데없는 걱정에서도 벗어날 수 있지. 간단한 예를 들어볼까? 철로를 따라 걷고 있는데, 저 앞에서 특급 열차가 시속 60마일의 속도로 달려오는 거야. 이때는 철로에서 비켜나서 열차가 지나가기를 기다리는 것이 최선이야. 무모하게 오기를 부릴 이유가 전혀 없다는 거야. 열차가 지나간 다음에도 내가 원하기만 하면 언제든 다시 철로 위로 올라갈 수 있거든. 투기매매를 할 때도 이 점을 항상 염두에 두고 있지."

분별력 있는 투자자라면 누구나 위험 신호에 주목한다. 대다수의 투자자들이 겪게 되는 문제는 포지션을 청산해야 할 때 감정상의 이유 때문에 행동을 하는 데 필요한 용기가 자꾸 분산된다는 것에 있다. 그들은 선뜻 결단을 내리지 못하고 계속 망설인다. 이들이 망설이는 동안에 주가는 불리한 방향으로 움직인다. 시장 상황을 지켜보며 그들은 대개 이렇게 말한다. "다음번 반등에 기필코 포지션을 청산하겠어!" 그러나 다음번 반등이 찾아오면 이전의 다짐은 어김없이 잊어버리고 만다. 시장이 자신에게 다시 유리하게 전개되는 것처럼 보이기 때문이다. 이때의 반등은 일시적인 현상으로서 이내 그 기세가 꺾이고 시장은 다시 맹렬한 기세로 하락하기 시작한다. 안타깝게도 반등시 청산하겠다고 다짐했던 사람들은 그 망설임 때문에 기존 포지션에 그대로 묶여 있다. 매매의 기본 지침을 사용했었더라면 이 지침이 그들에게 향후의 행동 방향을 알려주었을 것이다. 그랬다면 손실도 막을 수 있었을 것이며 근심도 덜 수 있었을 것이다.

다시 한번 말하지만 감정에 좌우되는 인간의 본성은 투자자와 투기꾼들의 가장 큰 적敵이라 할 수 있다. 주가가 큰 폭으로 상승한 다음에 가격이 다시 하락하기 시작한다. 이렇게 상승 후 하락이 시작된 이후에 주가가 다시 반등하지 못할 것도 없다. 물론 어느 수준에선가 주가는 반등할 것이다. 그러나 주가가 반드시 반등할 것이라는 기대감은 대체 어디에서 오는 것일까? 이러한 기대가 충족될 가능성은 거의 없으며 설사 그러한 일이 벌어지더라도 평소 망설임이 주특기인 투자자는 기회를 제대로 활용하지 못할 가능성이 크다.

여기서 투기거래를 진지한 사업으로써 다루기를 원하는 사람들에게 해주고 싶은 말이 있다. 진지한 태도로 투기매매에 임하는 사람에게는 기대 섞인 사고나 예측은 금물이다. 또 투기거래를 너무 자주

해서는 성공하기 어렵다. 정말 이때다 싶은 최적의 매매 기회는 1년에 몇 차례밖에 오지 않는다. 많아 봐야 네다섯 차례가 고작일 것이다. 청산 후 시장 재진입까지의 기간에는 시장에 다시 큰 추세가 형성되기를 기다리며 묵묵히 시장을 관찰하는 것으로 족하다. 시장흐름을 정확히 포착했다면 시장에 처음 진입했을 그때부터 평가이익('장부상의 이익' 혹은 '미실현이익'이라고도 함)이 발생할 것이다. 이때부터는 경계 태세를 갖추고 위험 신호가 포착되는지 예의주시해야 한다. 그리고 일단 위험 신호가 포착되면 곧바로 포지션을 청산하고 장부상의 이익을 실제 돈으로 바꿈으로써 이익을 실현해야 한다.

매일 매매를 해야 한다고 생각하는 투자자가 열심히 시장에 들락날락하는 동안에 느긋이 관망세를 취하는 투자자가 있다. 조급한 시장 참여자들이 매매에 분주할 때 이러한 유형의 투자자는 다음번의 성공적 매매를 위한 기초를 착실히 다지고 있는 셈이다. 요컨대 잦은 매매에 경도된 투자자들의 실수는, 곧 현명한 투자자가 거둘 수익의 기반이 된다.

투기는 사람들을 몹시 흥분시키는 '게임'에 틀림없다. 투기거래를 하는 사람들 대부분이 증권회사를 수시로 들락거리거나 전화기를 귀에 붙이고 살다시피 한다. 그리고 장이 마감되고 나면 친구들과 그날의 시장 정보를 공유도 한다. 머릿속에서는 티커시세표시기와 트랜스럭스시세전광판 생각이 떠나지를 않는다. 이들은 소폭의 주가 변동에 너무 신경을 쓰는 바람에 큰 흐름을 놓치는 경우가 비일비재하다. 거의 대다수가 전반적 추세상 약간의 변동이 있을 때 그 흐름을 오판하고 잘못된 매매 결정을 내린다. 일일 혹은 단기적인 주가등락에서 이익을 보는 데만 급급한 투자자는 다음번에 큰돈을 벌수 있는 결정적 추세 변동 혹은 전환이 나타났을 때 기회를 활용할 수 있는 위치에 있지 못하게 된다. 이러한 약점은 주가 흐름과 주가 변동 양상을 꾸준히 기록하고 분석함으로써 또한 시간 요소를 신중하게 고려함으로써 극복할 수 있다.

아주 오래전에 한 유명한 투기꾼에 관한 이야기를 들은 적이 있다. 캘리포니아주 산악지대에 거주하는 그는 3일이나 지난 시세 자료를 가지고도 매매에서 큰 성공을 거둔 것으로 아주 유명했다. 이 사람은 1년에 고작 두세 차례 샌프란시스코 지점을 방문하여 자신의 시장 포지션에 근거하여 매매 주문을 내곤 했다. 이 지점에서 시간을 보냈던 내 친구가 이 특이한 투기꾼에게 호기심이 발동하여 그에 관해 이것저것 조사를 했다. 그리고 시장에서 그렇게 멀리 떨어져 있으면서 게다가 1년에 겨우 한두 번 지점을 방문하면서도 매매 규모가 엄청나다는 사실을 알고 경악을 금치 못했다.

마침내 이 투기꾼을 만날 기회가 왔을 때 친구는 시장과 격리돼 있다시피 하면서도 시장 추세에 뒤처지지 않을 수 있었던 이유가 무엇이냐고 물어보았다. 그러자 그 산 사나이는 이렇게 대답했다.

"글쎄요. 그건 내가 사업이라는 관점에서 투기매매를 했기 때문이겠지요. 사소한 주가 변동에 일희일비했더라면 아마도 큰 낭패를 봤을 겁니다. 그래서 시장 상황에 연연할 수 없도록 시장에서 멀찌감치 떨어져 있고 싶었어요. 아시다시피 나는 시장에서 어떤 일이 벌어졌는지 그리고 그다음에는 또 상황이 어떻게 전개됐는지를 꼼꼼히 기록합니다. 기록은 시장 동향을 파악하는 데 큰 도움이 되지요. 주가 흐름이 형성됐고 이것이 진짜라면 그 흐름이 다음 날 바로 끝나지는 않지요. 진정한 주가 흐름 혹은 추세가 완결되려면 어느 정도 시간이 걸립니다. 산속에서 살다 보니 내가 시세를 확인하는 그 시점이면 진정한 주가 추세가 형성되는 데 필요한 시간이 자연스럽게 흐른 다음이더군요. 신문에서 주식 시세를 보고 내 기록표에 적어두지요. 그런데 내가 기록한 그 가격들이 이제껏 유지됐던 가격 패턴에서 벗어났다 싶으면 그때 바로 행동을 개시합니다. 즉시 산에서 내려와 지점으로 가서 열심히 매매를 하는 거지요."

이것은 아주 오래전의 일이다. 그 후로도 꽤 오랫동안 이 산 사나이는 이러한 매매방식으로 주식시장에서 돈을 긁어모았다. 이 이야기를 듣고 내게 어떤 영감이 떠올랐다. 그래서 그동안 내가 수집한 모든 자료에 '시간 요소'를 결부시켜 보고자 그 어느 때보다 열심히 작업했다. 이렇게 끊임없이 노력한 덕분에 매우 효율적인 주가기록 방식과 기록표를 얻게 됐고, 이것은 향후의 주가 움직임을 비교적 정확하게 예측하는 데 큰 도움이 됐다.

CHAPTER

3

선도주를
따르라

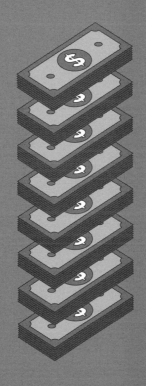

주식시장에서 한동안 성공의 맛을 좀 본 다음에는 자연스럽게 전보다 주의력이 떨어지거나 아니면 과도하게 의욕적이 되기 쉽다. 그러므로 성공 매매로 얻은 현재의 결과물을 지키려면 건전한 상식과 냉철한 사고가 필요하다. 건전한 매매원칙을 고수할 수만 있다면 성공 이후에 함정에 빠져 번 돈을 잃을 가능성은 줄어든다. 주가는 등락을 거듭한다. 항상 그래 왔고 앞으로도 그럴 것이다.

우리가 알아야 할 것은 '주요 주가 움직임 뒤에는 거스를 수 없는 강력한 힘이 존재한다'는 것이다. 주가 흐름의 모든 동인動因을 일일이 헤아릴 필요도 없고, 또 그러한 동인에 대해 궁금해할 이유도 없다. 이러한 부분에 초점을 맞추다 보면 불필요한 것들 때문에 신경이 분산될 위험이 있다. 그러한 움직임이 형성됐다는 사실 자체만 인식하고 흐름에 맞춰 투기매매라는 '선박'을 잘 조정하여 그 흐름을 십분 활용하기만 하면 된다. 현 시장 상황에 대해 왈가왈부할 필요도 없고 이에 맞서려고 해서도 안 된다.

여기서 명심해야 할 사항은 문어발식으로 매매 종목을 확대해 나가는 것은 곤란하다는 점이다. 요컨대 한 번에 너무 많은 종목에 다리를 걸치지 말라는 것이다. 다수 종목보다는 소수 종목이 관찰하기가 훨씬 쉬운 법이다. 그런데 나는 수년 전에 이러한 원칙에 어긋나는 실수를 저질렀고 그 때문에 크게 손실을 봤다.

내가 저지른 또 다른 실수는 특정 업종 내의 한 종목이 전체 시장 추세와 정반대로 움직인다는 사실 하나를 가지고 이를 전체 시장의 흐름으로 확대 해석한 것이다. 이 해석에 따라 다시 시장에 진입하기 전에 다른 업종 내 종목들의 주가 흐름도 지켜봤어야 했다. 전반적 업종 혹은 종목 관찰을 통해 전체 시장의 상승 혹은 하락 추세가 끝났다는 사실이 확연히 드러낼 때까지 시간을 두고 기다렸어야 했다. 그것이 진정한 추세 전환이라면 얼마 지나지 않아 다른 주식들도 이와 같은 움직임을 나타낼 것이기 때문이다. 내가 참고 기다렸어야 할 시장 신호가 바로 이것이었다.

그러나 안타깝게도 나는 이러한 신호를 기다리는 대신에 특정 주식의 흐름을 시장의 전반적 추세로 해석하고 서둘러 시장에 진입하고픈 강한 충동을 느꼈다. 충동에 휘둘렸다가는 정상적인 사고와 판단력이 흐려져 그 대가를 톡톡히 치를 것이 뻔한 데도 말이다. 물론 첫 번째 업종과 두 번째 업종에 속한 종목을 대상으로 한 매매에서는 수익이 발생했다. 그러나 진정한 시장 개입 시점이 도래하기도 전에 다른 업종의 주식에까지 손을 대는 바람에 이전에 챙겼던 이익의 상당 부분이 날아가고 말았다.

1920년대 후반의 초 강세장 상황을 돌이켜보면 그 당시 나는 구리 관련 주의 상승세가 끝났다는 사실을 인지할 수 있었다. 그리고 얼마 지나지 않아 자동차 업종의 주가도 천장을 찍었다. 이 두 업종에서의 강세장이 끝났으므로 내가 보유했던 모든 종목에 대해 매도 포지션을 취해도 문제가 없을 것이라는 매우 잘못된 결론을 내리고 말았다. 다시 떠올리기도 싫은 기억이지만 이러한 전제를 깔고 개시한 매매에서 당연히 큰 손실을 보고야 말았다. 특정 업종의 주가 흐름을 전체 시장의 흐름으로 오인한 것이 패착이었다.

장부상으로 구리 관련 주와 자동차 관련 주에서 큰 이익이 났다. 그러나 이와 같은 '영광(?)'을 유틸리티 업종에서도 재현해보겠다는 기대로, 즉 이 업종의 주가도 정점을 찍을 것이라고 판단한 나머지 6개월을 허비하는 동안에 그간 축적해 놓은 이익보다 더 큰 손실을 기록하게 됐다. 결과적으로 유틸리티 업종과 기타 업종 역시 가격 정점에 도달하기는 했다. 당시 아나콘다 Anaconda: 미 광산회사 주식은 이전 고점보다 50포인트 낮은 수준에서 거래되었고 자동차 관련 주도 이와 비슷한 수준에서 거래되었다.

이 시점에서 독자 여러분에게 강조하고 싶은 것은 특정 업종의 주가 흐름이 뻔히 예상된다면 그 흐름을 기초로 하여 행동하라는 것이다. 그러나 주가 흐름이 확연히 감지되는 첫 번째 업종 외에 다른 업종, 즉 두 번째 업종을 대상으로 해서도 위와 같은 행동을 하려 할 때는 적어도 그 두 번째 업종이 첫 번째 업종의 주가 흐름을 따라가고 있다는 확실한 신호가 포착될 때까지 기다려야 한다. 섣불리 행동하지 말고 인내심을 갖고 기다려야 한다는 것이다. 그러다 보면 머지않아 다른 업종에서도 첫 번째 업종에서 감지했던 것과 똑같은 신호가 나타날 것이다. 확실한 신호가 나타나기 전까지 특정 업종에서 감지한 신호를 전체 시장으로 확대 적용해서는 안 된다.

주가 움직임을 관찰할 때는 당일의 시장 주도주로 그 대상을 제한해야 한다. 이른바 선도주에서 재미를 보지 못한다면 전체 시장에서도 재미를 보지 못할 것이다.

여성복이나 모자, 장신구 등의 스타일도 시간이 가면 그 유행이 변하는 것처럼 주식시장의 구舊 선도주 또한 언젠가는 신新 선도주에게 그 자리를 내주게 돼 있다. 수년 전까지만 해도 주식시장의 선도주는 철도 관련 주, 아메리칸 슈거American Sugar, 타바코Tobacco 등이었다. 그 후 철강 관련 주가 선도주로 나서면서 아메리칸 슈거와 타바코는 뒷전으로 밀려났다. 그다음에는 자동차 관련 주가 철도주를 밀어내고 선도주가 됐고 이러한 식으로 선도주가 대체되는 현상이 지금까지 이어지고 있다.

1940년 현재 주식시장을 지배하는 업종은 철강, 자동차, 항공, 통신판매 등 4개 업종에 불과하다. 이 4개 업종이 움직이면 전체 시장도 움직인다. 시간이 지나면 새로운 선도주가 전면에 나설 것이고 구선도주 가운데 일부는 옛 명성을 뒤로 한 채 '뒷방'으로 물러나게 될 것이다. 주식시장이 존재하는 한 이러한 현상은 계속될 것이다.

한 번에 너무 많은 주식에 관심을 두는 것은 위험하다. 다수 주식에 두루두루 다리를 걸치고 있으면 정신만 사납고 일만 복잡해진다. 그러므로 되도록 소수 업종에 초점을 맞추도록 하라. 전체 시장을 분석 대상으로 삼는 것보다 소수에 주목하는 것이 시장 흐름을 파악하는 데 훨씬 도움이 된다.

4개 지배 업종에서 2개 종목의 주가 흐름만 분석해도 나머지 주식의 흐름을 파악하는 데 큰 무리는 없을 것이다. '선도주를 따르라'는 옛말을 굳이 들먹일 필요도 없다. 사고의 융통성을 발휘하라. 오늘의 선도주가 2년 후에는 선도주가 아닐 수도 있다는 사실을 명심하라.

지금도 나는 이 4개 업종의 주가 동향을 꼼꼼히 기록한다. 그렇다고 해서 한 번에 4개 업종 모두를 매매 대상으로 삼겠다는 것은 아니다. 이렇게 하는 진짜 목적은 따로 있다.

나는 아주 오래전인 15세 때 처음으로 주가 동향에 관심을 두기 시작했고, 그 당시에 주가의 미래 동향을 정확히 예측하는 내 능력을 시험해보기로 했다. 그래서 항상 가지고 다니던 작은 노트에 가상 매매 결과를 열심히 기록했다. 얼마 후 시간이 흘러 드디어 처음으로 실전 매매에 임하게 되었는데, 이 첫 매매를 나는 절대 잊지 못한다. 그 당시 나는 친구와 공동으로 '시카고, 벌링턴 & 퀸시 철도회사' 주식 5주를 샀고 이때 발생한 수익금 중 내 몫이 3.12달러였다. 이것을 시작으로 하여 나는 전업투자자의 길로 접어들었다.

현재와 같은 시장 환경에서는 대량으로 매매하는 이른바 구식 투기꾼이 예전과 같이 성공을 거둘 가능성이 크지는 않다. 구식 투기꾼이란 거래가 활발하고 거래량이 많으며 유동성이 풍부한 이른바 활황시장broad market에서 활동하는 투기꾼을 말하는 것이다. 이러한 시장 상황에서는 투기꾼의 포지션이 5천 주에서 1만 주 정도가 될 수 있지만, 이들의 포지션 진입이나 청산이 주가에 큰 영향을 미치지도 않는다.

1차 포지션을 취하고 나서 주가가 자신이 예측한 대로 움직인다면 같은 방향으로 포지션 규모를 늘려도 별 문제는 없을 것이다. 반대로 판단이 잘못된 것으로 확인된다면 큰 손실을 보지 않고도 기존 포지션을 쉽게 청산할 수 있다. 그러나 지금은 다르다. 1차 포지션이 잘못됐다는 것이 확인되더라도 지금의 시장은 거래가 한산하고 거래량도 적은 이른바 불황시장narrow market이기 때문에 포지션을 변경할 때 엄청난 손실을 감수해야만 한다.

한편 앞에서도 언급했다시피 적절한 시기를 포착하는 판단력과 그 적절한 때가 오기를 기다릴 수 있는 인내심이 있는 투자자라면 지금과 같은 시장 환경에서도 큰 수익을 낼 가능성이 크다고 생각한다. 지금의 시장은 과거와 달리 인위적인 주가 움직임이 많이 나타날 여지가 별로 없기 때문이다. 예전에는 인위적 주가 움직임이 모든 과학적 수치 자료를 단번에 뒤엎어버리기 일쑤였다.

그러므로 현재의 시장 상황에서 보건대, 현명한 투자자라면 수년 전에는 상식으로 통했을지 모르는 그러한 규모대규모로는 매매하지 않을 것이다. 대신에 소수의 업종 혹은 그 업종 내의 선도주를 중심으로 주가 흐름을 분석하게 될 것이다. 그리고 행동하기 전에 먼저 살피는 것부터 배울 것이다. 한마디로 말해 '선 관찰, 후 행동'의 원칙을 배우게 될 것이다. 이제 주식시장에도 새로운 시대가 도래했기 때문이다. 합리적이고, 탐구적이고, 유능한 그러한 투자자와 투기꾼들에게 더 좋은 그리고 더 안전한 기회가 제공되는 그러한 시대 말이다.

CHAPTER

4

내 손안의
돈

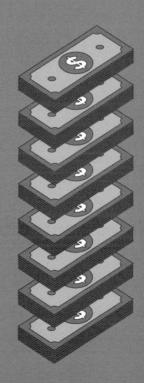

잉여 수익을 관리할 때는 절대 그 일을 다른 사람에게 맡겨서는 안 된다. 관리할 자금이 수백만 달러든 수천 달러든 달라질 것은 없다. 자금은 다른 누구도 아닌 바로 자신의 돈이라는 점을 명심해야 한다. 돈은 애써 지키지 않으면 순식간에 수중에서 사라져버린다. 잘못된 투기야말로 돈을 잃는 가장 확실한 방법 중 하나다.

무능한 투자자들이 저지르는 실수는 한두 가지가 아니다. 앞에서 이미 '손실 평준화'를 피하라고 경고한 바 있다. 손실 평준화는 투기거래에서 가장 일상적으로 행해지는 관행이기도 하다. 예를 들어 현재 주당 50달러에 주식을 매수할 수 있다고 하자. 그런데 이 주식을 매수하고 나서 2~3일이 지나자 주가가 47달러로 하락한다. 그러면 대부분의 사람들이 하락한 가격에 100주를 추가로 매수하여 평균 매입단가를 48달러로 낮추고 싶은 충동에 사로잡힌다. 주당 50달러에 100주를 매수했는데 얼마 후 주가가 하락하는 바람에 주당 3포인트의 손실이 나면 아쉬워서 속이 매우 쓰릴 것이다. 그런데 여기서 그치기는커녕 평균 매입단가를 낮추려는 욕심에 100주를 더 매수하는 간 큰 행동을 하는 사람들이 많다. 그러다 주당 44달러까지 떨어지면 그 부담감을 어찌 감당하려고 그렇게 무모한 행동을 하는지 모르겠다. 주가가 44달러로 하락하면 1차 매수분인 100주에서 600달러, 2차 매수분인 100주에서 300달러의 손실이 발생하게 된다.

투자자가 이처럼 비합리적인 매매원칙을 고수하는 한 44달러가 되면 200주, 41달러에 다시 400주, 38달러에 800주, 35달러에 1,600주, 32달러에 3,200주, 29달러에 6,400주를 매수하는 방식이 계속 이어질 것이다. 하지만 이 정도의 압박감을 견뎌낼 수 있는 투자자가 과연 몇이나 될까? 물론 자신의 매매원칙이 합리적이라면 이를 계속 고수해야 할 것이다. 그리고 위와 같은 비정상적인 흐름은 그리 자주 발생하지는 않는다. 그러나 감당할 수 없는 재앙을 피하려면 투자자 자신에게 불리하게 전개되는 비정상적인 주가 흐름으로부터 자신을 보호해야만 한다.

똑같은 말을 설교하듯 너무 반복하는 것 아니냐는 볼멘소리를 감수하고라도 여러분에게 다시 강조하고 싶은 말은 평균 매입단가를 낮추려고 시도하지 말라는 것이다. 손실 평준화에 목을 매지 마라. 이미 알고 있던 내용이지만 중개인을 통해 더 확실해진 원칙이 하나 있다. 바로 '증권회사로부터 추가 증거금 납부 청구를 받으면 그때는 이에 응하지 말고 그냥 계좌를 폐쇄하라'는 것이다. 추가 증거금 납부 청구를 받았다는 것은 시장 흐름에 대한 자신의 판단이 잘못됐다는, 혹은 시장이 자신에게 불리한 방향으로 전개된다는 것을 의미한다. 그러함에도 굳이 악화惡化를 구축하기 위해 양화良貨를 사용할 이유가 어디 있겠는가? 양화는 이런 용도로 쓸 것이 아니라 훗날을 기약하며 비축해두는 것이 최선이다. 손실 확률보다는 이익 확률이 더 높은 매매에 돈을 거는 것이 훨씬 효과적이다.

현명한 사업가는 고객 한 명에게 모든 제품을 파는 쪽보다는 되도록 많은 고객을 상대하는 쪽을 택하려고 한다. 거래하는 고객의 수가 많을수록 위험이 분산되는 범위가 더 넓어진다. 이와 마찬가지로 투기라는 '사업'에 발을 담근 사람은 한 번의 투기매매에 보유 자본 전부를 투입해서는 안 된다. 이른바 '몰빵' 투자는 금물이다. 상인에게 상품이 생명줄이듯 투자자에게는 현금이 생명줄이다.

많은 투자자가 저지르는 큰 실수 가운데 하나가 조급증을 다스리지 못하는 것이다. 투자 자본의 500% 이익을 달성하는데 2~3년 정도 걸릴 것으로 예상하는 것이 아니라 2~3개월 안에 이러한 목표를 달성하려고 덤벼든다. 물론 이 목표가 달성되는 경우가 없지는 않다. 그러나 그렇게 무리한 시도가 언제까지 먹힐 것이라 보는가? 이러한 방식은 절대 오래가지 못한다. 그 이유는 무엇일까?

그렇게 운용되는 투자금은 건전한 자본이 아니기 때문이다. 이러한 유형의 자금은 초단기간 시장을 돌다가 또 아주 순식간에 사라져 버린다. 이와 같은 방식으로 매매하는 투자자는 이내 균형 감각을 상실하게 된다. 이들이 종종 "두 달 만에 500%의 이익을 낼 수 있다면 그다음 두 달 동안에는 대체 얼마나 더 벌 수 있다는 거야? 와, 이거 이러다 금방 부자가 되겠는걸!"이라고 말한다. 이들은 결코 만족할 줄을 모르며, 무모한 시도를 멈추지 않다가 기어이 실수를 저지르고 만다. 무슨 일이 벌어질 때까지, 그것도 아주 끔찍하고 파괴적이며 누구도 예측하지 못했던 일이 벌어질 때까지 그 방식을 밀고 나간다.

최종적으로는 중개인으로부터 추가 증거금을 납부하라는 독촉을 받게 되지만, 그에 응할 능력이 되지 않는다. 결국에 무모한 시도를 했던 투자자는 작은 호롱불처럼 잠시 타오르다 이내 꺼져 시장에서 사라지고 만다. 이때 중개인에게 청탁을 넣어 시간을 좀 벌어볼 수도 있다. 또 그나마 억세게 운이 나쁜 사람이 아니라면 나중에 다시 시작할 수 있도록 여분의 '달걀'을 좀 비축해두었을지도 모른다.

장사를 처음 시작할 때는 대개 첫해부터 25% 이상의 수익을 올리겠다는 식의 맹랑한 기대는 하지 않는다. 그러나 투기적 사업에 뛰어드는 사람은 25% 수익은 아무것도 아니라는 식으로 생각하는 경향이 있다. 한술 더 떠 이들은 100% 수익을 넘보기까지 한다. 그러나 이 계산은 완전히 잘못된 것이다. 이들은 투기매매를 사업이라는 관점에서 보지 않으며 사업적 원칙에 따라 자본을 운용하지도 않는다. 이 시점에서 유용한 매매규칙 하나를 제시하자면 이렇다. 성공적으로 매매를 종결했을 때마다 거래 계좌에서 이익금의 절반을 인출하여 안전 금고에 따로 보관하라는 것이다. 투자자가 성공적으로 매매를 종료하고 나서 자신의 계좌에서 인출한 돈, 그것이야말로 실질적으로 월스트리트에서 번 유일한 돈이다. 다시 말해 매매 계좌에서 이익금을 빼내지 않으면 실질적으로 월스트리트에서 돈을 벌었다고 하기가 애매하다.

팜비치에서의 일화가 생각난다. 그 당시 나는 대규모 매도 포지션을 청산하지 않은 채 뉴욕을 떠나 팜비치로 갔다. 그런데 팜비치에 도착하고 며칠이 지나자 주가가 폭락했다. 이때야말로 '장부상의 이익'을 실현해야 할 시점이었다. 그래서 나는 이익을 실현했다.

장이 마감되고 나서 나는 우체국 전신 기사에게 거래 증권사 뉴욕 지점을 수신자로 하여 내 은행 계좌로 100만 달러를 송금해달라는 내용의 전보를 발송해달라고 했다. 전신 기사는 매우 놀라는 것 같았다. 그는 전보를 발송한 다음에 내게 그 전보지를 가져도 되겠느냐고 물었다. 그래서 나는 이유를 물었다.

그러자 그가 이렇게 대답했다. "팜비치에서 전신 기사 노릇을 한 지 20년이나 됐는데 고객이 중개인에게 자신의 계좌로 현금을 송금하라고 주문하는 내용의 전보를 발송하는 경우는 처음입니다."

전신 기사는 계속 말을 이었다. "중개인이 고객에게 추가 증거금을 납부하라는 내용의 전보를 보내는 경우는 수도 없이 봤어요. 그런데 손님 같은 분은 처음입니다. 그래서 이 전보지를 업계 사람들에게 한번 보여주려고요."

투자자들이 자신의 매매 계좌에서 현금을 인출할 수 있는 경우는, 아무런 포지션도 취하지 않고 있을 때 혹은 자본을 과도하게 보유하고 있을 때뿐이다. 시장이 자신에게 불리한 방향으로 움직일 때는 모든 자본이 증거금으로 설정되기 때문에 계좌에서 현금을 인출하지 못할 것이다. 성공적으로 매매를 마쳤을 때도 현금을 인출하지는 않을 것이다. 왜냐하면, 이 경우에 투자자는 아마도 이런 생각을 할 것이기 때문이다. '다음에는 지금보다 두 배는 더 벌어야지.'

결과적으로 대다수의 투자자들은 돈을 실제로 손에 쥐어보지 못한다. 이들에게 돈은 실재하는 것, 혹은 유형적인 것이 아니다. 즉 이들에게 돈은 실체가 없는 무형적인 것에 불과하다. 그러나 내 경우는 다르다. 나는 오래전부터 매매에 성공한 다음에는 반드시 이익을 실현한다는 규칙을 세웠고, 이 규칙대로 행동했다. 보통은 한 번에 20만 달러에서 30만 달러를 인출했다. 그리고 이는 매우 바람직한 매매 규칙이었다. 게다가 이 규칙은 심리적인 효과까지 내포하고 있었다.

이익이 발생하면 그 일부를 바로 인출하는 것을 원칙으로 삼아보라. 그리고 인출한 돈을 직접 세어보라. 그러면 내 손안에 들어있는 것이 무엇인지 확실하게 알 수 있게 되고 그 느낌이 확 와닿을 것이다. 그 것은 뜬구름이 아니라 실재하는 유형물이다.

증권 계좌나 은행 계좌에 들어 있는 돈은 직접 손으로 만져지는 돈과는 느낌부터가 다르다. 손으로 만져지는 그것에서 실재감이 느껴지는 것이다. 그리고 직접 손으로 만졌던 돈에 대한 그 느낌 때문에 장부상에만 존재했던 돈을 잃었을 때와는 다르게 그 손실이 더 실감나게 다가온다. 따라서 전과 비교하여 무모한 행동을 하려는 경향이 줄어들게 된다. 그러니 장부상에서만 존재하는 평가이익을 실제 돈으로 바꾸어 자신의 매매 성과를 두 눈으로 직접 확인해보는 것이 좋다. 매매를 종료하고 다음번 매매에 들어가기 전에는 특히 이러한 과정이 필요하다.

그런데 대부분의 투자자들이 이러한 부분을 그다지 중요하게 생각하지 않는다. 운 좋게도 매매를 통해 두 배의 이익이 발생했다면 이익금의 절반은 따로 떼어 비축해두는 것이 좋다. 내 경우만 해도 이러한 매매규칙이 크게 도움이 됐던 적이 한두 번이 아니다. 다만, 투자자로 활동하는 내내 이 규칙을 고수했더라면 하는 아쉬움은 있다. 매매를 하다보면 본의 아니게 마음이 느슨해져 가끔 규칙을 등한시할 때가 있다.

나는 월스트리트를 떠나서는 단 한 푼도 벌어보지 못했다. 월스트리트에서 벌어들인 수백만 달러를 다른 사업에 '투자'하는 바람에

몽땅 날려버린 적도 있다. 플로리다 부동산 투기 붐을 타고 시도한 부동산업을 비롯하여 유정 개발, 항공기 제조 그리고 신新 발명을 기초로 한 제품의 개선 및 마케팅 등이 바로 내 외도外道 대상이었다. 그리고 이렇게 외도를 할 때마다 번번이 손해를 봤다.

한번은 내가 다른 사업 아이템에 푹 빠져서 친구를 찾아가 5만 달러를 투자하라고 권했던 적이 있다. 내 이야기를 묵묵히 듣던 친구는 이렇게 말했다. "리버모어, 자네는 주식투자 이 외의 분야에서는 절대 돈을 못 벌 거야. 필요하다고 하면 언제든 5만 달러를 내줄 수 있네. 그렇지만 제발 부탁인데 되지도 않는 엉뚱한 사업은 그만 잊어버리고 주식투자에만 신경 쓰게나." 놀랍게도 다음 날 아침에 나는 5만 달러 수표가 동봉된 우편물을 받았다.

여기서 재차 얻을 수 있는 교훈은 투기매매 자체가 하나의 사업이고 또 투자자라면 누구나 이러한 관점에서 투기를 바라봐야 한다는 점이다. 흥분, 아첨, 유혹 등과 같은 감정적 요소에 휘둘려서는 안 된다. 주식중개인은 특별히 악의가 있어서라기보다는 업무 특성상 수많은 투자자를 파산에 이르게 하는 원흉이 되기도 한다는 점을 명심하기 바란다. 주식중개인의 수입원은 수수료다. 따라서 중개인은 고객이 주식매매를 하지 않으면 수수료를 챙길 수 없다. 고객이 매매를 자주 할수록 수수료 수입도 늘어난다. 투자자는 매매를 원하고 또 중개인은 투자자가 이렇게 매매를 자주 해주기를 바랄 뿐 아니라 과도한 매매를 조장하기까지 한다. 이에 관한 관련 지식이 별로 없는 순진한 투자자는 중개인을 친구로 여기며 이 '친구'의 의도대로 이내 오버트레이딩과매매, 過賣買의 길로 들어서게 된다.

과도한 매매를 해야 할 시점이 언제인지를 비교적 정확하게 예측할 능력이 되는 노련한 투자자라면 이따금 오버트레이딩을 한다해도 괜찮다. 능력 있는 투자자라면 오버트레이딩을 할 수 있는, 혹은 꼭 해야만 하는 시점이 언제인지를 알 수 있을 것이기 때문이다. 그러나 아무리 노련한 투자자라도 일단 오버트레이딩이 습관이 돼버리면 멈춰야 할 때 멈출 수 없는 지경에 빠져버릴 공산이 크다. 오버트레이딩 습관이 붙어버리면 평정심을 잃는 것은 한순간이다. 결국, 이러한 상태에 빠진 투자자는 성공 매매의 핵심 요소인 균형감각을 잃게 된다. 이들은 자신의 판단이 착오였음이 드러나는 날이 올 수도 있다는 사실은 꿈에도 생각하지 않는다. 그러나 그런 날은 반드시 오게 마련이다. 쉽게 번 돈은 쉽게 날아가 버리고 또 한 명의 투자자가 파산자 대열에 이름을 올리게 된다.

다시 한번 강조하지만 안전이 보장되지 않은 상황에서는 절대 매매에 나서지 마라.

전환점을
포착하라

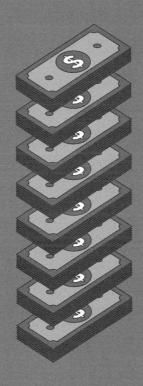

내가 인내심을 가지고 시장에 이른바 '전환점pivotal point'이 나타나기를 기다렸다가 이 시점이다 싶을 때 매매를 개시한 경우에는 항상 이익이 났었다. 그 이유는 무엇일까?

그것은 주가가 막 움직이기 시작했다고 여겨지는 시점, 즉 심리적 시간에 맞춰 매매를 개시했기 때문이다. 내 개인적 안내 지침이 알려준 딱 그 시점에 곧바로 행동에 나서고 줄곧 그 노선을 따라 포지션을 구축했다는 아주 단순한 이유 덕분에, 즉 지침에 따랐을 때는 치명적인 손실을 본 적이 없었다. 매매를 개시한 다음에는 포지션을 굳건히 유지한 채 안내 지침에서 포착한 대로 시장 추세가 흘러가는 모양을 지켜보기만 하면 된다. 시장 동향에 관한 예측이 옳다면 머지 않아 시장에서 이익을 실현할 시점이 언제인지를 알려주는 신호가 나타날 것이다.

용기와 인내심을 가지고 그러한 신호가 나타나기를 기다리면 그 신호가 반드시 나타나곤 했다. 내 경험에 따르면 주가가 움직이기 시작한 초기에 시장에 진입하지 못했을 때는 크게 이익을 보지 못했다. 추세 형성 초기에 시장에 진입하지 못하면 크게 이익을 내기 어려운 이유는 다음과 같다.

시작된 추세가 끝날 때까지 느긋이 시장을 관망하는 데는 용기와 인내심이 필요하다. 이 추세가 끝나는 그 기간까지 중간에 수시로 나타날 수 있는 소규모 주가 등락에도 흔들림 없이 처음의 포지션을 유지하는 데에도 용기와 인내심이 뒷받침돼야 한다. 그런데 결정적으로 이러한 용기와 인내심을 북돋우는 핵심 요소가 바로 '이익'이다. 이익 잔고가 넉넉해야 용기도 생기고 인내심도 나오는 법이다. 그런데 추세가 진행된 다음에 뒤늦게 시장에 진입하면 큰 이익을 낼 기회는 이미 놓친 뒤라서 이익 잔고가 없거나 크지 않기 때문에 크게 이득을 볼 기회는 사라지는 것이다.

참고 기다리면 시장이 알아서 적절한 진입 시점을 알리는 신호를 보내줄 것이고, 이와 마찬가지로 시장에서 나가야 할 시점을 알리는 신호도 보내줄 것이다. 로마가 하루아침에 이루어지지 않은 것처럼, 특정한 주가 흐름이 진정한 것이라면 추세가 하루 혹은 1주일 만에 끝나는 일은 없다. 형성되기 시작한 추세가 제 경로를 밟아 나갈 때까지는 어느 정도 시간이 걸린다. 시장 동향에서 결정적인 움직임은 그러한 추세가 시작되고 나서 48시간 이내에 형성된다. 말하자면 최근 48시간 동안의 시장 움직임이 추세 형성에서 큰 비중을 차지한다. 따라서 이 시점에 시장에 진입하는 것이 매우 중요하다.

예를 하나 들어보자. 비교적 오랫동안 하락 추세에 있는 주식의 가격이 저점인 40달러에 도달했다고 하자. 그러다 며칠 만에 45달러로 반등했고, 그다음 1주일 동안 2~3포인트 범위에서 등락을 거듭하다 다시 반등하기 시작하여 주가가 49달러까지 치고 올라갔다. 이후 며칠 동안은 다시 한산한 장세를 나타냈고 거래량도 적었다. 그러다 갑자기 거래가 다시 빈번해지면서 주가가 3~4포인트가량 하락했고, 이러한 추세가 줄곧 이어지다가 마침내 전환점인 40선 가까이 떨어졌다. 이때야말로 시장 동향을 주의 깊게 관찰해야 하는 바로 그 시점이다. 이 주식이 진짜로 하락 추세를 다시 형성한 것이라면 또 다

른 반등이 이어지기 전에 전환점 40보다 3포인트 이상 낮은 수준에
서 매매되는 모습이 먼저 나타날 것이기 때문이다. 이 주식이 전환점
인 40선을 하향 돌파하는 데 실패한다면 이는 명백한 매수신호이므
로 조정 추세상 형성된 저점 수준에서 3포인트 반등하면 바로 매수
에 나서야 한다. 또 40선이 하향 돌파됐다 해도 그 하락폭이 3포인
트 미만이라면 주가가 43달러까지 상승하자마자 바로 매수에 나서
야 한다.

위 두 가지 상황 중 한 가지가 발생한다면 이는 새로운 추세가 형
성되기 시작했다는 징후이며 시장 흐름 속에서 이러한 추세 형성이
확증된다면 주가는 계속 상승하여 전환 고점인 49선을 3포인트 이
상 상향 돌파할 수도 있다.

개인적으로 나는 시장의 추세를 정의할 때 '강세장' 혹은 '약세장'
이라는 표현을 쓰지 않는다. '강세bullish' 혹은 '약세bearish'라는 말을 들
으면 그러한 추세가 상당 기간 유지될 것으로 생각하는 사람이 많기
때문이다. 그러나 그러한 단어로 정의될 만큼 확고한 추세는 그리 자
주 형성되는 것이 아니다. 4~5년에 한 번이면 그나마 많이 형성되는
셈이다. 그리고 강세장이나 약세장까지는 아니더라도 그 사이사이에
비교적 단기간만 유지되는 추세가 분명히 존재한다. 이처럼 일정 기
간 계속되는 추세에 대해서는 '상승 추세Upward Trend' 혹은 '하락 추세
Downward Trend'라는 단어를 사용하여 표현하는 편이다. 시장이 상승 추
세를 타기 시작했다는 판단하에 주식을 매수했는데 몇 주 후에 하
락 추세로 전환됐다고 하자. 그러면 '상승장'이라는 확고한 믿음에 따

라 매매를 했을 때보다 상승 추세라는 판단에 따라 행동했을 때가 이러한 추세전환을 받아들이기가 더 쉽다.

'타이밍, 자금관리, 감정통제 규칙'과 더불어 주가를 꼼꼼히 기록하는 내 방식, 그러니까 '리버모어 매매방식'은 앞으로의 시장 동향을 예측하는 데 도움이 되는 기본 지침 혹은 원칙이 무엇인지를 알아내고자 30년 넘게 연구해온 결과물이다.

처음 주가를 기록했을 때는 이것이 성공 매매에 그리 큰 도움이 못 된다는 사실을 알았다. 몇 주 후에 주가기록에 관한 새로운 아이디어가 떠올랐고 이 새로운 방식에 따라 기록을 해보았다. 그러나 이역시 최초의 기록표를 약간 보완하는 수준에 그쳤을 뿐 내가 바라는 정보원情報源에는 한참 못 미치는 수준이었다. 이후에도 새로운 생각은 계속 떠올랐고 이 새로운 생각을 바탕으로 주가 기록 방식은 계속해서 개선됐다.

이 작업을 계속하는 동안 이전에는 생각조차 못했던 아이디어들이 떠올랐고, 이러한 부분들을 계속 적용하는 과정에서 내 기록 체계의 질은 향상됐다. 그러나 여기서 멈추지 않고 주가 동향에 시간 요소를 접목하자 비로소 내 기록표가 그토록 원하던 의미 있는 정보원의 역할을 하기 시작했다!

그다음에는 좀 다른 방식으로 주가 기록들을 통합 정리했다. 이를 통해 전환점을 비교적 정확하게 포착할 수 있었고, 더불어 이러한 전환점을 나 자신에게 유리한 방향으로 사용하는 방법도 터득했다. 그 이후로 기록체계와 방법을 수도 없이 수정하고 손을 봤다. 독자 여러분이 마음먹기만 한다면 이 자료들을 꽤 유용하게 사용할 수 있을 것이다.

만일 어떤 투자자가 특정 주식의 전환점을 포착하고 이 시점에서의 주가 동향을 비교적 정확히 파악할 수 있다면 그는 시장에 진입한 바로 그 시점부터 자신의 판단이 옳다는 확신과 함께 매매를 시작할 수 있을 것이다.

나는 아주 오래전부터 가장 단순한 형태의 '전환점 매매'를 통해 이익을 내기 시작했다. 주식이 50, 100, 200 심지어 300달러에 거래됐을 때 이 가격선이 돌파된 다음에는 주가가 급격히 변동하는 것을 심심치 않게 목격했고, 이 패턴에서 벗어나는 경우는 거의 없었다.

전환점을 이용하여 매매를 처음으로 시도했던 종목은 바로 구 아나콘다 주식이었다. 그 당시 나는 아나콘다가 100달러에 거래되자 곧바로 4,000주 매수주문을 냈다. 그런데 몇 분 뒤에 주가가 105달러로 상승한 다음에야 겨우 매수주문이 체결됐다. 이날 아나콘다는 10포인트 이상 오른 가격에 거래됐고 다음 날에는 더 큰 폭으로 주가가 상승했다. 7~8포인트 정도 하락하는 수준의 통상적인 조정을 몇 차례 거치면서 상승세를 이어갔고 주가는 단숨에 150선을 넘어섰다. 이 과정에서 전환점인 100선이 위협받았던 적은 한 번도 없었다.

그 이후로는 전환점을 기준으로 매매했을 때 손실을 본 경우는 거의 없었다. 아나콘다가 200달러에 거래됐을 때도 전환점을 기준으로 매매하여 성공을 거뒀고 300달러에 거래됐을 때도 마찬가지였다. 그러나 이번에는 이 전환점을 믿고 매매에 나설 시점이라고 확신하기가 좀 애매했다. 아나콘다의 거래 가격이 302.75달러에 불과했던 것이다. 300선에서의 상승폭이 얼마 되지 않았는데, 그것은 분명한 위험 신호였다. 그래서 아나콘다 주식 8천 주를 팔아치웠다. 그나마 다행인 것은 이 가운데 5,000주는 300달러에 그리고 1,500주는 299달러에 매도했다. 이 6,500주를 처분하는 데는 채 2분이 걸리지 않았다. 그러나 나머지 1,500주를 처분하는 데 25분이 넘게 걸렸고 이마저 100주와 200주 단위로 묶어 종가인 298달러에 겨우 매도를 완료했다.

주가가 300선을 하향 돌파한다면 이내 하락세로 돌아설 것이라는 확신이 들었다. 다음 날 아침의 시장 상황은 매우 흥미로웠다. 아나콘다 주식은 런던 시장에서는 하락세가 진행됐고, 뉴욕 시장에서는 이보다 더 낮은 가격으로 출발했다. 그리고 며칠 후에는 225달러에 거래되고 있었다.

전환점을 이용하여 시장 동향을 예측하려 할 때 반드시 명심해야 할 사항이 있다. 즉 관심을 둔 주식이 전환점을 돌파한 다음에 예상했던 행보를 보여주지 못한다면 이를 위험 신호로 보고 경계수위를 높여야 한다는 것이다. 앞선 예에서 보는 바와 같이 아나콘다 주식은 300선을 돌파한 다음에는, 이전에 100과 200선을 돌파했을 때와 아주 다른 흐름을 나타냈다. 전에는 전환점을 돌파한 즉시 최소한 10~15포인트는 상승하는 모습을 보였었다. 그러나 이번에는 아나콘다 주식 품귀현상이 일어나기는커녕 시장에 매물이 충분히 공급되는 바람에 주가 상승세가 유지될 수 없었다. 그러므로 아나콘다 주식이 300선을 돌파한 다음에 전개된 주가 행보를 보면 이를 매수 위험 신호로 해석해도 무방하다. 그리고 위 사례를 통해 이번처럼 특정 주식이 전환점을 돌파할 때 통상적으로 나타나던 상황대로 시장이 흘러가지 않으면 과연 어떤 일이 벌어지는지 확실히 알 수 있었다.

또 다른 예로 들어보기로 하자. 꾹 참고 3주일을 기다렸다가 베들레헴 철강_{Bethlehem Steel} 주식을 매수했던 적이 있다. 1915년 4월 7일 당시 베들레헴 주식은 최고가인 87달러에 도달했다. 매우 빠른 속도로 전환점을 돌파하는 것을 관찰한 나는 주가가 최고 100달러까지 치고 올라갈 것이라는 확신이 들었다. 그래서 다음 날인 4월 8일에 베들레헴 주식에 대해 첫 매수주문을 냈고 첫 매수가인 89달러에서부터 99달러가 될 때까지 계속해서 포지션을 늘려나갔다. 같은 날이 주식은 117달러라는 높은 가격에 거래됐다. 그리고 중간에 미미한 수준의 주가 조정이 일어난 경우를 제외하고 이러한 상승 추세는 꺾이지 않은 채 4월 13일까지 이어졌다. 첫 매수 후 5일이 지난 13일에는 155달러에 거래됐다. 그동안 경험하기 어려웠던 대단한 상승폭인 셈이다. 인내심을 가지고 전환점 원칙이 적용될 때를 기다린 사람에게 큰 보상이 따른다는 점을 여실히 보여준 사례라 할 수 있겠다.

나는 베들레헴 주식과의 인연을 계속해서 이어갔다. 200, 300, 심지어 400선을 돌파할 때도 전과 마찬가지 작전을 구사했다. 시장이 하락 추세에 있을 때 주가가 전환점을 하향 돌파할 때 어떤 일이 벌어지는지 어느 정도 예측하고 있었기 때문이다. 특정 주식이 전환점을 돌파했을 때는 이후의 행보를 예의주시해야 한다는 사실을 배웠다. 전환점이 돌파된 다음에 주가 흐름의 강도가 예상보다 떨어진다

제시 리버모어의 주식투자 바이블

싶을 때면 주저하지 않고 방향을 선회하여 현재 포지션에서 빠져나오는 것은 그다지 어려운 일이 아니었다. 나는 이럴 때 포지션을 바꿔 매도 포지션을 취했던 적도 여러 번 있었다. 신기하게도 인내심을 잃고 전환점에 도달하기를 기다리지 못한 채 섣불리 차익을 실현하는데 급급했을 때마다 나는 손실을 봤다. 이때 이후로 고가 주식들에 대한 다양한 형태의 주식 분할이 이루어졌기 때문에 앞서 설명했던 것과 같은 기회는 그다지 빈번하게 나타나지 않았다. 그럼에도 전환점을 확인할 수 있는 또 다른 방법들이 있었다.

예를 들어 최근 2~3년 내에 주식시장에 새로 상장된 주식이 있다고 해보자. 이 주식의 최고가는 20달러 정도이고 이 가격은 상장 당시인 2~3년 전에 기록된 것이라고 하자. 그런데 이 기업에 호재가 발생하여 주가가 상승하기 시작한다면 주가가 신고가에 도달했을 때가 바로 안전한 매수시점이라고 할 수 있다.

어떤 주식의 거래가가 50, 60 혹은 70달러였고 그 이후로 20포인트 하락한 수준에서 거래되다가 이후 1~2년 동안 고점과 저점 사이를 오르락내리락하며 등락을 거듭했다고 하자. 그런 다음에 주식이 이전 저점보다 낮은 가격으로 거래된다면 앞으로 주가가 폭락할 가능성이 있다. 그 이유는 기업에 어떤 문제가 발생했을 가능성이 매우 크기 때문이다.

'시간 요소'를 염두에 두면서 주가를 꼼꼼히 기록한다면 전환점을 비교적 정확하게 포착할 수 있고 더불어 이를 기초로 한 신속한 대응도 가능해진다. 그러나 전환점 수준에서 매매하는 방법을 배우려면 무엇보다 인내심이 필요하다. 시간과 노력을 들여 주가 기록표를 꼼꼼히 분석해야 하고 주가를 기록할 때도 본인이 직접 해야 한다. 그리고 어느 정도 가격에서 전환점에 도달할 것인지도 표시해 놓아야 한다. 이러한 작업의 결과는 그간의 믿음 체계를 뒤바꿔 놓을 만큼 대단했다. 전환점을 분석하는 작업이야말로 개인이 할 수 있는 이른바 사적私的 연구 분야의 최고봉이라 할 수 있다. 그만큼 전환점 분석에서 얻을 것이 많다는 뜻이다.

자신의 판단력에 기초하여 매매를 성공적으로 완료했을 때는 이루 말할 수 없을 정도로 큰 만족감과 기쁨을 느끼게 마련이다. 다른 누군가가 제공해준 매매기법이나 안내 지침에 의존하여 매매했을 때보다 그 만족감이 훨씬 큰 법이다. 스스로 뭔가를 발견하고, 자신의 방식에 따라 매매에 임하고, 인내심을 키우고, 위험 신호에 주목하는 등의 행동 방식에 익숙해진다면 적절하게 사고하는 나름의 방식을 고안해낼 수 있을 것이다. 이 책의 마지막 장에서 '리버모어의 시장분석기법'과 좀 더 복잡한 수준의 전환점 포착 방법을 상세히 설명할 것이다.

다른 사람의 추천을 받은 종목이나 우연히 주워들은 비밀정보를 바탕으로 매매해서 크게 이익을 낸 사람은 별로 본 적이 없다. 많은 사람이 비밀정보에 목말라 하지만, 정작 그러한 정보를 얻었을 때 제대로 활용할 줄 모른다.

어느 날 밤 저녁 파티에서 한 여성을 만났다. 그런데 이 여성이 내게 시장 정보를 하나 알려달라고 아주 끈질기게 매달렸다. 그 당시는 하락장이 형성돼 있던 때라서 나는 이 여성에게 그날 전환점을 돌파했던 세로데파스코Cerro de Pasco: 광산회사 주식을 좀 매수해두라고 일러주었다. 이 주식은 다음 날 아침부터 상승 출발하더니 다음 1주일 동안 사소한 수준의 조정을 제외하고 주가가 15포인트나 상승했다. 그 다음부터 이 주식의 흐름에서 위험 신호가 포착됐다. 위험 신호를 포착한 나는 내게 종목 추천을 해달라던 여성이 생각났다. 그래서 아내에게 어서 그녀에게 전화를 걸어 서둘러 이 주식을 처분하라고 했다. 그런데 맙소사! 그 여성은 그때까지 세로데파스코를 단 한 주도 매수하지 않은 상태였다. 그녀는 내가 전해주는 정보가 맞는지 틀리는지 알아보려고 종목을 추천해달라고 했던 것이었다. 시장 정보라는 것의 실체가 바로 이런 것이다.

상품 시장에서는 매력적인 전환점이 빈번히 포착되는 편이다. 코코아는 뉴욕 코코아 거래소New York Cocoa Exchange에서 거래되는데 최근 몇 년 동안 코코아 시장에 투자자를 끌어들일 만한 매력적인 가격 추세가 나타나지 않았다. 그럼에도, 투기를 사업적 관점에서 바라보는 사람들은 좋은 기회가 나타나기를 기다리며 거의 기계적으로 시장 상황을 계속해서 주시한다.

1934년 한 해 동안 코코아 옵션 12월물은 2월에 6.23달러로 고점을 찍었고 10월에 4.28달러로 저점을 찍었다. 1935년에는 1월에 기록한 5.74달러가 고점이고 6월에 기록한 4.54달러가 저점이었다. 1936년의 저점은 3월에 기록한 5.13달러였다. 그러나 그해 8월에는 몇 가지 이유로 말미암아 코코아 시장에 큰 변화가 생겼다. 일단은 거래량이 급격히 증가했다. 코코아의 8월 거래가는 6.88달러였고 이는 지난 2

년 이래 최고가 수준이며 최근에 기록된 두 차례의 전환점을 웃도는 수준이었다.

9월에는 7.51달러라는 높은 가격에 거래됐고 10월에는 8.70달러에 거래됐다. 11월 거래가는 10.80달러였고 12월에는 11.40달러였다. 이 듬해인 1937년 1월에는 12.86달러로 최고점을 쳤다. 통상적인 수준의 미미한 조정이 몇 차례 있기도 했지만, 전체적으로는 5개월 동안 6달러나 상승하는 놀라운 기록이었다.

코코아 가격은 해마다 통상적인 수준의 가격 변동만 있었으므로 이처럼 급격히 가격이 상승한 데는 분명히 그만한 이유가 있을 것이다. 그 이유는 다름 아니라 코코아의 극심한 공급 부족에서 찾아야 한다. 따라서 가격의 전환점을 꾸준히 관찰했던 사람들은 코코아 시장에서 매우 큰 기회를 포착할 수 있었다.

이제 자신의 기록표에 가격을 적어놓고 가격 패턴을 관찰해야 한다. 가격 흐름의 의미를 찾아내다 보면 자신이 그리는 그림이 특정한 형태를 갖춰가고 있다는 사실을 문득 깨닫게 될 것이다. 즉 이러한 가격 흐름이 특정한 시장 상황을 열심히 형성해나가는 중이다. 그러므로 자신의 기록표를 다시 살펴보면서 현재와 유사한 시장 상황이 전개됐을 당시의 과거 기록을 기준으로 하여 최근에 형성된 주요 가격 흐름이 어떻게 전개될지를 가늠해볼 필요가 있다. 이렇게 하면 세심한 분석과 냉철한 판단력을 바탕으로 시장에 대한 자신만의 의견을 도출할 수 있을 것이다.

가격 패턴을 보면 주요 가격 움직임이라는 것은 유사한 가격 추이의 반복에 불과하다는 사실을 알 수 있다. 그리고 과거의 가격 동향을 낱낱이 파악하고 있으면 앞으로의 가격 동향을 예측하여 이에 따라 행동하는 것이 가능해진다.

주가 기록표가 완벽한 도구는 아니다. 다만 내게 보탬이 되는 한 이 도구를 유용하게 활용할 생각이다. 누구든 주가 기록표를 직접 작성하고 열심히 분석한다면 그리고 분석 결과를 바탕으로 매매에 나선다면 이익을 낼 가능성이 아주 커진다. 미래의 누군가가 주가를 기록하는 이 방법을 사용하여 나보다 훨씬 더 많은 돈을 번다고 해도 전혀 놀랄 일이 아니다. 내가 다른 사람보다 조금 빨리 이러한 결론에 도달하기는 했지만, 새롭게 이 방법을 적용하기 시작한 사람 중에는 기록표를 꼼꼼히 분석한 결과 당시에 내가 놓쳤던 중요한 사항을 나보다 훨씬 쉽게 발견할 수도 있을 것이기 때문이다.

그리고 지금까지 발견하여 사용한 전환점 정보만으로도 내 개인적인 목적을 충분히 달성했기 때문에 그 이상의 것을 다시 찾아내려고 애쓰지 않았다는 점도 밝혀둔다. 그래서 이 방법으로 나보다 더 좋은 성과를 내는 사람이 나온다 해도 그리 놀라울 것이 없다. 다른 사람들은 여기에 새로운 아이디어를 더하여 각자의 목적에 맞는 방향으로 내가 소개한 기본 방법론의 가치를 더욱 증가시켜줄 수 있을 것이다.

단언하건대 그 사람이 누구든 간에 이렇게 해주기를 바랄 뿐이고 이를 통해 나보다 더 큰 성공을 거둔다 해도 결코 질투하거나 시기하지 않을 것임을 맹세한다!

CHAPTER

6

100만 달러짜리
실수

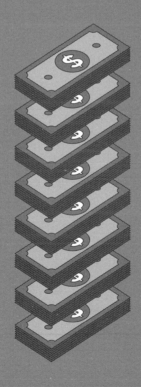

이 장에서는 일반적인 매매원칙 몇 가지를 설명하고자 한다. 타이밍, 자금관리, 감정통제 등 세 가지 요소를 접목한 나의 매매원칙에 대해서는 뒷부분에서 더 상세히 설명하기로 하고, 일반적인 매매원칙이라는 관점에서 한 가지 짚고 넘어가야 할 사항이 있다. 바로 충동적으로 매수하거나 매도하고 또 단번에 포지션 규모를 최대치로 잡는 투기꾼들이 너무 많다는 사실이다. 이러한 관행은 아주 잘못된 것이고 또 매우 위험하기까지 하다.

예를 들어 주식 500주를 매수하고 싶다고 해보자. 그러면 우선 100주만 매수하도록 하라. 자신의 판단이 옳은 것인지를 시험하는 잣대로서 주가가 상승세를 나타내면 그때 가서 다시 100주를 매수하는 식으로 나가는 것이 좋다. 그리고 추가 매수에 나설 때는 항상 '이전 매수가격보다 높은 가격일 때' 매수해야 한다는 점을 잊어서는 안 된다. 공매도를 할 때도 역시 같은 원칙이 적용된다. 즉 이전가격보다 더 낮은 가격이 아니라면 추가 매도에 나서지 마라. 이 원칙을 잘 지킨다면 다른 어떤 원칙을 고수할 때보다 더 정확하게 시장 흐름을 탈 수 있을 것이다. 그래야만 매매에서 이익을 낼 수 있다. 매매에서 평가이익이 발생하고 있다는 사실 자체가 자신의 판단이 옳았다는 증거가 된다.

나의 매매 원칙을 따르려면 다음과 같이 하라.

- 특정 주식과 관련한 모든 사항을 꼼꼼히 관찰하여 평가하라.
- 그다음에는 시장에 진입할 가격 수준을 미리 결정하라. 즉 최

초 '매수' 시점가격 혹은 공매도를 할 경우 '매도' 시점을 정해
놓아야 한다.

- 자신이 작성한 주가 기록표를 살펴보면서 지난 수주일 간의
주가 흐름을 세밀하게 분석하고 전환점을 찾아내라. 주가가 특
정 방향으로 추세를 타기 시작한 것이라 판단되는 시점가격대을
미리 정해놓았는데 관심 주식의 주가가 실제로 이 지점에 도
달했다면 그때가 바로 시장에 진입할 시점이다.

- 일단 매매를 개시했으면 자신의 시장 판단이 잘못됐을 때를
대비하여 위험 노출 수준 혹은 감수할 손실 규모를 미리 정해
두어야 한다.

이 원칙에 따라 매매에 나선다고 해도 한두 번 정도 손실을 볼
수도 있다. 그러나 이 원칙을 고수하면서 전환점에 도달할 때마다 시
장에 재진입한다면 자신이 바라는 방향으로 주가가 움직일 때 그 흐
름에서 수익을 낼 수 있는 포지션을 점할 수 있게 된다. 즉 그 기회를
놓치려 해도 놓칠 수 없는 포지션에 있게 되는 것이다. 중요한 것은
적절한 타이밍, 즉 매매시점을 제대로 포착하는 것이다. 인내심을 잃
었을 때는 그 대가를 톡톡히 치러야 한다. 이 시점에서 조급함과 부
적절한 타이밍 때문에 100만 달러 수익의 기회를 날려버렸던 뼈아픈
내 경험을 들춰내지 않을 수 없다. 그 이야기를 꺼내자니 아직도 당
혹스러움에 얼굴이 화끈거릴 지경이다.

몇 년 전에 있었던 일이다. 나는 면화 시장이 상승장을 형성할 것

이라고 확신했다. 면화 가격이 큰 폭으로 상승할 것이라고 강한 확신이 들었던 것이다. 그러나 시장 자체가 아직 상승 추세를 형성할 준비가 돼 있지 않았다. 시장에 있으면 이러한 일은 심심치 않게 경험하게 된다. 어쨌거나 나는 면화 시장에 진입하고 말았다.

첫 매매는 면화 2만 베일면화를 세는 단위. '꾸러미'라는 뜻-역주을 시장가격으로 매수하면서 이루어졌다. 당시 면화 시장은 거래가 활발하지 않았던 터라 이 주문으로 말미암아 가격이 15포인트나 상승했다. 그리고 최종적으로 100베일을 매수하고 나서 24시간이 못 돼 시장이 하락세로 돌아섰고 결국 처음에 매수했던 가격 수준으로까지 떨어졌다. 그리고는 그 상태가 며칠간 유지됐다. 이러한 상황에 넌더리가 난 나는 결국 면화 포지션을 모두 청산했고, 수수료를 포함하여 3만 달러가량 손실을 봤다. 그리고 마지막으로 남은 100베일은 조정기 동안에 기록된 가격 중 최저치 수준에서 처분했다.

그런데 며칠이 지나자 시장이 다시 매력적인 움직임을 보이며 시장 재진입을 부추기는 흐름으로 나아가는 듯 보였다. 나는 유혹을 떨쳐버리기 어려웠고 게다가 언젠가 면화 가격에 큰 변동이 있을 것이라는 애초의 믿음도 바꾸고 싶지 않았다. 그래서 결국 면화 2만 베일을 다시 매수했다. 그런데 이번에도 역시 전과 똑같은 상황이 되풀이됐다. 내 매수주문으로 시장이 상승하는 듯하더니 얼마 후 면화 가격이 다시 큰 폭으로 하락했다. 그런데 조급증 때문에 이 상황을 견디지 못하고 또다시 내 포지션을 전부 청산하고 말았다. 그리고 이번에도 역시 최종 물량은 최저가에 처분됐다.

6주 동안 이런 실수를 다섯 차례나 반복했고 그때마다 평균 2만 5,000~3만 달러의 손실을 봤다. 당혹감만 남긴 이 매매를 통해 내 계좌에서는 아까운 돈이 20만 달러나 빠져나가고 말았다. 그래서 나는 내 사무장 해리 다치에게 다음 날 아침 내가 출근하기 전까지 면화 선물시장의 티커를 치워버리라고 지시했다. 면화 시장에서 기웃거리고 싶은 유혹에 또다시 흔들리기 싫었기 때문이다. 면화 장세를 지켜보는 것만으로도 감정이 격해지고 울컥하는 기분이 들었다. 이러한 감정은 투기매매에 필수적이라 할 냉철한 사고를 하는 데 아무런 도움이 안 된다. 그다음에는 어떤 일이 벌어졌을까?

사무실에 있던 티커를 치우고 면화에 대한 모든 관심을 끊어버렸는데, 이틀 후부터 면화 가격이 상승하기 시작했다. 상승세가 계속되더니 결국 500포인트나 상승했다. 상승폭이 그렇게 컸는데도 조정은 단 한 차례밖에 없었다. 이때 조정 폭은 40포인트였다.

나는 가장 매력적이고 가장 안전하며 가장 확실하다고 판단했던 매매에서 결국 실패하고 말았다. 근본적인 이유는 두 가지였다.

첫째, 인내심이 부족하여 심리적 시간에 도달할 때까지 기다리지 못했다. 면화 가격이 파운드당 12센트에 거래되는 상황이 온다면 앞으로 가격이 이보다 훨씬 더 상승하게 될 것으로 판단했다. 그런데 결정적으로 그때 당시 내게는 기다릴 수 있는 인내심이 없었다. 면화 가격이 매수시점에 도달하기도 전에 소규모 차익이나마 실현해야 한다고 생각했고 그래서 시장 상황이 무르익기도 전에 행동에 나서고 말았다. 이로써 나는 20만 달러를 잃었을 뿐만 아니라 100만 달러의 이익 기회마저 날려버리고 말았다. 애초의 계획은 전환점이 돌파된 후부터 최대 10만 베일까지 매수 포지션의 규모를 늘려갈 생각이었다. 이 계획대로 실행했다면 면화 가격의 급상승을 통해 베일당 200 포인트 이상의 이익을 냈을 것이다.

둘째, 계속해서 내 이익에 반하는 방향으로 시장이 흘러갈 때마다 내 판단에 대한 의구심 때문에 화가 치밀었고 그러한 상황에 넌더리가 났다. 정작 내가 손실을 본 이유는 처음의 계획과 판단에 합당한 방향으로 시장 상황이 전개될 때까지 기다리지 못한 내 조급함 때문이었는데도 말이다.

오래전에 시장에서 배운 교훈이 하나 있다. 실수를 했을 때는 이에 대해 구구절절한 변명을 하지 말라는 것이다. 이는 나뿐만 아니라 모든 시장 참여자가 염두에 둬야 할 사항이다. 실수를 했으면 그 사실을 받아들이고 그것에서 교훈을 얻으면 그뿐이다.

우리는 자신이 언제 실수하는지를 잘 안다. 투자자가 실수를 하면 시장이 그 사실을 알려줄 것이다. 시장 상황을 보면 실수했는지 아닌지를 알 수 있다. 매매에서 손실이 난다면 자신의 판단이 잘못된 것이고 그런 면에서 실수가 드러나는 것이다. 일단 자신이 실수했다는 사실을 깨달았으면 그때까지의 손실을 감수하고 포지션을 청산해야 한다. 크게 낙담할 필요도 없으니 평정심을 유지하려고 애쓰는 동시에 그간의 기록표를 살펴보면서 실수의 원인이 무엇인지 찾아보고 다음번 기회를 노려야 한다. 오랜 기간 시장에서 활동하다 보면 이런 깨달음을 얻게 된다. 시장에 오래 있다보면 시장에서 알려주기

제시 리버모어의 주식투자 바이블

전에 자신의 실수를 미리 감지할 수 있는 감각이 크게 발달하게 된다. 일종의 잠재의식적 경고 신호라고 보면 된다. 이러한 감각은 과거 시장 성과에 대한 지식을 기반으로 한 잠재적 신호로서, 이것이 매매 행동의 선행적 지표 역할을 할 때가 종종 있다. 이제 이 부분에 대해 좀 더 상세히 설명할 것이다.

1920년대 후반의 초강세장 당시 나는 다양한 주식을 상당 기간 대량으로 보유하고 있었다. 물론 이 기간에도 이따금 통상적인 조정이 발생했지만, 내 포지션에 대해 전혀 불안감을 느끼지 않았다.

그런데 장이 마감되고 나면 불안감이 몰려올 때가 있었다. 이런 날은 제대로 잠을 이루지 못했다. 무언가 내 의식을 흔들어 깨우는 통에 문득 잠에서 깬 나는 바로 시장 생각을 하기 시작한다. 다음 날 아침이면 조간신문을 펼쳐보는 것도 두려울 지경이다. 무언가 불길한 일이 벌어질 것만 같았다. 이러한 불안감에는 아랑곳없이 모든 것은 여전히 장밋빛으로 빛난다. 내 이런 불안감은 전혀 근거가 없는 것일 수도 있다. 시장은 오히려 상승 출발할 수도 있고, 시장 흐름에는 아무런 문제가 없을 수도 있다. 어쩌면 당시 추세의 정점을 찍고 있는지도 모른다. 이럴 때면 불안 때문에 단잠을 이루지 못했던 지난밤의 자신이 안쓰럽기도 하고 한편 우습기도 할 것이다. 그러나 이런 자신을 책망만 하고 비웃기만 할 일이 절대 아니다.

다음 날이면 상황이 완전히 달라질 수도 있기 때문이다. 핵폭탄급 악재는 없더라도 한동안 계속되던 추세가 갑자기 전환되기도 한다. 그런 날이면 극도의 불안감에 휩싸이게 된다. 대규모 포지션을 한꺼번에 청산해야 하는 상황에 직면하기 때문이다. 바로 하루 전만 하더라도 최고점과 2포인트 내외의 격차가 나는 수준에서 모든 포지션을 말끔히 청산할 수 있었을 것이다. 그러나 상황이 이미 전개된 후인 당일에는 모든 것이 달라져 있다.

시장이 온통 장밋빛으로 물들어 보일 때도 '내면의 감각'이 위험 신호를 포착하는 매우 신비한 경험을 해본 사람들이 꽤 많을 것이다. 오래도록 시장에서 활동하면서 시장 상황을 열심히 연구한 사람에게는 이러한 감각이 발달한다. 솔직히 말해 나는 내면의 이러한 경고에 귀 기울이기보다는 이러한 종류의 직감이나 본능과는 무관해 보이는 과학적 자료에 더 의존하는 편이었다. 그러나 마음을 어지럽히는 이상한 불안감에 귀 기울였을 때 큰 도움을 받았던 적이 적지 않았다는 것 또한 사실이다.

시장 동향에 민감한 사람, 즉 과학적인 주가 패턴을 찾아내고 이를 통해 주가 동향을 파악하려는 사람한테서 이러한 위험을 미리 감지하는 능력이 더 크게 발휘된다는 점에서 내면의 신호와 매매 간의 관계성이 더 흥미를 끄는 것이다. 대다수의 투자자들은 귀동냥한 간접적 정보 혹은 언론을 통해 발표된 소식만을 근거로 상승 혹은 하락의 감을 느끼고 이에 따라 행동한다.

수백만 명에 달하는 많고 많은 투자자 중에 온 시간을 다 바쳐 투기매매에 전념하는 사람은 극소수에 불과하다는 사실을 명심하라. 대다수는 투기를 그저 요행수를 바라고 덤벼도 되는 가벼운 게임 정도로 생각할 뿐이며 이러한 태도에는 결국 엄청난 대가가 따른다. 노런한 사업가나 전문가 혹은 현역에서 은퇴한 사람 중에도 투기매매를 '주력' 사업으로 보지 않고 하나의 부업쯤으로 치부하는 사람들이 많다. 이들은 주식중개인이나 업계 동료가 특별히 시장 관련 정보를 제공하지 않는 한 주식매매에 나서지도 않을 사람들이다. 즉, 그런 정보나 있어야 비로소 매매에 나서는 그런 사람들이다. 때로는 대기업의 핵심 부서에 근무하는 친구에게서 귀한 내부정보를 듣고 주식매매를 시작하기도 한다. 다음과 같은 경우를 한번 상상해보자.

대기업에 다니는 친구와 점심 혹은 저녁식사를 같이하는 자리다. 한동안은 기업 환경 전반에 관해 이런저런 이야기를 나누다가 결국 그 친구가 다니는 기업에 대해 묻기 시작한다. 그러면 실적도 좋고 잘나가고 있다는 대답이 돌아온다. 이제 막 전환점을 돈 시점이고 앞으로 상승세가 눈부실 것이라는 전망까지 덧붙인다. 그렇다. 친구 말대로라면 구미가 당기는 매력적인 주식이다. 친구는 계속해서 말한다. 그것도 아주 진지하게 말이다. "솔직히 말해 지금이 우리회사 주식을 매수할 최적기지. 그렇고말고. 우리 회사의 순이익은 엄청날 거야. 과거 그 어느 때보다 높은 수준일걸? 지난번 호황기에 우리 회사 주식이 얼마에 거래됐었는지 자네도 기억하지?"

친구의 말에 한껏 고무돼서는 이것저것 생각할 겨를도 없이 서둘러 그 기업의 주식을 매수한다. 분기별 재무제표를 보니 항상 직전 분기보다 실적이 더 나아지는 모습이 포착된다. 그리고 추가 배당금을 지급하겠다는 발표도 있다. 주가는 계속 상승하고 있다. 그래서 주식투자로 떼돈을 버는 꿈에 젖는다. 그런데 갑자기 이 기업의 영업실적이 급격히 떨어지기 시작한다. 내부 사정은 정확히 모르고 주가가 폭락했다는 사실만 안다. 급히 친구에게 전화를 걸어 어떻게 된 상황인지 묻지 않을 수 없다.

친구는 이렇게 답변한다. "음, 그래. 주가가 좀 하락하기는 했어. 그렇지만 일시적인 현상일 뿐이야. 영업실적이 조금 떨어졌어. 그리고 하락장에 대한 우려가 주가에 영향을 미친 것 같아. 이번에 주가 하락을 주도한 세력이 바로 공매도 세력이야."

아마도 친구는 주가가 폭락한 진짜 이유는 슬그머니 제쳐놓은 채 아무짝에도 쓸모없는 상투적인 말들을 주저리주저리 늘어놓을지도 모른다. 십중팔구 이 친구와 그 동료는 그 회사 주식을 다량 보유하고 있을 것이다. 그러니 자사의 실적 저조 징후가 포착되자마자 한시라도 빨리 시장이 소화할 수 있는 한 매도 물량을 최대한도로 처분하느라 정신이 없을 것이다. 상황을 묻는 친구에게 그러한 내막을 알려주는 것은 주식매도 대열에 경쟁자를 한 명 더 끌어들이는 셈이고 결국 친구끼리 그리고 동료끼리의 매도 경쟁이 한층 격해진다는 것을 의미한다. 그러므로 진실을 숨기는 이러한 행위는 자기보존을 위한 생존 게임과 다를 바 없게 된다.

같은 내부정보라도 매수시점을 알려주는 정보를 제공하기는 쉬워도 매도시점을 알려주는 정보는 제공하기 어려운 이유가 바로 여기에 있다. 그러한 정보는 제공할 수도 없고 또 제공하지도 않을 것이다. 어쨌거나 매도를 권유하는 정보를 제공한다는 것은 같은 직장의 동료를 배신하는 행위와 진배없기 때문이다.

나는 여러분에게 작은 노트를 항상 지니고 다니라고 권하고 싶다. 그리고 흥미로운 시장 정보가 있으면 그때마다 노트에 적어두는 것이 좋다. 앞으로의 매매에 도움이 될 만한 생각이나 의견, 수시로 곱씹을 만한 아이디어, 가격 동향에 관한 개인적 관찰 사항 등이 여기에 해당한다. 이 노트의 첫 장에는 이런 글귀를 써넣었으면 좋겠다. 그리고 눈에 잘 띄게 또박또박 적어 놓으면 더 좋겠다. "내부정보를 경계하라. 내부정보라면 어떤 것이든 전부 다!"

투기나 투자를 통해 성공하는 것은 오로지 그 성공을 위해 열심히 노력한 자의 몫이라는 사실은 아무리 강조해도 지나치지 않다. 그 누구도 여러분의 손에 거액을 건네주지는 않는다. 이렇게 되기를 바라는 것은 배가 고픈 무전 여행자가 식당에 들어가 다음과 같이 행동하는 것과 다를 바 없다. "여기, 아주 크고 맛도 좋고 육즙도 풍부한 스테이크를 두툼하게 준비해주세요. 아, 그리고 주방장한테 빨리 좀 준비해달라고 해주세요." 그러면 웨이터는 아마도 이렇게 대답할 것이다. "주방장님이 말씀하시길, 그런 스테이크가 있으면 자신이 먹겠답니다."

설사 눈먼 것처럼 보이는 돈이 주변에 널려 있다 해도 그 돈을 억지로 당신의 주머니에 집어넣어 줄 사람은 아무도 없다.

CHAPTER

7

300만 달러의
이익

앞 장에서는 인내심을 발휘하지 못한 탓에 거액의 이익 기회를 놓쳤던 경험을 이야기했다. 이제는 반대로 인내심을 가지고 때를 기다렸을 때, 즉 심리적 시간에 도달할 때까지 느긋이 기다렸을 때 어떤 이득을 보게 됐는지를 설명하고자 한다.

1924년 여름, 밀 가격이 내가 전환점으로 봤던 지점에 도달했다. 그래서 나는 500만 부셸무게의 단위로, 미국식은 60파운드를 나타낸다-역주을 매수하는 것으로 시장에 진입했다. 당시 밀 시장은 규모가 엄청나게 큰 거대 시장이었다. 따라서 그 정도 규모의 주문이 체결된다 해도 밀 가격에는 큰 영향을 미치지 않았다. 주식시장으로 치면 단일 종목 5만 주를 거래했을 때의 시세 변동 효과와 비슷할 것이다.

이 주문이 체결된 직후 밀 시장은 며칠 동안 정체 상태를 나타냈다. 그러나 가격이 전환점 이하로 떨어지는 일은 발생하지 않았다. 그러다 시장은 다시 상승하기 시작하여 이전 가격에서 몇 센트 정도 더 상승했다. 즉 통상적인 조정 지점을 기점으로 하여 가격이 다시 상승했고 이후 며칠간 시장이 정체되는 모습을 보였다.

그리고 다음번 전환점이 돌파되자마자 500만 부셸에 대한 추가 매수주문을 냈다. 이번에는 전환점보다 평균 1.5센트 높은 가격에 주문이 체결됐다. 이는 내게 시장에 강력한 추세가 형성되고 있다는 의미로 받아들여졌다. 2차로 500만 부셸의 매수 물량을 확보하는 것이 처음보다 훨씬 어려웠기 때문이다.

1차 주문 이후 가격이 하락했던 것과 달리 2차 주문이 체결된 다음 날 가격이 3센트 상승했다. 이것은 내가 예측했던 시장 상황과 정확히 일치하는 모습이었다. 이때부터 진정한 강세장이라 부를 만한 상황이 전개된 것일 수도 있다. 이러한 시장 판단이 틀리지 않다면 밀 시장에 주목할 만한 큰 추세가 형성되기 시작한 것이고, 내 계산상으로 아마도 이러한 추세는 적어도 수개월 동안은 계속될 것이다. 다시 말해 밀 시장에서 적어도 수개월은 계속될 큰 추세가 형성되기 시작했다는 말이다. 그러나 그때까지만 해도 앞으로 벌어질 상황을 완벽하게 꿰뚫고 있었던 것은 아니다.

그래서 나는 부셸당 25센트의 차익이 발생하자 이를 냉큼 현금화해버렸다. 그런데 며칠 지나지 않아 부셸당 20센트 추가 상승했고, 나는 타는 속을 안은 채 이 모습을 멀거니 지켜볼 수밖에 없었다. 이 모습을 지켜보면서 내가 큰 실수를 했다는 사실을 깨달았다. 대체 나는 왜 실제로 발생하지도 않은 이익에 대해 이것을 잃을까봐 조바심을 냈던 것일까?

인내심과 용기를 갖고 끝까지 포지션을 유지했어야 할 바로 그때 나는 조바심을 극복하지 못하고 장부상의 평가 이익을 전부 현금으로 바꿔버렸던 것이다. 하지만 이 상승 추세가 계속 이어질 것이고 때가 되면 전환점에 도달할 것이다. 그러니 전환점에 도달하는 그 시점까지 기다렸다가 위험 신호를 포착해도 늦지는 않을 것이라는 데 생각이 미쳤다.

그래서 나는 시장에 재진입하기로 했다. 이때는 1차 매수가격보다 평균 25센트 높은 가격에 매수주문이 체결됐다. 처음에는 1차 매매 물량의 50%인 500만 부셸을 매수하는 선에 그쳤다. 사실 그 이상을 매수할 용기가 없었기 때문이다. 그러나 이번에는 조바심을 떨쳐내고 위험 신호가 나타날 때까지 그 포지션을 끝까지 유지했다.

1925년 1월 28일에 밀 선물 5월물은 부셸당 평균 2.05달러라는 높은 가격에 거래됐다. 2월 11일에는 부셸당 1.77달러를 기록했다. 밀 가격이 이와 같은 놀라운 상승세를 나타내는 동안 이보다 훨씬 큰 폭의 상승세를 보인 또 다른 상품이 있었는데 그것은 바로 호밀이었다. 그러나 호밀 시장은 밀 시장과 비교하면 아주 협소한 시장이다. 따라서 비교적 소규모의 매수주문으로도 호밀 가격이 크게 상승할 수 있었다.

나는 호밀 시장에서도 종종 대규모 포지션을 보유했고 나와 비슷한 규모의 포지션을 유지한 투자자들도 여럿 있었다. 이 가운데 한 명은 호밀 선물을 수백만 부셸까지 매수하는 동시에 밀 현물 포지션도 수백만 부셸을 유지한 것으로 알려졌다. 그리고 자신의 밀 선물 포지션을 유리하게 끌고 나가려는 목적으로 호밀 현물도 대량으로 매수했다. 그는 밀 시장이 하락하기 시작할 때 호밀 매수주문을 내는 방법으로, 호밀 시장을 이용하는 것으로도 유명했다.

앞서 언급한 바와 같이 호밀 시장은 밀 시장에 비해 규모도 작고 거래량도 적기 때문에 호밀에 대한 대량 매수주문은 가격 급등을 유발할 수 있고, 따라서 이것이 밀 가격에도 상당한 영향을 미치게 된다. 이 방법이 사용될 때마다 일반 시장 참여자들은 서둘러 밀 매수에 나서게 되고 그 결과 밀 선물은 신고가에 거래되기에 이른다.

주요 추세가 끝날 때까지 이러한 과정은 계속 진행된다. 밀 가격

제시 리버모어의 주식투자 바이블

이 조정을 받을 동안 호밀 역시 조정을 받았다. 즉 밀의 경우 2.05달러에서 1.77달러로 하락하면서 28센트 가격조정이 일어났듯이 호밀은 1925년 2월 28일에 기록한 1.82달러에서 1.54달러로 하락하면서 28센트 조정을 받았다.

3월 2일이 되자 밀 선물 5월물은 이전 고가에서 3센트밖에 차이가 나지 않는 수준으로까지 가격이 회복되면서 부셸당 2.02달러에 거래됐다. 그러나 호밀 가격은 이 정도로까지는 회복되지 않았다. 즉, 호밀은 1.70달러에 거래됐으며 이는 이전 고가보다 12포인트 낮은 수준이다.

그때 당시 시장을 대충 지켜보던 나는 뭔가 잘못됐다는 생각이 강하게 들었다. 대 강세장이 진행되는 동안에는 대체로 호밀 가격이 밀 가격에 선행하는 모습을 보였었기 때문이다.

그런데 이번에는 호밀 가격이 밀 가격에 선행하는 것이 아니라 후행하고 있었다. 밀은 비정상적인 수준의 조정에서 이전의 고가 수준으로 거의 회복됐는데 호밀은 이전 고가보다 아직 12포인트나 낮은 상태였다. 이는 매우 보기 드문 현상이었다!

그래서 나는 호밀 가격이 밀 가격만큼 회복되지 못한 이유는 무엇인지를 알아내기 위한 시장분석에 들어갔다. 그러자 그 이유가 무엇인지 분명해졌다. 일반 대중은 호밀 시장이 아니라 밀 시장에 관심이 있었던 것이다.

같은 투기 시장이고 또 같은 투자자들인데 왜 갑자기 한 시장, 즉 호밀 시장에 대한 관심이 사라졌을까? 그것은 아마도 호밀 시장에

더는 관심이 없어서 그 포지션을 청산했거나 아니면 두 시장 모두에 진입한 관계로 더는 포지션을 추가할 여력이 없거나 둘 중 하나일 것이다. 호밀 시장에 아직 남아 있든 아니면 빠져나갔든지 간에 전체 시장이라는 관점에서 봤을 때 결과는 마찬가지라고 봤기 때문에 일단은 내 가설을 검증해보기로 했다.

가장 최근의 호밀 매수 호가는 1.69달러였고 호밀 시장의 현 포지션을 파악하기 위해 호밀 20만 부셸에 대해 시장가격으로 매도주문을 냈다. 매도주문을 낼 당시 밀 가격은 2.02달러였다. 매도주문을 내고 이 주문이 체결될 때까지의 기간에 가격은 부셸당 3센트 하락했지만, 주문이 체결되고 나서 2분이 지나자 가격이 약간 상승하여 1.68달러까지 회복되었다.

이 주문의 체결 과정에서 시장에 주문량이 많지 않았다는 사실을 알게 됐다. 그러나 앞으로 시장이 어떻게 전개될지는 아직 확실하게 단언할 수 없는 상태였다. 그래서 나는 20만 부셸에 대해 추가 매도주문을 냈다. 그런데 결과는 마찬가지였다. 매도주문을 내자 가격이 3센트 하락했지만, 이 주문이 체결되고 나자 가격이 약간 상승했다. 그러나 주문 체결 후 2센트가 상승했던 1차 매도 때와는 달리 이번에는 1센트밖에 상승하지 않았다.

그런데도 나는 호밀 시장의 포지션에 관한 내 판단의 정확성에 대해 아직 확신이 서지 않았다. 그래서 20만 부셸에 대한 3차 매도주문을 냈다. 결과는 역시 같았다. 매도주문 즉시 가격은 하락했다. 그런데 이번에는 주문 체결 이후에도 가격 반등이 일어나지 않았다. 그리고 하락 관성이 붙으면서 가격은 계속해서 하락했다.

이것이야말로 내가 관찰하면서 포착하기를 기다렸던 바로 그 신호였다. 어떤 사람이 밀 시장에서 대규모 포지션을 취하고 있는데 이 사람이 어떤 이유에서든 호밀 시장을 나 몰라라 한다면(그리고 그 이유가 무엇이든 그것은 내게 중요치 않다), 결국은 밀 시장에서의 포지션도 방어하지 못하게 될 것이라는 확신이 들었다.

그래서 나는 그 즉시 밀 선물 5월물 500만 부셸에 대해 '시장가격'으로 매도주문을 냈다. 그러자 밀 선물 가격은 부셸당 2.01달러에서 1.99달러로 하락했다. 그리고 이날은 1.97달러 언저리에서 장이 마감됐고 이때 호밀 가격은 1.65달러였다. 내 최종 주문이 2.00달러보다 낮은 가격에 체결됐다는 사실이 매우 흐뭇했다. 2.00달러는 직전 전환점이었고 시장가격이 이 전환점을 하향 돌파했다는 것은 내가 취한 포지션이 정확하다는 점을 반증하는 것이기 때문이다. 이러한 확신이 있었기 때문에 이 매매에 대해 전혀 걱정하지 않았다.

며칠 후 나는 밀 시장에서의 포지션을 규명하겠다는 목적에 따라 시험 매매의 의미로 매도했던 호밀을 재매수했고 여기서 25만 달러의 수익을 냈다.

이 와중에도 밀 매도를 계속하여 매도 포지션의 규모가 1,500만 부셸에 이르렀다. 3월 16일에 밀 5월물은 1.64달러에 마감됐고 리버풀 시장에서는 이보다 3센트 낮은 가격에 마감됐다. 그러므로 동가同價 원칙 혹은 일물일가一物一價 원칙에 따라 다음날 시가始價는 1.61달러 부근에서 형성될 것이라는 예측이 가능하다.

그런데 여기서 나는 그간의 경험에 비추어 절대 하지 말았어야할 행동을 하고 말았다. 장이 열리기도 전에 특정 가격을 지정하여 주문을 내버렸던 것이다. 이러한 유혹에 판단력이 흐려진 나는 결국 1.61달러에 500만 부셸에 대한 매수주문을 냈다. 이는 전날 종가보다 3센트 낮은 가격이었다. 그런데 막상 시장이 개장하자 시가始價는 1.61~1.54달러 범위에서 형성됐다. 이러한 상황을 보고 나는 이렇게 혼잣말을 할 수밖에 없었다. "어기면 안 되는 규칙을 제대로 어겨버린 대가를 톡톡히 치른 거지, 뭐."

이것은 인간의 본성이 본능적 판단력을 가려버렸던 또 한 번의 사례라 할 수 있다. 나는 내 주문이 지정가인 1.61달러에서 체결된다는 쪽에 베팅했던 것이고 이 1.61달러는 시가 범위의 상한가에 해당하는 쪽이었다.

그래서 나는 가격이 1.54달러가 되는 것을 보고 500만 부셸에 대한 추가 매수주문을 냈다. 그리고 얼마 지나지 않아 다음과 같은 주문 체결 명세서를 받아들었다. '밀 선물 5월물 500만 부셸 1.53달러에 매수 완료.'

그리고 500만 부셸을 추가로 매수하는 주문을 냈다. 주문을 내고 채 1분도 지나지 않아 다음과 같은 체결 명세서를 받았다. '밀 5월물 500만 부셸 1.53달러에 매수 완료.' 나는 당연히 이것이 3차 주문 체결에 대한 명세서일 것으로 생각했다. 그래서 1차 주문 체결 명세서를 요청했고 다음과 같은 내용의 명세서를 받았다.

- 처음에 받은 500만 부셸 매수주문 체결 명세서가 1차 주문의 체결 내용임.
- 두 번째로 받은 500만 부셸 매수주문 체결 명세서가 2차 주문의 체결 내용임.
- 3차 주문의 체결 내용은 아래와 같음
  - 350만 부셸 1.53달러에 매수 완료
  - 100만 부셸 1.53달러에 매수 완료
  - 50만 부셸 1.53달러에 매수 완료

이날의 저가는 1.51달러였고 이튿날 밀 가격은 1.64달러로 회복됐다. 의도하지 않았는데도 이렇게 유리하게 체결된 명세서를 받아본 것은 이때가 처음이었다. 나는 1.61달러에 500만 부셸에 대한 매수주문을 냈다. 그런데 시가始價는 내 매수 호가인 1.61달러보다 7센트나 낮은 1.54달러였다. 이를 금액으로 따지면 35만 달러나 차이가 나는 것이다.

이 매매를 완료하고 나서 얼마 후 시카고에 갔다가 내 주문 체결 담당자를 우연히 만났다. 그래서 내 1차 주문이 어떻게 그렇게 유리한 가격에 체결될 수 있었는지를 물었다.

그러자 이 담당자가 그 내막을 알려줬다. 그때 당시 시장가격으로 3,500만 부셸에 대한 매도주문이 있었다는 사실을 우연히 알았다고 한다. 이렇게 되면 시가始價가 아무리 낮게 형성되더라도 개장 이후에는 대량 매물로 말미암아 시가보다 더 낮은 가격에 거래될 것이다. 그래서 시가 범위의 하한가에 도달할 때까지 기다렸다가 '시장가격'으로 내 주문을 체결했다는 것이다. 그때 내가 매수주문을 넣지 않았다면 시장은 아마 시가始價 범위의 하한가보다 훨씬 더 크게 하락했을 것이라고 했다. 어쨌거나 나는 이 매매를 통해 최종적으로 300만 달러가 넘는 이익을 냈다.

이는 투기 시장에서 공매도 세력이 얼마나 중요한 역할을 하는지를 단적으로 보여주는 사례다. 공매도 세력은 공매도한 물량을 다시 사서 메우려 할 때 자발적 매수자가 된다. 이처럼 특정 시점포지션 커버 시점이 되면 자발적 매수자가 되는 이러한 공매도자는 공황기에 반드시 필요한 시장 안정자의 역할을 하기 때문이다.

오늘날에는 상품거래관리위원회Commodities Exchange Administration가 곡물 시장에서의 개인의 포지션 크기를 200만 부셸로 제한하고 있기 때문에 이러한 유형의 매매 행위는 사실상 불가능하다. 또 주식시장에서는 개인의 거래 규모를 제한하고 있지 않지만, 이 경우에도 공매도에 관한 현 규칙상 개인이 대규모 공매도 포지션을 취하는 것은 불가능하다.

그래서 나는 구舊 투기꾼의 시대는 이제 갔다고 생각한다. 아마도 미래에는 이 구 투기꾼의 자리를 일반투자자들이 차지하게 될 것이다. 일반투자자들은 시장에서 짧은 시간 내에 큰돈을 벌 수는 없겠지만 주어진 시간 동안 이전보다 더 많은 돈을 벌 수 있게 될 것이다. 그리고 앞으로 투자자로서 성공하려면 심리적 시간에서만 매매에 나서야 할 것이다. 그리고 미래의 성공적 투자자는 결국에는 대소를 불

제시 리버모어의 주식투자 바이블

문하고 모든 시장 흐름을 통해 100% 투기적 성향의 매매자보다 훨씬 더 많은 이익을 낼 수 있다는 사실을 알게 될 것이다.

현명하고, 박식하며, 인내심 강한 투자자들에게 미래는 언제나 밝다.

---

* 여기까지가 제시 리버모어의 《주식 매매하는 법》 원본 내용이며, 마켓 키 부분은 이 책의 부록에 소개하고 있다.

2부

제시 리버모어의 피라미딩 전략 해설

리처드 스미튼

제시 리버모어의
피라미딩 전략

1. 타이밍

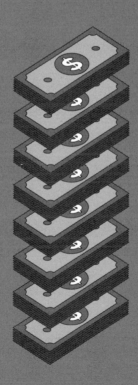

: 타이밍이 가장 중요하다

하향식 매매TDT: Top Down Trading는 직접적이며 단순명쾌한 개념이다. 특정 종목을 매매하기 전에 우선 다음 사항부터 검토하라.

전체 시장의 동향을 파악하라

최소 저항선line of least resistance을 확인하여 전체 시장TM: The Market의 동향을 파악하라. 리버모어는 '강세bull' 혹은 '약세bear'라는 표현을 쓰지 않고, '최소 저항선'이라는 용어를 사용했다. 리버모어는 최소 저항선

나스닥은 11월 말일에 전환점을 형성했고 '최소 저항선'은 이듬해 3월까지 분명한 상승 추세를 보였다. 3월에 전환점이 형성되면서 추세 전환이 이루어졌고 '최소 저항선'은 부적(否的) 형태를 그리며 하강세를 나타내기 시작했다.

제시 리버모어의 주식투자 바이블

의 현 추세가 정적正的, positive, 부적否的, negative, 중립적橫保形, neutral 등 세 가지 유형 가운데 어디에 해당하는지를 파악했다. 특정 종목에 대한 매매에 나서기 전에 먼저 다우, 나스닥, 아멕스 등과 같은 시장 지수부터 확인하는 것이 좋다. 시장에 진입하기 전에 최소 저항선이 자신이 취하려는 포지션에 유리한 방향인지부터 살펴봐야 한다.

해당 업종의 가격 흐름을 파악하라

일단 관심 종목이 속해 있는 해당 업종TIG: The Industry Group의 가격 흐름부터 파악하라. ATT미국전신전화회사 매매를 생각하고 있다면 전기통신

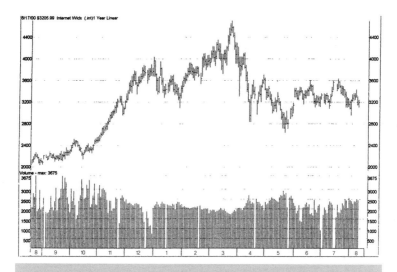

인터넷 업종은 나스닥과 거의 마찬가지로 10월 말부터 상승하기 시작했으며 당시 시장을 주도하는 업종에 속했다. 이 업종은 나스닥 지수와 동반으로 3~4월에 정점을 찍었다. 이때를 기준으로 최소 저항선이 하강하기 시작했다는 의미다. 그러므로 업종이 나스닥의 흐름을 확증해준 셈이다.

업종부터 살펴보라. 할리버튼Haliburton: 석유 시추 관련 기업에 관심이 있다면 먼저 석유개발 업종부터 살펴보라. 그리고 이 업종의 최소 저항선이, 자신이 선택한 종목을 매매했을 때 이익이 나는 방향으로 전개되고 있는지 확인하라. 135페이지의 차트는 인터넷 업종을 나타낸 것이다.

관심 주식과 자매 주식을 비교하라

관심 주식TT: Tandem Trading과 자매 주식을 비교하라. 동종 업종에 속한 이른바 '자매' 주식과의 비교 검토가 필요하다는 말이다. 제너럴 모터스 주식에 관심이 있다면 포드나 크라이슬러와 같은 자매 주식

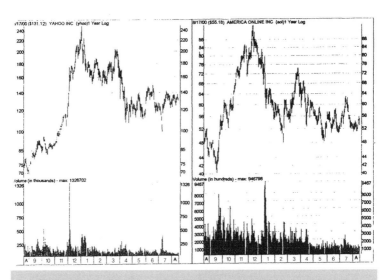

야후(왼쪽)와 AOL(오른쪽) 모두 12월에 가격 정점에 도달했다. 이는 두 업체가 속한 업종의 최소 저항선이 부적 움직임을 보였다는 확실한 신호다. 이 업종은 시장 주도 업종이기도 하므로 이는 3~4월의 시장 폭락을 암시하는 이른바 전조 신호로서의 역할도 한다.

세시 리버모어의 주식투자 바이블

의 동향을 살펴보라. 베스트 바이_{Best Buy: 가전 유통업체} 주식을 매매할 생각이라면 자매 주식인 서킷시티_{Circuit City: 가전 및 전자제품 판매업체}의 동향을 살펴보라. 직렬 매매를 하려면 동종 업종에서 최소한 두 종목을 골라 그 동향을 살펴봐야 한다. 136페이지는 야후_{YHOO}와 아메리카 온라인 _{America Online: 종합정보통신 서비스망: AOL}의 차트를 예로 든 것이다.

개별 주식에 관한 정밀조사를 실시하라

매매하고자 하는 개별 주식에 대한 최종 분석 작업을 시행하는 것은 투자자의 책임이자 의무다. 개별 주식에 대한 '실사_{實査, 정밀조사}'라고 하는 최종 단계는 길을 거슬러 올라가는 행위가 아니라 내리막길을 죽 타고 내려오는 행위와 비슷하다. 이 과정은 매매하고자 하는 그 주식을 겨냥하여 결국 매수의 '방아쇠'를 당기기 전에 마음을 바꿀 수 있는 마지막 기회인 셈이다. 이 마지막 단계는 다른 누구도 아닌 자기 자신이 스스로 결정을 내려야 한다. 다른 누구의 돈이 아닌 바로 자신의 돈이 걸린 행위이기 때문이다. 리버모어는 '업종의 움직임을 파악하는 것이 성공 매매의 핵심열쇠'라고 했다.

내 군대 동기 중 한 명은 리버모어의 이러한 접근법을 해병대가 상륙작전을 시행할 때의 과정에 비유했다. 상륙작전을 실행할 해병대는 일단 해안에서 발생 가능한 모든 요소를 낱낱이 조사한다. 가능한 모든 지식과 정보를 동원하여 이러한 요소들을 상세히 분석, 검토한다. 그러나 분석 결과와는 별개로 상륙작전이 성공하지 못할 수도 있다. 아무리 꼼꼼히 찾아낸다 해도 미처 알아내지 못한 요소가 항상 있게 마련이다. 상륙작전이든 주식매매든 간에 예상치 못한 요소 가운데 가장 중요한 것이 바로 '인간적 요소'다.

해병대가 해안 기습 작전을 계획할 때 하는 행동이나 리버모어가 주식매매를 고려할 때 하는 행동이 서로 비슷하다. 이들은 더 우세한 증거가 수집될 때까지 모든 요소를 다 검토하고 성공 확률이 높은 쪽을 선택한다. 물론 이러한 과정이 쉽지는 않다. 너무 빨라도 안 되고 너무 늦어서도 안 된다. 이것저것 너무 따지며 소심하게 굴어도 안 되고 너무 공격적으로 나가도 안 된다. 그리고 일시에 모든 부대원을 작전에 투입할 수도 없다. 그러나 성공 확률이 높다고 판단되는 그

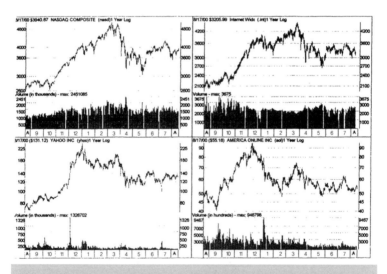

이 사례에서 자매 주식의 동향을 보면 가격 정점을 이미 찍은 것으로 나타났으며 최소 저항선은 12월을 기점으로 하강했다. 그리고 인터넷 업종과 나스닥 모두 3~4월을 정점으로 하여 하락세를 타기 시작했다(상단 좌: 나스닥 지수, 상단 우: 인터넷 업종, 하단 좌: 야후, 하단 우: AOL).

·   제시 리비모어의 주식투자 바이블

때가 오면 주저 없이 공격에 나서야 한다. 재정적 통제권을 확보하려면 자신의 판단력에 의지해야 한다.

자신에게 유리한 증거가 포착될 때까지 기다려라.

하향식 매매기법을 사용하라.

인내심을 가져라!

_제시 리버모어

하향식 매매의 마지막 단계는 시장, 업종, 자매주, 실거래 주식 등 지금까지 살펴본 네 가지 요소에 관한 차트를 동시에 검토하는 것이다. 138페이지의 차트는 인터넷 업종을 대상으로 한 사례다.

: 업종의 움직임

리버모어는 낚시를 즐겼다. 여름휴가 때보다 겨울에 팜비치에서 보내는 시간이 더 많을 정도였다. 이렇게 하면 뉴욕 그리고 시장과 거리를 둘 수 있었다. 물론 후튼증권E.F. Hutton 팜비치 지점을 통해 간간이 매매에 나서기는 했지만 말이다.

리버모어는 대서양의 망망대해에 흠뻑 매료됐다. 이곳에 있으면 자신이 한없이 작아지는 느낌이 들었다. 바다로 나갈 때면 집중력이 생겨 자신의 인생을 조망할 기회가 생긴다. 사실 리버모어가 생각해

낸 탁월한 아이디어 가운데는 이렇게 낚시 여행을 하는 도중에 얻은 것이 꽤 있다. 쿠바에서 노바스코샤까지 이어진 세계 최대 해저 협곡을 따라 팜비치에서 키웨스트로 항해하면서 많은 생각을 했고 또 많은 아이디어를 얻었다.

그는 길이가 91미터나 되는 자신의 요트 '어니터 베니션'호를 타고 타폰 낚시를 하러 키웨스트로 향하는 동안에 갑판 뒤쪽에 앉아 플로리다키스 제도의 저 유명한 일몰을 지켜보면서 홀로 사색에 잠기는 것을 즐겼다. 리버모어에게 바다는 항상 변화하는 곳이자, 항상 흥분되는 장소였다. 바다에만 오면 잡생각이 사라지고 머리가 맑아져서 깊은 사색이 가능했다. 그는 바다야말로 '업종 동향의 중요성'과 같은 매우 귀중한 사실을 얻어가는 곳이라고 굳게 믿었다.

1920년대에 리버모어는 또 한 가지 중요한 사실을 발견했고 이를 자신의 매매원칙에 적용하기에 이른다. 이것이 바로 '업종 단위별 집단적 움직임Industry Group Movement'이다. 개별 종목들은 절대로 혼자 움직이지 않는다는 사실에서 이러한 원칙을 도출했다. 개별 종목들은 소속 업종과 함께 그리고 업종 내 타 종목들과 함께 움직인다. U.S. 스틸U.S. Steel이 움직이면 얼마 지나지 않아 베들레헴Bethlehem과 리퍼블릭Republic이 같이 움직이고 이내 크루서블Crucible도 이 대열에 합류하는 모습을 나타낸다. 리버모어는 이러한 현상을 되풀이해서 관찰했고 결국 이것이 리버모어가 축적해놓은 매매 도구 가운데 가장 중요한 도구가 됐다.

리버모어는 시장 상황을 정확히 간파하여 매매에 성공할 수 있는

제시 리버모어의 주식투자 바이블

가장 좋은 방법은 업종별 움직임을 살펴 자신에게 유리한 업종과 불리한 업종을 구분하는 것이라고 했다. 주가 흐름이 유리하게 전개되는 업종이라면 그 업종 내 종목에 대한 포지션 진입을 꾀하고 그렇지 않을 때는 포지션을 청산하라는 것이다. 이 간단하고도 중요한 사실을 간과하는 사람들이 많다. 불과 몇 년 전까지만 해도 주식 시장에 관심이 있는 사람은 고작 수천 명이었지만, 지금은 그 수가 수백만 명으로 늘어났다. 특정 주식을 매수하고자 할 때 먼저 그 종목이 속한 업종의 움직임부터 살피는 것이 중요하다는 사실은 아무리 강조해도 지나치지 않다. 또한 리버모어는 약세 업종이라면 매수에 나서지 말라고 했다. 그는 약세 업종 내 약세 종목은 피하고 강세 업종 내 강세 종목을 선택했다. 물론 매일 빠르게 변화하는 시장흐름을 주시하면서 그 흐름이 자신에게 불리하게 전개된다면 자신의 판단과 예측을 기반으로 한 현재의 포지션을 언제든 수정하겠다는 의지가 있어야 하고, 그렇게 할 능력도 있어야 한다.

: 업종 단위로 집단적 움직임이 나타나는 이유

리버모어가 보기에 업종별로 집단적 움직임이 나타나는 이유는 분명하다. 그는 이렇게 설명한다.

"주식시장에서 U.S. 스틸이 호조를 보이고 있고 이를 뒷받침하는 근본적인 이유가 있다면 철강 업종 내 다른 종목들 또한 이러한 이

루슨트 테크놀로지(LU)

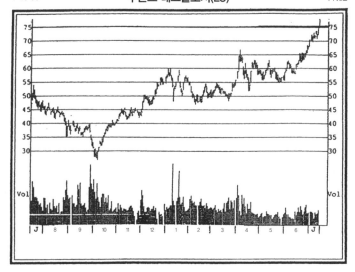

7-15-99

이동통신/장비 서비스 업종

186.78

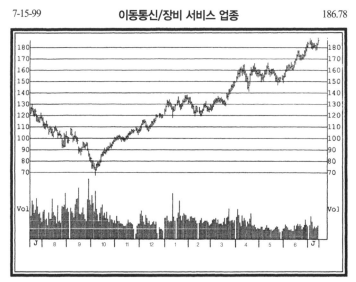

이 차트는 업종 내에서 '지배' 주식이 얼마나 중요한 역할을 하는지를 잘 보여준다. 차트를 보면 알 수 있듯이 선도주가 곧 그 업종이다. 즉, 선도주 하나를 보면 해당 업종의 움직임이 보인다.

유를 공유하게 될 것이다. 특정 종목이 약세를 보일 때도 상황은 마찬가지다. 즉 그 종목이 약세를 나타내는 이유가 있다면 동종 업종 내 다른 종목 역시 같은 처지에 놓일 것이다."

강세를 나타내는 업종 내에서 특정 종목이 이러한 흐름에 어긋나는 움직임을 나타내는 것도 중요한 단서가 된다. 즉 다른 종목은 소속 업종과 함께 가격이 상승하는데 유독 한 종목이 하락세를 나타낸다고 하자. 그렇다면 이를 이 종목에 대한 공매도 신호로 파악할 수 있다. 최소한 소속 업종과 동떨어진 움직임을 나타내는 종목에 대해서는 매수에 나설 때 더 신중을 기해야 한다.

'업종별 집단적 움직임'의 유일한 예외는 한 종목이 해당 업종 거래량의 50% 이상을 차지할 때다. 이럴 때는 업종 내 나머지 종목들도 이내 이 종목의 움직임을 따르게 된다.

선도주 추종의 원칙

리버모어는 '선도주 추종의 원칙FCL: Following the Current Leaders'이라는 매우 정교한 매매 시스템을 개발했다. 현재의 선도주를 따르라는 것인데, 선도주에 대한 리버모어의 관심은 크게 두 가지로 정리된다.

첫째, 주식시장의 흐름을 분석할 때 당일 시장을 주도한 종목들에만 초점을 맞춰야 한다. 원리는 간단하다. 주도 종목에서 이익을 낼 수 없다면 시장에서도 이익을 내기 어려울 것이기 때문이다.

둘째, 선도주에만 초점을 맞춘다면 매매 대상 범위가 최소화되고 따라서 이에 대한 통제권이 강화된다. 결과적으로 이익 잠재력이 가장 큰 종목에만 초점이 맞춰지고 이러한 종목만을 매매 대상으로 삼을 수 있게 된다. 천장이나 바닥 시점에 정확하게 맞춰 매매하려는 것은 과욕이다.

리버모어는 매매시점을 정할 때 고점에만 치중해서는 안 된다고 생각했다. 고점은 주식을 매도할 시점임을 알리는 신호가 아니다. 이에 대해 리버모어는 "특정 주식이 고점에서 거래되고 있다고 해서 이 주식이 앞으로 더 오르지 말라는 법은 없다"고 말했다. 공매도시점을 정할 때도 마찬가지 논리를 적용했다. "주식이 저가에 거래된다고

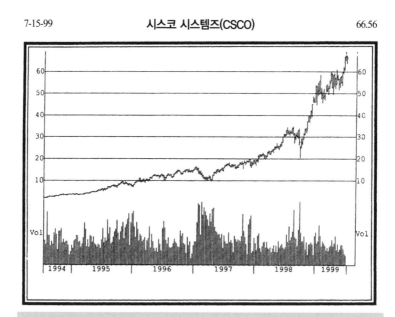

7-15-99 　　　　　　　　　**시스코 시스템즈(CSCO)**　　　　　　　 66.56

인터넷 네트워킹 솔루션 업계의 선도 기업인 시스코 시스템즈는 연속해서 5년간 주가 상승세를 이어갔다. 1994년 당시 1,000주 포지션을 취하는 데 들어간 비용은 2천 달러였다. 5년 후인 1999년에 이 포지션의 가치는 7만 달러로 증가했다.

제시 리버모어의 주식투자 바이블

해서 앞으로 가격이 더 내려가지 말라는 법은 없다. 나는 가격이 하락할 때는 절대로 매수하지 않는다. 같은 맥락에서 가격이 상승할 때는 절대로 주식을 공매도하지 않는다."

신고가를 형성했을 때 주식을 매수하고 신저가를 형성했을 때 공매도를 하는 방식은 당시의 통념과는 상반되는 것이었다. 리버모어는 시장이 말해주는 대로 행동하려 했다. 즉 시장 흐름 속에서 단서를 포착했다. 막연한 시장 예측에 의존하지 않고 주가 추세에서 읽히는 메시지에 주목했다. 일부 종목은 신고가 혹은 신저가 수준을 아주 오랫동안 유지하기도 한다는 사실을 명심해야 한다.

리버모어는 시장 선도주를 매매해야 한다고 굳게 믿었다. 약세 종목, 저가 종목이 아니라 업종 내 최강세 종목에 초점을 맞춰야 한다. 또 한 가지 명심해야 할 사항은 이러한 업종 선도주가 항상 영원하지는 않다는 사실이다. 한때 대형 선도주에 가려져 있었으나 신제품 개발을 통해 기존의 선도주를 제치고 해당 업종의 신 지배주로 떠오르는 종목도 있다. 리버모어는 항상 경계를 늦추지 말 것과 업종 내 최강세 종목을 선택하라고 거듭 강조했다. 최저가 주식이나 회복 가능성이 희박할 만큼 가격이 폭락한 주식에는 눈길을 주지 마라. 물론 때에 따라 주요 상승장이 새로 형성될 때 선도 업종이 달라지기도 한다.

: 업종의 움직임으로 천장 예측하기

리버모어는 자신의 경험을 통해 업종의 움직임이야말로 시장의 전반적 추세를 확인하는 핵심 요소라는 사실을 알아냈다. 그런데 규모를 고려하지 않은 많은 트레이더들이 이 부분을 간과했다. 리버모어는 업종의 움직임이 추세 변화의 핵심 단서가 된다고 믿었다. 강세를 나타내던 업종이 약세로 전환되거나 가격이 폭락한다면 이를 시장 조정으로 이해해야 한다. 리버모어는 바로 이 방법으로 1907년과 1929년의 시장 전환을 예측했다. 당시 선도주가 먼저 가격 하락세를 나타냈던 것이다.

직렬 매매법

리버모어가 아들인 제시 주니어와 폴에게 늘 말한 것처럼 자신이 직접 고안한 '직렬 매매' 혹은 '자매주 매매' 방법은 성공적 투자자의 필수 도구라 할 수 있다. 절대로 한 가지 종목만 보지 말고 두 가지 종목을 한꺼번에 고려하도록 한 이유는 무엇일까? 같은 업종에 속한 종목들은 항상 같이 움직이기 때문이다. 두 종목을 한꺼번에 관찰하면 이들 종목이 연달아 움직이면서 각각의 움직임을 상호 확인해주는 역할을 하기 때문에 이성적 판단과 심리적 판단이 조화를 이룰 수 있다. 자매 주식들이 연달아 움직이면서 그 움직임을 상호 확인해주는 모습을 두 눈으로 지켜본다면 그 '정확한' 신호를 아무리 무시하려 애써도 그렇게 하지 못할 것이다.

리버모어에게 직렬 매매는 투자 안전성을 어느 정도 확보해주는 일종의 안전장치였다. 자신이 매수한 그 주식만이 아니라 자매 주식까지 매일 함께 관찰함으로써 시장에 대한 '경계' 수위가 높아지는 동시에 계속적인 '실사'가 가능했다. 또 직렬 매매 혹은 자매 주식에 대한 관찰을 통해 시장에서 벌어지는 일과 앞으로 벌어질 일에 대한 단서를 찾을 수 있었다.

리버모어에게 증거라든가 단서, 진실 등은 항상 시장 안에 존재하고 있었다. 그러한 증거의 의미를 해석하는 방법을 알면 누구에게나 진실이 보이게 마련이다. 이러한 과정은 수사관이 낱낱이 조사하는 것과 다를 바 없다. 현장 조사에 익숙한 수사관에게는 일반인의 눈에는 절대 보이지 않는 단서들이 눈에 띄게 마련이다. 우리는 그저 시장이 전하는 말을 귀담아들은 다음에 이 말의 의미를 해석하기만 하면 된다. 해답은 바로 시장 안에 있다. 우리는 시장이 말하는 이러한 사실들을 적절히 해석하기만 하면 된다. 리버모어는 아들들에게 이렇게 말했다. "미해결 사건에 매달리는 탐정의 작업과 같다고 할 수 있지."

자매 주식을 활용하는 직렬 매매는 리버모어의 매매기법에서 가장 가치 있는 '비법' 가운데 하나로서 그때나 지금이나 그 가치에는 변함이 없다. 이 기법은 '하향식 매매' 그리고 이 매매가 완료된 이후의 매매 포지션을 유지하는 데 필수적인 도구다. 리버모어는 "성공하는 트레이더는 항상 최소 저항선을 추종한다. 즉 늘 추세를 따른다. 추세는 트레이더의 친구다"라고 강조했다.

7-15-99 제너럴 모터스(GM) 68.06

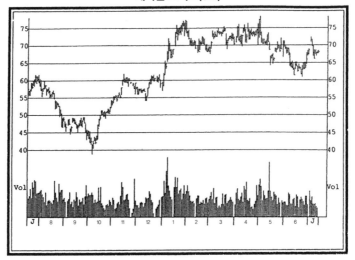

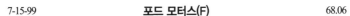

7-15-99 포드 모터스(F) 68.06

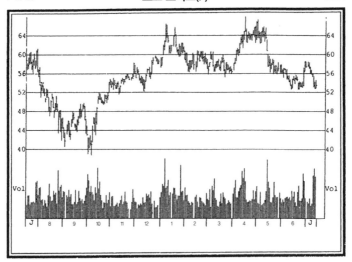

위 차트를 보면 자매 주식에 관한 한 리버모어가 활동하던 시절이나 지금이나 달라진
것이 별로 없다는 사실을 알 수 있다. 즉 자동차 업종이라는 이름으로 제너럴 모터스와
포드가 같은 움직임을 나타냈다.

제시 리버모어의 주식투자 바이블

7-15-99

트랜스오션 오프쇼어(RIG)

29.93

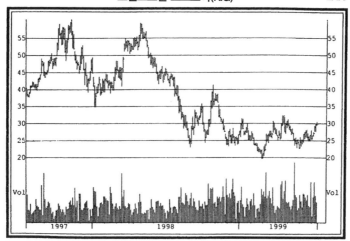

7-15-99

트리톤 에너지(OIL)

11.56

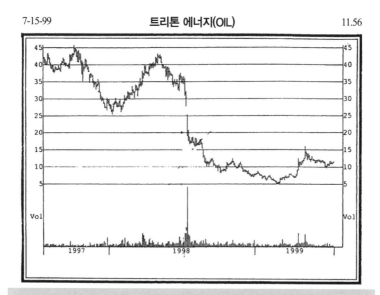

위 차트는 석유 업종의 주가 흐름을 나타낸 것이다. 1998년 늦은 봄에 유가가 폭락하자 역외 석유 시추회사인 트랜스오션 오프쇼어와 트리톤 에너지 역시 곤경에 처하고 말았다. 이윤 폭이 급감했기 때문이다. 모든 석유 시추회사가 잇달아 곤경에 처하면서 주가가 동반 하락했다.

148~149페이지의 차트는 '직렬 매매' 혹은 '자매주 매매'의 사례를 보여주고 있다.

반전 전환점

전환점 이론을 통해 리버모어는 최적의 시점에 주식을 매수할 기회를 얻을 수 있었다. 리버모어의 정의에 따르면, 전환점은 '매매에 나서기 위한 완벽한 심리적 시점'이라 할 수 있다. 반전 전환점RPP: Reversal Pivotal Points은 추세의 변화를 암시한다. 리버모어는 절대로 최저가에 매수하고 최고가에 매도하는 방식을 취하려 하지 않았다. 그저 적기에 매수하고 적기에 매도하기를 바랐을 뿐이다.

이것이 가능하려면 인내심을 갖고 매매에 적합한 완전한 전환점에 도달하기를 기다려야 한다. 리버모어는 자신이 관심을 두고 있던 특정 종목에 대해 유리한 상황 조건이 형성되지 않는다 해도 별로 신경 쓰지 않았다. 조만간 또 다른 종목에서 적절한 패턴이 형성될 것이라는 사실을 알고 있었기 때문이다. 인내, 인내, 또 인내! 이것이야말로 매매시점을 성공적으로 포착하는 데 필수적인 요소다.

리버모어는 항상 '시간시점'을 실질적이고 필수적인 매매 요소로 간주했다. 그래서 이런 말을 자주 했다. "돈을 벌게 해주는 것은 '생각판단력'이 아니다. 돈을 벌게 해주는 것은 가만히 참고 기다리는 것, 즉 '인내력'이다."

그런데 이 말을 두고 주식을 산 다음에 주가가 움직이기를 기다려야 한다는 뜻으로 오해하는 사람들이 많다. 사실은 그렇지가 않다.

사실, 리버모어는 바라던 상황이 전개될 때까지 기다리는 경우가 많았다. 이익 실현을 미루고 '완벽한 상황'이 전개될 때까지 참고 기다렸던 것이 리버모어가 성공 매매를 이끌어낼 수 있었던 핵심적 이유였다. 그는 조건이 갖춰지고 상황이 자신에게 유리하게 전개되어 매매에 성공할 확률이 상당히 높다고 판단될 때, 더 정확히 말하자면 그러한 상황 조건이 충족됐을 때에만 마치 코브라처럼 잽싸게 시장에 진입하는 영민함을 보였다.

리버모어는 전환점에 매수함으로써 자신에게 유리한 추세를 탈수 있는 가장 좋은 기회를 얻었던 것이다. 즉 "원하던 주가 움직임이 막 시작된 그 시점에 시장에 진입할 기회를 얻었다." 일단 자신의 매매 행위에 확신이 들면 그다음 상황에 대해서는 걱정하지 않았다. 어릴 때부터 '꼬마 투기꾼'이라 불렸던 데에는 다 그만한 이유가 있었던 것이다.

리버모어는 투자자가 주식의 전환점을 포착하고 그 시점에서의 주가 흐름을 해석할 수 있어야만 시장 진입의 출발점에서부터 자신에게 유리한 방향으로 상황이 전개된다는 확신을 갖고 매매에 임할 수 있게 된다고 했다. 전환점을 이용하여 주가 흐름을 예측하려 할 때는 다음 사항들을 명심해야 한다.

- 해당 주식이 전환점을 지난 다음에 처음에 예상했던 것과 다른 움직임을 보인다면 곧바로 위험 신호로 간주하고 흐름을 예의 주시해야 한다. 인내심을 잃어 전환점을 기다리지 못하고

쉽게 이익을 실현하느라 급급하면 큰돈을 잃게 된다.

- 리버모어는 전환점을 관찰하는 것이 생각했던 것보다 훨씬 가치 있는 작업이라는 사실을 깨달았다. 아마 여러분도 전환점 연구야말로 개인 연구의 황금 분야라 할 만큼 매우 가치 있는 작업임을 알게 될 것이다. 스스로 내린 판단에 따라 매매를 하고 성공했을 때 무한한 기쁨과 만족감을 느끼게 될 것이다. 다른 사람이 제공한 조언이나 정보를 통해 이익을 냈을 때보다 이러한 방식을 통해 이익을 냈을 때가 기쁨과 만족감이 훨씬 크다는 사실을 알게 될 것이다. 여러분이 스스로 판단하고, 스스로 정보를 발견하고, 자신의 방식대로 매매하고, 인내심을 키우고, 위험 신호를 주시하기만 한다면 더 적절한 사유의 방식을 도출할 수 있게 될 것이다.

- 전환점 이론은 주식매매뿐 아니라 상품매매에도 적용된다. 리버모어는 전환점을 이용하는 매매방식이 이익주를 골라내는데 실패할 리 없는 완벽한 방법이라고 생각하지는 않았다. 다만, 이 방식이 리버모어 매매전략의 '핵심' 도구인 것만은 분명하다.

- 미래에는 전환점 매매방식을 더 완벽하게 구사할 수 있는 사람이 많이 생겨날 것이다. 지금의 기초 이론을 정교하게 가다듬어 좀 더 확실한 매매법으로 발전시킬 사람이 있을 것이다. 더불어 더 완벽해진 전환점 매매방식으로 그들이 더 큰 성공을 거둔다 해도 절대 시기하는 일은 없을 것이라고 리버모어는 장담한다.

- 시장이나 주식의 움직임을 마음속으로 예측하는 것까지는 상관없다. 그러나 자신의 판단이 옳았다는 사실을 시장이 스스로 확증해줄 때까지는 절대 행동에 나서지 마라. 힘들게 번 만큼 함부로 시장의 움직임을 예측하여 그 돈을 잃는 우를 범하지 마라.

- 자신이 예측한 시장 움직임에 기초하여 매매에 나서겠다고 생각하는 것까지는 괜찮다. 그러나 시장에서 자신의 판단이 정확하다는 사실을 확증해줄 만한 신호를 포착할 때까지 참고 기다려라. 그리고 그러한 확증 신호가 포착됐을 때에만 힘들게 번 그 돈을 걸고 매매에 나서야 한다. 전환점이야말로 매우 중요한 확증 신호다. 중요한 것은 전환점들이 전개되도록 내버려 둬야 한다는 점이다.

- 시장이 투자자가 예측했던 것과 정반대로 움직일 때도 있다. 성공적인 투자자라면 이럴 때 자신이 예측한 내용을 버리고 시장의 흐름을 따라야 한다. 신중한 투자자는 절대 시장 추세에 맞서지 않는다. 시장 참여자의 의견이 틀리는 경우는 종종 있어도 시장은 절대 틀리는 법이 없다.

- 투자자에게는 타이밍이 전부라 해도 과언이 아니다. 여기에서의 타이밍은 주가가 움직일 것으로 예측되는 시점이 아니라 주가가 상승, 하락, 횡보 등의 움직임을 시작하는 바로 그 시점을 의미한다.

- 1929년의 주식시장 붕괴는 리버모어의 전환점에 대한 믿음이

확신으로 굳어진 계기가 됐다. 검은 화요일은 주식시장 역사
상 최대의 전환점이었다. 이날 시장은 단 하루 만에 11.7%가 하
락했고 그 후로도 하락세가 계속 유지됐다. 일단 전환점 개념
의 가치를 이해하고 난 이후로 전환점은 리버모어의 핵심적 매
매 도구 가운데 하나가 됐다. 물론 전환점 이론은 1920년대와
1930년대 초에는 통상적 매매기법으로서 일반에게 알려지지는
않았다. 본질적으로 전환점은 타이밍에 관한 도구다. 리버모어
는 이 도구를 시장 진입과 청산 시점을 정하는 데 사용했다.

반전 전환점의 개념을 정의하기란 쉬운 일이 아니다. 리버모어는
이 개념을 "반전 전환점은 시장에서의 기본적 흐름의 변화로서 새로
운 움직임이 시작되는 완벽한 심리적 시점이며 기본 추세의 주요한
변화라고 할 수 있다"라고 설명했다. 리버모어의 매매 스타일을 기준
으로 보면 시장이 장기적 추세의 천장인지 아니면 바닥인지는 중요
치 않았다. 상황에 관계없이 어떤 종목이든 매수하거나 매도할 것이
기 때문이었다. 그에게 반전 전환점은 최적의 매매 타이밍을 알려주
는 신호기와 같았다. 반전 전환점에는 항상 거래량이 급증하는, 이른
바 매수 클라이맥스_{buying climax: 대규모 거래에 의해 주가가 급격히 상승하는 기간}가 수반된
다. 매수 클라이맥스는 집중 매도를 부른다. 반대로 매도 클라이맥스
는 집중 매수를 부른다. '거래량의 증가'는 전환점을 포착하는 데 필
수적인 요소다. 다시 말해 거래량의 증가는 전환점을 확증하는 신호
일 수 있다. 매수자와 매도자 간의 이같은 '전쟁'이 시장의 추세 전환

슐럼버거(SLB)

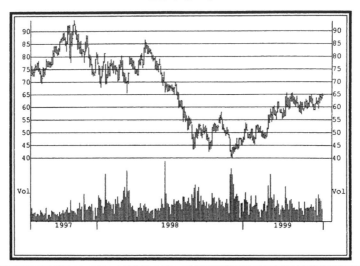

석유 시추 및 서비스 회사인 슐럼버거는 총 두 차례에 걸쳐 반전 전환점을 경험했다. 첫 번째는 1997년 말에 나타났고 이 전환점을 기점으로 주가가 하락했으며 두 번째는 1998년 말에 나타났으며 이를 기점으로 주가가 상승했다.

을 유발한다. 즉 이러한 전쟁통에 주가는 천장에서 혹은 바닥에서 벗어나 추세 반전을 시작한다. 이를 기점으로 시장에 새로운 추세가 형성되기 시작하는 것이다. 전환점의 존재를 확증하는 신호인 거래량의 폭증 현상은 일일 평균 거래량이 50%에서 500%까지 증가하면서 그 세가 꺾일 때가 종종 있다.

보통 반전 전환점은 특정 추세가 장기간 계속된 이후에 나타난다. 시장의 큰 움직임을 정확히 포착하려면 인내심이 반드시 필요하다고 느끼는 것도 바로 이런 이유 때문에서다. 특정 주식의 가격 흐름상 반전 전환점이 나타났다는 사실을 확실히 인지하는 데 인내심이 필요한 것이다. 일단은 조심스럽게 '시험' 작업을 해보라. 즉 특정 주식을 소규모로 매수해보는 것이다. 그리고 자신의 판단이 옳아서 시험 매매가 성공한다면 최종적으로 그 종목에 대한 포지션을 유지하면 되는 것이다.

전환점의 반전이 일어났는지를 확인하는 데 사용하는 최종 시험 장치가 있는데, 그것은 바로 해당 종목이 속한 업종의 움직임을 관찰하는 것이다. 적어도 같은 업종 내의 다른 종목 역시 해당 종목과 똑같은 주가 패턴을 보이는지를 확인해야 한다. 자신의 판단이 옳았는지를 확인하려면 이 마지막 확증 단계가 반드시 필요하다.

연속 전환점

반전 전환점 외에 두 번째로 중요한 전환점 유형이 바로 '연속 전환점CPP: Continuation Pivotal Points'이다. 이 현상은 보통 특정 추세가 진행되는 동안 통상적 주가 조정의 형태로 나타난다. 주가 조정이 일어나기 이전의 상황과 마찬가지로 전환점 연속기에서 벗어나 이전의 추세를 다시 이어간다면, 현재 진행 중인 추세상에서 추가 진입을 고려할 시점이거나 현재 포지션의 규모를 늘릴 기회로 봐도 무방하다. 리버모어는 '연속 전환점'을 '추세 강화'로 정의했다. 다시 말해, 주요 추세가 진행되는 동안 간헐적 추세 중단이 나타나고 이때 '보급부대'가 아군 기지에 당도하여 전 부대원에게 휴식의 기회를 제공하듯이, 상승 추세가 진행되는 동안에 나타나는 간헐적 추세 중단을 일종의 추세 강화기라고 이해한다. 일반적으로 추세 중단 혹은 추세 강화는 통상적

제시 리버모어의 주식투자 바이블

인 조정의 형태로 나타난다. 그러나 신중한 투자자라면 이러한 강화 이후 주가가 어떤 흐름을 보이는지를 예의 주시해야 한다. 그러한 흐름을 '예측'하는 것으로는 부족하다.

리버모어는 가격이 너무 높다는 이유로 매수하지 않거나 가격이 너무 낮다는 이유로 매도하지 않는 경우가 거의 없었다. 즉 가격이 높아도 매수하고 가격이 낮아도 공매도를 한다. 연속 전환점 신호가 나타날 때까지 기다리면서 새로 포지션에 진입하거나 아니면 이미 포지션에 진입한 경우에는 포지션의 규모를 추가로 늘릴 기회가 생긴다. 특정 주식이 이러한 경로에서 벗어난다면 무리하게 그 꽁무니를 쫓지 말고 흐름이 진행되는 모습을 지켜보는 것이 좋다. 리버모어는 그 종목이 다시 원 궤도에 진입하여 새로이 연속 전환점을 형성할 때까지 느긋이 기다리는 편이었다. 연속 전환점은 해당 종목이 현 추세를 계속 이어갈 가능성이 크다는 사실을 확증 및 보장하는 신호이기 때문이다. 연속 전환점 국면은 특정 종목에 숨 고르기와 추세 강화의 기회를 제공하여 가격 대비 수익률을 높이는 역할을 하여 궁극적으로 주가수익률을 현실적으로 조정하기도 한다.

같은 맥락에서 전환점 이론은 공매도에도 성공적으로 사용할 수 있다. 리버모어는 최근 1~2년 동안 신저가 수준에서 거래되는 종목을 찾으려고 했다. 이들 종목이 '잘못된 전환점'을 형성한다면, 다시 말해 신저점에서 반등이 이루어진 다음에 다시 이전 저점 수준으로 하락한다면 이들 종목은 이 수준에서 계속 하락하면서 신저점을 경신할 가능성이 크다고 본 것이다.

리버모어는 전환점을 정확히 포착함으로써 적기에 1차 매수에 성 공했다. 따라서 추세 형성 초기부터 적당한 가격 수준에서 시장 진 입 시점을 잡을 수 있었다. 이러한 방식 덕분에 포지션 손실을 방어 할 수 있었고 투자 자본을 위험에 노출시키지 않은 채 통상적인 주 가 흐름을 제대로 탈 수 있었다. 주식이 전환점 경로에서 벗어났다면 그때는 '내 귀중한 투자 자본'이 아니라 '장부상의 이익'이 위험에 노 출될 뿐이었다. 왜냐하면 리버모어는 이 매매를 시작한 순간부터 평 가 이익을 내고 있었기 때문이다.

초창기에는 매수시점을 잘못 판단하는 바람에 큰 낭패를 봤다.

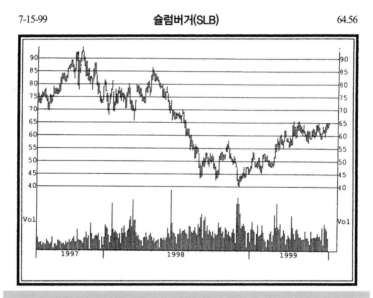

슐럼버거(SLB) 64.56

슐럼버거는 주당 86달러로 고점을 찍고 하락 반전을 확증했던 1998년 중반에 전환점 의 연속 현상을 나타냈다. 이 사례에서는 1998년 말에 주당 40달러 선에서 연속 전환 점이 나타났다.

이 경험이 전환점을 이용하는 리버모어 이론의 토대가 되어주었다. 잘못된 시점에 매매에 나섰을 때는 '이익을 내지 못한' 경우가 다반사였다. 전환점이 형성되기 전에 주식을 매수하는 것은 시기상조다. 이 주식이 바람직하다고 생각되는 추세 경로에 적합한 전환점을 형성하지 못할 수도 있기 때문이다. 그러나 여기서도 경계를 풀어서는 안 된다. 1차 전환점에서 5% 혹은 10% 높은 지점에서 주식을 매수한다면 그때는 또 너무 늦은 것이 된다. 주가 흐름이 이미 추세를 탄 후이기 때문에 늦은 진입은 크게 실익이 없을 수 있다. 요컨대 너무 일러도 또 너무 늦어도 문제라는 것이다.

매매에 나서고 또 여기서 승자가 되는 데 유일하게 필요한 정보가 바로 '전환점' 신호다. 투자자는 항상 인내심을 가져야 한다. 특정 주식이 기존의 주가 흐름 경로에서 자연스럽게 벗어나면서 적절한 전환점을 형성하기까지는 어느 정도 시간이 걸리기 때문이다. 이러한 흐름은 인내심을 잃은 조급한 트레이더가 억지로 만들어낼 수 있는 흐름이 아니다. 전환점은 시장에서 자연스럽게 형성되는 하나의 사건이다.

리버모어의 매매이론의 핵심은 전환점에서만 매매에 나서라는 것이다. 리버모어는 전환점이 형성될 때까지 기다렸다가 그 시점에서 매매했을 때는 항상 이익을 냈다. 리버모어는 "나는 주가 추세가 진행되는 동안에 가장 큰 가격 변동폭은 마지막 2주일여 동안에 나타난다고 믿는다. 이것을 '최종 상승 국면Final Markup Phase'이라 칭하는데 이러한 현상은 주식뿐 아니라 상품 시장에도 똑같이 적용된다. 그러므로 다시 한번 강조하지만, 투자자는 항상 인내심을 가져야 하고 신중하게 포지션에 진입한 다음에는 또 기다려야 한다. 이와 동시에, 현재 진행되는 추세가 유리한지 아니면 불리한지를 판단한 다음에 그 판단에 따라 매수 포지션을 취할지 아니면 포지션을 청산할지를 결정한다"고 했다.

가격 급등과 일중 반전

리버모어는 비정상적으로 거래량이 급증한 이후에 수반되는 '가격 급등S: Spikes'을 매우 경계했다. 여기서 '비정상적인' 거래량의 급증이라 함은 최소한 평균 거래량을 50% 이상 초과하는 경우를 말한다. 이러한 현상이 종종 '일중 반전ODR: One Day Reversals'을 일으키기도 한다.

리버모어는 시장에서 항상 비정상 혹은 이탈 상태를 찾아내려 했다. 이는 주가 흐름이 정상적이라 생각되는 궤도에서 한참 빗겨난 상태를 말한다. 주가 급등, 높은 거래량, 낮은 거래량, 기준으로부터의 모든 이탈과 편차, 정상적 주가 흐름에서 벗어난 경로 등이 여기에 해당하는데, 리버모어는 이 모든 것을 위험 신호로 받아들이고 필요하다고 판단될 때는 신호에 따라 포지션을 청산하기도 했다.

"일중 반전은 나로 하여금 가만히 참고 기다리며 시장 상황을 예의 주시하게끔 하는 매우 강력한 신호다. 이것은 장기 추세가 끝날 무렵에 종종 나타나는 주가 움직임이다. 나는 일중 반전을 다음과 같이 정의한다. 일중 고점이 전일 고점보다 높지만, 장 마감 시 종가는 전일 종가보다 낮고 당일 거래량은 전일 거래량보다 많을 때 일중 반전이 나타난다."

　리버모어에게는 이러한 현상이야말로 신경을 곤두서게 하는 강력한 '위험 신호'다. 그 이유는 무엇일까? 주가가 상승하는 기간 내내 최소 저항선을 따라 통상적 수준의 조정만이 발생했었다. 그런데 별안간 비정상적 수준의 조정이 발생한 것이다. 거래량 폭주와 함께 3일 만에 주가가 15포인트 이상 상승하면서 정상적 주가 상승 패턴이 깨진 것이다. 이것은 매우 위험한 신호로서 반드시 경계하고 조심해야만 한다.

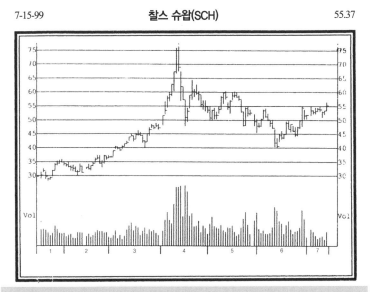

7-15-99　　　　　**찰스 슈왑(SCH)**　　　　　55.37

증권회사인 찰스 슈왑은 단 3일 만에 주가가 15포인트 이상 상승하는 이른바 '가격 급등' 현상을 일으켰다. 3일간 상승하던 주가는 마지막 날 장 마감이 임박하여 상승세가 꺾이면서 주가가 하락했고 결국 당일 저가 수준에서 장이 마감됐다. 다음 날 장이 열리면서 주가는 더욱 하락했다. 이러한 일중 반전은 거래량의 증가와 함께 나타나는 경우가 종종 있다.

리버모어가 주장하는 것은 주가가 상승하는 기간 내내 인내심을 갖고 참고 기다렸다면, '일중 반전'이 나타난 이후인 지금은 용기를 내서 이 위험 신호를 제대로 인지한 다음 적절한 행동에 나서야 한다는 것이다. 요컨대 이제는 주식의 공매도를 고려해야 한다. 이처럼 리버모어는 '인내'와 '용기'의 신봉자였다.

신고가 돌파

제시 리버모어는 '신고가'를 항상 호재로 여겼다. 리버모어에게 있어 '신고가 돌파BONH: BreakOuts on a New High'는 주가가 저항선을 돌파했고 따라서 앞으로 주가가 더 상승할 가능성이 크다는 것을 의미한다. 리버

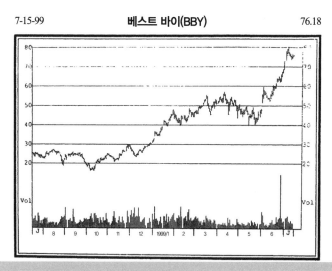

7-15-99 　　　　베스트 바이(BBY)　　　　76.18

전자제품, 가전제품, 오락 소프트웨어 유통업체인 베스트 바이는 오랜 기간 고정됐던 30달러 선을 1998년 12월에 상승 돌파했으며 이후 상승세가 계속되어 신고가를 형성하기에 이르렀다.

제시 리버모어의 주식투자 바이블

노던 텔레콤(NT)

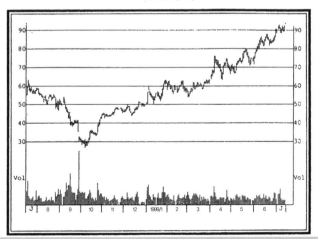

통신장비 제조업체인 노텔 네트웍스는 1998년 9월에 30달러 지점에서 강력한 전환점 반전을 이루어 냈고 이러한 추세가 계속되어 결국 1999년 4월에는 사상 최고치인 65달러로 신고가를 경신했다.

모어는 본질적으로 차트 분석가_{기술적 분석가}는 아니었다. 그래서 모든 것을 수치 자료를 토대로 계산하고 분석했다.

162~163페이지 차트는 리버모어의 주가 기록표상에서 심심치 않게 발견되는 '신고가 돌파 형성' 사례를 보여준다. 차트는 이해를 돕고자 편의상 사용된 것이다.

고정선 돌파_{BOCB: BreakOuts from a Consolidating Base}

일정 지점에서 주가가 고정되고 이른바 기저선의 형태로 주가 흐름이 지체되다가 얼마간 시간이 흐른 다음에 주가가 다시 움직이기 시작하기도 한다. 고정선_{강화선}이 형성돼 있는 동안 특정 주식은 숨 고

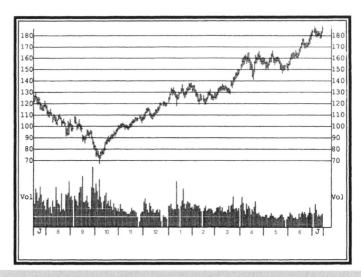

1월 초부터 3월 말까지 고정선이 형성됐다. 이후 이 고정선이 돌파됐다.

르기 할 시간을 벌게 되고 새로 평가된 주식의 가치에 걸맞게 가격
이 조정될 기회를 얻음으로써 주식의 실질 가치와 가격 간의 격차가
줄어들게 된다. 즉 더욱 현실적인 주가수익률로 조정되는 기회가 생
긴다. 어느 모로 보나 주가 '고정선'은 '연속 전환점'과 기능적으로 매
우 닮아 있다. 형성된 모양도 다르고 시간적인 측면에서 봐도 형성되
는 데 더 오랜 시간이 걸리는 것은 고정선 쪽이지만 말이다. 연속 전
환점이 나타났을 때와 마찬가지로 고정선이 나타날 때 역시 인내심
이 필요하다. 예측하지 마라. 그리고 주가의 움직임을 관찰하고 그 관
찰을 통해 앞으로의 흐름이 어떨지 확인할 수 있을 때까지 기다려야
한다. 위 차트는 고정선을 보여주는 사례다.

매매 초기부터 리버모어는 거래량에 많은 신경을 썼다. 거래량에

세시 리버모어의 수식투자 바이블

급격한 변화가 생겼다는 것은 정상 궤도에서의 '이탈' 혹은 '탈선'이 발생했다는 의미였다. 다시 말해 비정상적인 사건이 발생했다는 것이다. 문제는 이것을 '매집買集'으로 볼 것이냐, 아니면 '분산分散'으로 볼 것이냐이다. 리버모어는 '분산' 탐지 전문가였다. 리버모어는 이 주제에 대해 확고한 견해를 갖고 있었다. 그 당시 '공동 출자자pool runner'에 의해 주식이 어떻게 분산되는지를 잘 알고 있었기 때문이다. 공동 출자자는 내부자의 주식을 분산시키는 역할을 했다. 내부자들은 자기 소유 주식으로 공동 조합을 만들었고, 리버모어와 같은 전문가에게 해당 주식의 매도 및 분산 업무를 맡겼다.

주가가 상승하는 동안에는 절대로 주식 분산이 발생하지 않았다. 주식 분산은 주가 하락기에 이루어졌다. 그 이유는 간단하다. 사람들은 본래 손실을 보려 하지 않는다. 따라서 주가가 하락할 때는 주식을 그대로 보유하고 있으면서 처음 주식을 매수할 때의 수준으로 주가가 반등할 때까지 기다렸다가 주식을 매도하려 할 것이다. 반등을 통해 주가가 이전 고가 수준으로 회복됐을 때 상승세가 확 꺾이는 주식이 많은 이유가 다 여기에 있다.

고점에서 주식을 매수했던 사람들은 주가가 반등하면 투자 원금 회수를 위해 주식을 매도하기 시작한다. 주가가 다시 하락하여 손실이 발생할까 두렵기 때문이다. 이렇게 서둘러 원금을 회수하면 그때야 마음을 놓는 것이다. 이는 리버모어가 신고가가 돌파됐을 때 주식을 매수하는 이유 가운데 하나이기도 하다. 간단히 설명하자면 이렇다. 이전 고가 수준으로 주가가 회복되자마자 기다렸다는 듯이 매도에 나섰기 때문에, 애초의 매수가보다 가격이 더 상승하면 매도하겠다는 계산하에 대기 중이던 매물이 신고가 돌파 이후에는 시장에 거의 남아 있지 않았다. 따라서 이런 상황에서는 일단 주가가 이전 고가를 돌파하고 나면 거칠 것 없이 창공으로 날아오르게 된다.

거래량의 변화도 하나의 '경계 신호'로 간주해야 한다. 거래량에 변화가 생겼다는 것은 어떤 변화, 차이, 이탈 등이 발생하고 있다는 의미다. 그래서 리버모어는 거래량의 변화에 늘 신경을 곤두세웠다. 거래량의 변화는 과연 주가 하락의 신호탄인가 아니면 주가를 밀어 올릴 수 있는 의미 있는 동력인가? 리버모어는 거래량에 변화가 생긴 이유를 굳이 알려고 하지 않았다. 거래량이 하나의 경계 신호가 된다는 점만 당연하게 받아들였을 뿐이다. 어떤 일이 벌어졌을 때 그 이유보다는 그 일이 벌어졌다는 사실 자체가 리버모어에게는 의미가 있었다. 그 이유는 나중에 드러날 것이다. 어떤 일이 발생했을 때 굳이 이유를 알려고 애쓰지 마라. 그저 시장이 어떤 단서를 제공해줄 때까지 잠자코 기다려라. 주가 흐름은 경험적 증거다. 그러니 그러한 흐름의 동인動因을 알아내는 것은 훗날에 맡겨라.

반대로 거래량은 증가하는데 주가 변동은 없고, 가격이 더 상승하지도 않고, 신고가를 형성하지도 못하고, 기존의 추세가 이어지지도 않는다면 이는 주가가 천장을 쳤다는 것을 알리는 일종의 경계신호로 봐야 한다. 참고로 추세가 끝나갈 무렵의 거래량 증가에 대해서는 순수한 분산으로 이해하는 것이 바람직하다. 이때는 강세 국면에서 약세 국면으로 전환하고 또 주식이 기관에서 개인의 손으로 이

동하기 때문이다. 이때의 거래량 증가를 천장 혹은 바닥을 친 행위가
아니라 통상적인 시장 조정의 하나로 이해하는 사람들은 오류에 빠
진 것이다.

리버모어는 그것이 전체 시장이든 개별 주식이든 간에 주요 추세
가 끝나갈 무렵의 거래량 변화를 핵심적 매매 신호로 간주하는 것을
늘 경계했다. 이 외에 장기 추세가 끝나는 시점에서도 거래량의 변화
를 관찰했다. 거래량의 폭주와 함께 단기간에 주가가 급등했다가 이

7-15-99 　　　　**캐피털 원 파이낸셜(COF)**　　　　48.93

10월 초에 나타난 캐피털 원 파이낸셜의 기록적인 거래량과 주가 급락은 '높은 거래
량—주가 바닥'의 형태를 극명하게 보여주고 있으며 이는 하락 추세가 끝났음을 알려주
는 신호다. 거래량이 추세 반전을 확증해주는 핵심적 신호로 작용하기도 한다는 점을
명심하라.

내 상승세가 멈춰지고 또다시 가격이 천장까지 치솟았다가 기세가 꺾인 다음에 하락세로 돌아서곤 하는 것이 드문 일이 아니었다. 즉 '신고가'를 형성하지 못하고 시장 조정에 돌입하는 경우가 없지 않다.

거래량 폭증의 막바지 단계에서는 비유동적 대량 매물을 처분할 기회가 생길 수도 있다. 리버모어는 주가 흐름의 천장 혹은 바닥을 포착하려는 시도는 어리석은 욕심이라는 사실을 알고 있었다. 거래량이 많을 때는 강세장에 진입하는 시점에 매물을 대량 매도하는 것이 더 낫다. 공매도 포지션도 마찬가지다. 주가가 급락하고 나면 바로 공매도 포지션을 커버_{cover: 공매도 물량을 매수하는 것을 말함-역주}하는 것이 좋다. 리버모어는 무리하게 천장 혹은 바닥을 노려 매매에 나서는 일은 하지 않았다.

: 최소 저항선

리버모어가 성공적인 투자자의 요건으로서 가장 중요하게 생각한 것은 시장, 업종 그리고 주식의 '최소 저항선'의 방향을 확인하는 일이었다. 항해를 할 때는 바람을 등지고 편히 앞으로 나아가라. 맞바람을 맞으며 무모하게 전진하려 하지 마라. 무풍지대에서는 항해를 포기하는 편이 낫다. 다시 말해, 시장이 침체해 있을 때는 잠시 시장을 떠나 낚시나 하면서 숨 고르기를 하라. 그리고 바람이 다시 등 뒤에서 불기 시작하면 그때 시장에 다시 진입하여 편안히 '항해'를 시작하라. 단기 트레이더로서는 매매에 나서지 않고 팔짱만 끼고 있기가 무척 어려운 것이 사실이다. 그러나 리버모어는 때로는 시장에서 물러나와 때를 기다릴 필요가 있다는 사실을 잘 알고 있었다.

리버모어는 "정서적 균형감을 유지하는 것보다 더 중요한 것은 없다"라고 말했다.

: 주식에도 성격이 있다

주식도 우리 인간과 비슷하다. 사람마다 특유의 성격이 있듯이 주식에도 나름의 성격이 있다. 공격적인, 수줍은, 활동적인, 예민한, 변덕스러운, 지루한, 직선적인, 논리적인, 예측 가능한, 예측 불가능한 등등의 단어들이 주식에도 모두 해당된다. 리버모어는 일찍이 사람들을 분석하듯이 주식도 분석했다. "이런 식의 관찰을 한 것이 내가 처음은 아니다. 주식의 '성격'을 분석하고 이 분석 결과를 토대로 주식을 매매하여 큰돈을 번 사람이 한두 명이 아니다. 그러나 이 시점에서 한 가지 명심할 것이 있다. 그리 흔한 일은 아니지만, 성격은 언제든 변할 수 있다는 것이다."

주식이 적절하게 움직인다면, 즉 중간에 고정_{강화}이나 조정과 같은 통상적인 수준의 조정이 있더라도 전체적으로는 애초의 추세대로 계속 움직이기만 한다면 두려워할 일이 전혀 없다. 이러한 상황이라면 투자자가 걱정할 아무런 이유가 없다. 주식이 신고가 영역에서 팔린다는 사실이 투자자를 안심시켜줄 것이며, 이때 투자자는 주가가 고점을 찍는 것을 보고 나서 성급하게 마음을 놓거나 긴장을 풀어서는 절대 안 된다. 이 지점에서 전환점이 형성되고 이어서 추세가 반전될 수도 있기 때문이다. 리버모어의 좌우명이 "위험 신호를 항상 경계하라"였다는 것을 명심하라.

: 정보와 인내심

주식시장에서 성공하는 데 필수적인 요소가 바로 정보와 인내심이다. 인내심이 부족한 사람 가운데 주식시장에서 성공하는 사람은 거의 없다. 인내심이 부족한 사람은 단번에 큰돈을 벌고 싶은 강한 욕망에 사로잡혀 있다. 이런 사람들은 주가가 상승 중일 때 거의 천장 부근에서 주식을 매수한다. 주가가 하락하고 있을 때는 주식을 매수하려 하지 않는다. 그리고 전환점이 형성되어 주가가 회복되기 시작할 때까지 기다린다.

장기적으로 보면, '정보'를 제외하고 성공에 필수적인 단일 요소로는 '인내'에 버금가는 것이 없다. 실제로는 이 두 가지 요소가 밀접히 관련돼 있다. 주식투자로 큰 성공을 거두고 싶은 사람이라면 이 단순한 진리를 마음에 새겨둘 필요가 있다. 매수 결정을 내리기 전에 충분히 조사를 하여 자신이 취하는 포지션이 정말로 바람직한 것인지 확인해야 한다.

자신이 선택한 주식의 가격 흐름이 느리게 전개된다고 해서 의기소침할 필요는 전혀 없다. 자신의 판단대로 그 주식이 정말로 이익 종목이라면 머지않아 그 진가가 드러나게 돼 있다. 그러므로 그러한 주식이라면 참고 기다릴 만한 가치가 충분하다.

주가가 상승할 것이라는 사실을 감지했을 때야말로 주식을 매수할 최적기다. 이때는 시장 상황이 자신에게 유리하게 전개될 요소를 가장 많이 보유하고 있다. 물론 이러한 상황이 그리 자주 오는 것은 아니다. 아니, 더 정확히 말해 극히 드문 기회라 할 수 있다. 그러니 트레이더는 그러한 때가 오기를 참고 기다려야 한다. 머지않아 매매의 최적기가 도래할 것이다. 리버모어는 이렇게 말했다.

"나는 이익을 내려는 목적으로 매매에 임했고, 그 매매를 성공으로 이끄는 데 가장 중요한 요소는 매매시점을 제대로 포착하는 것이었다. 물론 매매시점 포착만으로 끝나는 것은 아니었다. 나는 전환점 접근법 및 신고점을 기준으로 한 매매방식을 계속 가다듬어 발전시키고, 업종의 선도주와 최우량 업종을 찾아내는 작업을 계속했다. 이러한 이론들 전부가 그간의 숱한 경험과 노력의 산물이었다. 그러나 이는 내 열정과 도전 의식이 기반이 된 정신적인 도전 과제이기도 했다. 그러나 다른 사람들과 마찬가지로 나 역시 돈이 해줄 수 있는 것들을 즐겼다. 돈을 갖는 것은 역시 멋진 경험이었다."

제시 리버모어의
피라미딩 전략

2. 자금관리기법

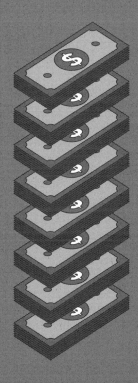

: 절대로 돈을 잃지 마라

자금관리MM: Money Management는 리버모어가 심취했던 세 가지 탐구 영역타이밍, 자금관리, 감정통제 가운데 하나로, 리버모어는 자금관리와 관련하여 다섯 가지 주요 원칙을 가지고 있었다. 리버모어는 아들들에게 자신이 정립한 매매이론들을 다 설명해주려고 했다. 이 가운데 가장 심혈을 기울였던 분야가 바로 '자금관리' 부분이었다.

어느 날 리버모어는 두 아들을 '에버모어롱아일랜드 킹스포인트에 소재한 리버모어의 대저택'에 있는 도서관으로 불렀다. 커다란 책상을 앞에 두고 두 아들과 마주 앉은 리버모어는 상체를 약간 앞으로 구부리고 주머니에서 지폐 뭉치를 꺼냈다. 그러더니 1달러짜리 열 장을 따로 놓았다. 이 동작을 한 번 더 하더니 지폐 열 장씩을 따로 떼어 두 뭉을 만들었다.

아들들은 리버모어가 지폐 뭉치를 쥔 모습을 바라보며 앉아 있었다. "얘들아, 너희는 이 돈을 항상 왼쪽 주머니에 넣고 다녀라. 꼭 그렇게 해라. 그러면 이 돈을 지킬 수 있다."

두 아들은 아버지가 말한 대로 돈뭉치를 받아 자신들의 왼쪽 주머니에 집어넣었다. "너희도 알다시피 소매치기들은 다른 사람의 지갑을 호시탐탐 노리고 있지. 특히나 뒷주머니는 아주 좋은 먹잇감이고 말고. 또 어떨 때는 뒤쪽으로 슬그머니 다가와서는 오른쪽 주머니를 노리기도 하지. 대다수 사람이 오른손잡이니까 말이다. 얘들아, 내가 지금 무슨 소리를 하는지 알겠지?" 리버모어가 물었다.

그러자 두 아들이 고개를 끄덕였다.

제시 리버모어의 주식투자 바이블

리버모어는 이야기를 계속했다. "그래 좋아. 그래서 내가 왼쪽 주머니에 돈을 넣고 다니라는 거다. 어쩌다 소매치기가 왼쪽 주머니를 노려 손을 집어넣으면 그 손이 고환 근처까지 들어갈 것이고 고환 근처에서 그 감을 느낄 수 있을 것이다. 그러면 누군가 너희 돈을 노린다는 사실을 금방 눈치채게 될 것이다."

이 말을 들은 두 아들은 서로 얼굴을 마주 봤다.

리버모어는 다시 말을 이었다. "절대로 돈을 잃어버리지 말라는 말이다. 이 이야기의 핵심은 바로 그것이다. 고환 근처에 돈을 쟁여두고 아무도 그 가까이 접근하지 못하게 하라는 말이다."

리버모어의 자금관리 원칙 1. 돈을 잃지 마라

리버모어는 "나는 이것을 시험 시스템이라고 부르고 싶다. 돈을 잃지 마라. 밑천을 까먹지 마라. 현금이 없는 투자자는 재고가 없는 상점 주인과 같다. 투자자에게 현금은 재고품이요, 구명선이요, 절친한 친구다. 현금이 없으면 영업을 할 수 없다. 절대로 재고를 탕진하지 마라"고 했다.

단번에 혹은 단일 가격에 전체 포지션을 취하는 것은 잘못이며 매우 위험하기까지 하다. 일단은 매매하고자 하는 총 주식의 수부터 정하라. 예를 들어 원하는 최종 포지션의 크기가 1천 주라고 하면 다음과 같은 방식을 취하는 것이 좋다.

우선은 전환점 수준에서 200주를 매수하라. 그리고 전환점 내 범위에서 가격이 더 오르면 그때 다시 200주를 추가로 매수하라. 가격이 계속 상승한다면 그때 또 200주를 매수하라. 그런 다음에 주가 추이를 살펴보라. 상승세가 계속되거나 조정 후 상승이 재개된다면 이때 400주를 마저 매수하면 된다. 이렇게 추가 매수를 할 때는 그때 마다 직전 매수가격보다 높은 가격에서 매수해야 한다. 이 원칙은 공 매도에도 똑같이 적용된다. 공매도를 재차 시도할 때는 이전 가격보 다 낮은 가격에서 공매도해야 한다.

이 원칙의 기본 논리는 간단명료하다. 총 포지션의 크기를 1천주 로 정하고 이처럼 나누어 매매할 때는 각 매매 단계마다 평가이익이 발생해야 한다는 것이다. 각 매매 단계에서 이익을 낸다는 사실 자 체가 자신의 판단이 옳았음을 입증하는 확실한 증거가 된다. 선택한 주식이 처음에 예측했던 그 방향대로 움직이고 있다면 투자자가 원 하던 것이며, 그와는 반대로 각 매매 단계에서 손실이 난다면 이는 자신의 판단이 잘못됐음을 나타내는 증거가 된다.

경험이 별로 없는 투자자가 가장 하기 어려운 일이 바로 각 매매 단계에서 매번 이전보다 더 높은 가격으로 매수해야 하는 일이다. 이 것이 왜 어려울까? 사람은 누구나 싼값에 사고 싶어 하기 때문이다. 매매할 때마다 매번 이전보다 더 높은 가격에 매수하는 것은 인간의 본성에 반하는 일이다. 사람들은 바닥에서 사서 천장에서 팔고 싶어 한다. 시장 현실을 외면하려 하지 마라. 헛된 희망에 의지하지도 말고 시세에 맞서려고도 하지 마라. 시장 추세는 틀린 법이 없기 때문이 다. 성공적 투기의 장場에서는 희망, 추측, 공포, 탐욕, 감정 등이 설 자 리가 없다. 주가 시세는 늘 진실을 말한다. 그러나 이 시세에 대한 사람들의 해석에는 종종 오류가 생긴다.

마지막으로, 투자자는 주식매수 비율에 차이를 두는 방식을 취할 수도 있다. 예를 들어, 첫 번째 시험 매수에서는 총 주식의 30%를 매수하고 그다음에 다시 30%, 그리고 최종적으로 40%를 매수할 수도 있다. 분할매수 비율을 어떻게 정할지는 전적으로 투자자 개인에게 달렸다. 편의상 여기서는 리버모어가 사용하는 비율을 중심으로 설명했다. 이 원칙은 다음과 같은 세 가지 요소로 구성된다.

첫째, 전체 포지션을 단번에 구성하지 마라.

둘째, 자신의 판단이 옳다는 사실이 확증되기를 기다려라. 즉 각

자금관리-시험 시스템

우선, 매수하고자 주식의 총수 혹은 투자금의 총액을 미리 결정하라. 그런 다음에 미리 정한 매수비율에 따라 단계별로 포지션을 구성하라. 리버모어가 사용한 매수비율은 20%-20%-20%-40%였다. 굳이 이 비율을 따라 할 필요는 없으며 각자 원하는 비율을 정하여 사용하면 된다.

매수 주식의 총수:

비율	수	가격	날짜	투자액(달러)
20%				
20%				
20%				
40%				
총계				

매매 단계에서 매번 이전 단계보다 더 큰 비용을 지급하라.

셋째, 매매에 나서기 전에 먼저 매수하고자 하는 주식의 총수 혹은 투자 자금의 총액을 정해두어라.

리버모어의 자금관리 원칙 2. 매수비율을 정해두라

매수하고자 하는 주식의 수, 혹은 포지션 구성 단계별 매수비율을 미리 정해두어야 한다. 또 매수가격 상한선도 정해두어야 한다.

리버모어는 이것을 '버킷샵_{Bucket shop: 불법 혹은 사설 주식중개소}' 원칙이라고 불렀다. 왜냐하면, 10%의 증거금으로 모든 매매를 했던 버킷샵에서 이 원칙을 터득했기 때문이다. 손실이 10% 한계선을 넘으면 이 거래소가 자동으로 리버모어의 포지션을 청산했다. 이 10% 손실 제한은 자금관리 원칙 중에서 가장 중요한 것이 됐다. 그리고 한계선인 10%가 넘으면 자동으로 청산 시점이 설정되는 것이므로 이는 '타이밍' 원칙과도 밀접하게 연관돼 있다.

투자자는 매매에 나서기 전에 손절매 수준을 확실히 정해두어야 한다. 그리고 손실 규모는 투자 자본의 10%를 넘지 말아야 한다. 손실 규모가 50%라면 다음번 매매에서 이를 원상회복하려면 100%의 이익을 내야 한다!

리버모어는 중개인이 전화를 걸어 증거금을 추가로 납부하라고 할 때는 중개인에게 그냥 포지션을 청산하라고 말해야 한다는 사실도 배웠다. 50달러에 주식을 매수했는데 가격이 45달러로 하락했다고 가정해보자. 이때 평균 매입단가를 낮추려는 목적으로 추가 매수

리버모어의 10% 손실 제한 원칙

초기 자본금(달러)	손실액(달러)	잔액(달러)	손실률(%)	손실 회복에 필요한 이익률(%)
1,000	80	920	8.0	8.7
	100	900	10.0	11.1
	200	800	20.0	25.0
	300	700	30.0	42.8
	400	600	40.0	66.6
	500	500	50.0	100.0

를 시도해서는 안 된다. 매수한 주식이 처음에 예측한 방향대로 움직이지 않는다는 것은 자신의 판단이 잘못됐음을 나타내는 확실한 증거다. 이럴 때는 손실을 감수하고 지체 말고 그 포지션을 청산해야 한다. 리버모어는 10% 손실 제한선에 도달하기 전에 포지션을 청산할 때가 상당히 많았다. 선택한 주식이 처음부터 자신의 판단과는 다른 방향으로 움직였다는 것이 주된 이유였다. 본능이 '제시, 이 주식은 좀 불안해. 생각보다 너무 느리게 움직이고 있잖아. 예측한 방향대로 가는 것 같지가 않아'라고 속삭이면 그는 조금도 망설이지 않고 포지션을 청산해버리곤 했다.

그것은 마음속에서 거의 무의식적으로 이루어지는 '내면의 판단 작업'이었던 것 같다. 즉 전에 수도 없이 봐왔던 패턴과 추세 형성 사실에서 추출된 정보들이 잠재의식적 신호의 형태로 대뇌에 보내지는 과정이라 할 수 있다. 이렇게 반복된 패턴들이 무의식적으로 기억 창고에 저장되고 이 저장된 정보가 역시 잠재의식의 영역에서 기억되어 인식되는 것이다. 그는 오랜 시장 경험을 통해 그 내용이 어떤 것이든 간에 직감에 충실해야 한다는 사실을 배웠다.

리버모어는 주가 패턴이 반복된다는 사실을 굳게 믿었다. 주가흐름은 약간의 예외를 제외하고 거의 반복적인 패턴을 나타낸다. 주식시장을 움직이는 주체가 인간이기 때문이다. 더 정확히 말해, 본질적으로 인간의 본성은 변하지 않기 때문에 이러한 현상이 나타나는 것이다. 그는 이렇게 말하곤 했다. "나는 사람들이 종종 '비자발적 투자자'가 되는 상황을 수도 없이 지켜봤다. 이 사람들은 주가가 하락할 때 주식을 산다. 그리고 손절매는 생각도 하지 않는다. 대신에 이들은 그 주식을 계속 보유하면서 주가 반등이 일어나고 최종적으로 가격이 다시 상승세를 탈 것이라는 막연한 기대감을 품는다. 그래서 10% 손절매 원칙이 필요한 것이다. 절대로 이러한 '비자발적 투자자'가 되지 마라. 되도록 빨리 손실을 감수하라. 물론 말하기는 쉬워도 실천하기는 어려운 일이다."

리버모어가 초창기에 버킷숍에서 매매하던 시절에는 손실액이 증거금을 초과하면 곧바로 포지션이 청산되었다. 이러한 시스템상에서 매매하던 경험에서 10% 원칙이 도출된 것이다. 매매에서 손실 규모가 10%를 넘으면 그때는 즉시 주식을 매도했다. 다른 이유는 찾을 필요도 없었다. 손실이 발생했다는 사실 자체가 포지션을 청산해야 하는 충분한 이유가 됐다. 그리고 본능적 직감에 따라 매도하기도 했다. 사실 엄밀히 따지면 이것은 오랫동안의 시장 경험에서 나온 축적된 의식이지, 순수한 직감이라고는 할 수 없다.

특정 주식의 주가 흐름을 예측하고 이에 따라 주식을 매수했는데 주식이 예상 경로를 따르지 않았을 때는 즉시 그 주식을 매도해 버렸다. 주가 흐름에 대해 예측하고 특정 주식을 매수했는데 주가 흐름이 예상과 다르게 전개됐다면 이는 그 주식을 매도해야 하는 충분한 증거가 된다. 그리고 이러한 결정에 따라 행동하고 나서는 설사 나중에 주가가 다시 상승하더라도 자신을 비난하지 않았고 속 쓰려 하지도 않았다.

훗날 그는 주식매매에서 시간 요소의 중요성에 관한 이론을 정립했다. 이 이론에 따라 항상 신속하게 행동에 나섰기 때문에, 특정 주식이 오랜 기간 특정 가격 구간 안에 머무르는 바람에 투자금이 묶여버리는 상황을 피할 수 있었다. 소매점을 소유한 사람이 있는데 상점의 진열대에 전혀 팔리지 않는 상품이 놓여 있다고 해보자. 현명한 상점주라면 그 상품을 처분해버리고 그 돈으로 수요가 있는 다른 상품을 살 것이다. 주식시장도 마찬가지다. 가격이 정체된 주식이 아니라 주가 변동이 있는 주식, 그러니까 선도주에 투자하라. 주식시장에서 가장 중요한 매매 요소는 바로 '시간'이다.

리버모어의 자금관리 원칙 3. 예비금을 비축하라

뛰어난 장군은 승리에 대한 확신이 섰을 때 총공세에 나서서 적을 궤멸할 목적으로 예비전투부대를 양성해둔다. 이와 마찬가지로 성공적인 투자자라면 항상 예비 자금을 마련해 놓아야 한다. 모든 시장 요소가 자신에게 유리하고 또 매매에 성공할 확률이 높다고 판단될 때까지 기다렸다가 때가 왔을 때바로 행동에 나서야 하기 때문이다.

주식시장에서는 언제든 기회가 오기 마련이다. 이번에 좋은 기회를 놓쳤어도 조금만 참고 기다리면 또 다른 기회가 반드시 찾아온다. 자신에게 유리하다 싶은 기회라고 해서 그때마다 매매에 나설 필요는 없다. 모든 매매에 다 참여하려는 무리수는 두지 않는 것이 좋다.

포커나 브리지 게임의 예를 들자면, 게임 참여자들은 대개가 항상 모든 판에 다 끼고 싶어 한다. 이것이 인간의 본성이다. 자금관리라는 관점에서 볼 때 모든 매매에 다 참여하고 싶은 욕구는 투자자가 경계해야 할 최대의 적이다. 리버모어가 매매 초창기에 수차례에 걸쳐 파산과 재정난을 겪었듯이 이러한 욕구는 결국 재앙을 낳는다.

주식시장에는 장세가 시원찮을 때가 있다. 이러한 때에는 잠시 투자를 유보하고 적절한 투자시점이 오기를 기다리는 편이 낫다. 이럴 때는 '시간은 곧 돈'이라는 등식이 성립되지 않는다. 시간은 시간이고 돈은 돈일 뿐이다. 그러다가 나중에 적절한 장세가 형성되어 투자자에게 아주 큰 기회를 제공할 때가 있다. 성공 투자의 핵심 열쇠는 '속도성급함'가 아니라 '인내'다. 시간은 노련한 투자자의 가장 친한 친구다. 그 시간을 적절하게 활용할 수만 있다면 말이다.

영리한 투자자는 늘 인내하고 또 항상 예비 자금을 비축해둔다는 사실을 명심하라.

리버모어의 자금관리 원칙 4. 이익주는 계속 보유하라

이익주는 계속 보유하라. 그 주식이 이익이 나는 방향으로의 주가 흐름을 나타내는 한 성급하게 이익을 실현하려고 하지 마라. 평가이익이 계속 발생하는 상황이라면 이 매매 결정의 토대가 됐던 자신의 장세 판단 내용이 맞았다는 의미다. 그러므로 서둘러 이익을 실현하는 데 급급해서는 안 된다. 자신의 판단이 잘못됐다는 징후가 없다면 그 흐름이 더 진행되도록 내버려두라. 전체 시장 상황과 주가 흐름을 볼 때 우려할 만한 조짐이 포착되지 않는 한 그 포지션을 계속 유지하면 더 큰 이익으로 돌려받을 기회가 생길 수 있다. 자신의 판단에 대해 확신할 수 있는 용기를 가져라. 그리고 그 포지션을 그대로 유지하라.

현재 매매에서 장부상으로 계속 이익이 나는 상황이라면, 즉 평가이익이 계속 발생하는 상황이라면 리버모어는 절대로 불안해하지 않았다. 단일 매매로 10만 주나 되는 대규모 포지션을 취하고 있으면서도 아무 걱정 없는 아이처럼 편하게 잠을 잘 수 있을 정도였다. 어떻게 그럴 수 있었을까? 그 매매에서 장부상으로 계속 이익이 나고 있었기 때문이다. 간단히 말하자면 그는 철저히 '주식시장의 돈'을 굴리고 있었던 것뿐이다. 설사 그 돈을 다 잃는다 해도 그것은 자신의 '생돈'이 아니라 처음부터 자신의 것이 아니었던 돈을 잃는 것뿐이었다.

물론 그 반대 경우도 맥락은 같다. 즉 특정 주식을 매수했는데 그 주식의 가격 흐름이 자신에게 불리한 방향으로 전개된다면 그 즉시

주식을 처분한다. 대체 주가가 왜 예상 경로에서 벗어난 흐름을 나타
내는지 그 이유를 알고 싶어 안달이 나겠지만, 경험이 많은 노련한
투자자에게는 예상과 반대되는 흐름이 전개된다는 그 사실 자체만
으로도 포지션 청산의 충분한 이유 혹은 청산을 독려할 만한 충분
한 증가가 된다.

"이익은 자기 자신을 돌보지만, 손실은 절대 그렇지 않다." 그렇다
고 이 전략을 '장기보유전략'과 혼동해서는 안 된다. 리버모어는 무턱
대고 주식을 사서 무조건 보유하는 이른바 장기보유전략은 구사하
지 않았다. 우리가 먼 미래의 상황을 어떻게 속속들이 알 수 있겠는
가? 모든 것은 변한다. 인생도 변하고, 관계도 변하고, 건전성도 변하
고, 내 아이들도 변하고, 애인도 변하고 다 변한다. 그런데 처음에 주
식을 매수하게 했던 그 상황이라고 해서 변하지 말란 법이 어디 있겠
는가? 좋은 회사니 우량 업종이니 혹은 경제 상황이 좋으니 하는 등
등의 이유만으로 무조건 주식을 사서 오래 보유하는 것은 자살 행위
와 다를 바 없다.

리버모어가 주식을 매수할 때 가장 중요하게 생각하는 것은 가능
한 한 반전 전환점 혹은 연속 전환점에 근접한 지점에서 매수하려고
노력하는 것이었다. 리버모어의 매매 결정의 핵심적 토대가 바로 이
원칙이었다. 반전 전환점 이후 주가가 상승한다면 편안한 마음으로
주식을 계속 보유할 것이다. 이 시점부터는 자신의 자본이 아니라 시
장의 돈 혹은 장부상의 이익금으로 투자를 계속하는 것이기 때문이
다. 전환점 이후 주식을 매수할 당시와 정반대되는 방향으로 주가가

움직인다면 거의 기계적으로 그 주식을 매도한다. 일단 긴장을 풀고 아주 편안한 마음으로 주가 흐름을 지켜본다. 그리고 포지션을 청산해야 할 시점이라고 판단될 때까지는 아무런 행동도 취하지 않는다. '장부상의 이익'을 잃을 가능성이 있어도 여기에는 전혀 신경이 쓰이지 않는다. 그 '장부상의 이익'이라는 것은 처음부터 내 수중에 있던 진짜 내 돈이 아니기 때문이다. 그래서 리버모어에게 가장 중요한 것은 반전 전환점과 연속 전환점을 찾아내는 일이 됐다. 원칙을 요약하면 다음과 같다.

손실은 끊고 이익은 극대화하라. 즉 손실이 날 때는 손절매를 하고 이익이 날 때는 그 포지션을 계속 유지하라는 뜻이다. "이익주는 계속 보유하라. 주식을 매도해야 하는 분명한 이유가 나타날 때까지 매수 포지션을 계속 유지하라."

리버모어의 자금관리 원칙 5. 이익금의 일부는 예비 자금으로 떼어두라

매매에서 이익이 났을 때, 특히 투자 원금의 두 배를 벌었을 때는 그중 절반은 나중을 위해 떼어두라고 권하고 싶다. 이익금 일부를 이렇게 떼어내 은행에 넣어두거나 예비 자금으로 지니고 있거나 안전 금고에 보관하라는 말이다.

카지노에서 돈을 땄을 때처럼 이따금 그 판에서 물러나 칩을 현금으로 바꾸는 것이 좋다. 주식시장에서라면 '크게 이익'을 낸 다음이 가장 좋은 시점이다. 시장에서는 현금이 비밀병기다. 그러니 항상 현금으로 예비 자금을 비축해두어라. "지금 딱 한 가지 후회되는 일은 주식투자를 하는 내내 이 원칙을 고수했어야 하는데 가끔 소홀히 했던 때가 있었다는 점이다"라고 리버모어는 말했다.

: 저가주를 피하라

노련한 투자자는 물론 일반 투자자들이 저지르게 되는 가장 큰 실수 가운데 하나가 낮은 가격에 팔리고 있다는 이유 하나만으로 저가주를 매수하는 일이다. 주식에 대한 수요 폭주로 말미암아 한 자릿수 가격에서 수백 달러까지 가격이 치솟는 일도 없지는 않지만, 대개 이러한 저가주는 나중에 법정관리에 들어가는 신세가 되는 바람에 주가가 폭락하거나 주주들에게 주가 회복이라는 희박한 희망만을 남긴 채 오랫동안 저가 수준을 벗어나지 못하는 일이 태반이다.

주식 종목을 선택할 때 투자자는 반드시 해당 종목이 속한 업종의 상황을 확인해야 한다. 즉 초강세, 강세, 상대적 약세, 초약세 등 각 업종의 상대적 강도부터 점검해야 한다. 투자자는 그저 싸다는 이유만으로 약세 업종 내 저가주에 투자해서는 안 된다. 그보다는 건전성이 아주 높은 강세 업종에 주력해야 한다. 뿐만 아니라 투자 자금의 유동성을 유지해야 필요할 때 자금을 제대로 활용할 수 있다. 일반 투자자들이 주식시장에서 성공을 거두지 못하는 것도 이처럼 투자 자금의 유동성을 확보하지 못한 데서 비롯되는 부분이 가장 크다 하겠다. 대체로 이들은 투자 자금을 한곳에 묶어 두거나 여유 자금을 비축해두지 않는 경우가 많다.

일반 투자 대중에게 특정 주식이 한 달 정도 후면 가격이 2~3포인트 상승할 것이라고 말해보라. 그들이 그 주식에 관심을 보일 것같은가? 천만의 말씀이다. 그들은 이보다 더 빨리 상승하는 주식을원한다. 그들은 불과 몇 달 만에 자신들이 외면했던 그 주식이 20포인트 넘게 상승하는 모습을 황망히 지켜보게 될 것이다. 자신들이매수했던 그 저가주는 매수 당시 가격보다 더 낮은 가격에 거래되는데 말이다.

: 내부자의 행동은 무시하라

기업의 이사들이나 경영자 등 이른바 내부자의 행동에는 주의를기울이지 않는 것이 좋다. 내부자는 대체로 자사 주식에 대해 완전히 잘못된 판단을 내리기가 쉽다. 그들은 자사 주식에 관해 너무 많은 것을 알고 있고 또 너무 가까이에 있기 때문에 약점을 제대로 관찰하기가 어렵다. 또 대개 경영진은 주식시장에 관해 아는 바가 별로없다. 특히 시장의 기술적 지표라든가 업종의 움직임 등에 대해서는잘 모른다. 그들은 주식시장은 자신들이 종사하는 업계와는 다르다는 사실을 쉽게 인정하려 하지 않는다. 다시 말해, 라디오 방송이나자동차 혹은 철강 제조 분야에서는 전문가일지 모르나 주식매매, 특히 변동성이 아주 큰 시장에서의 주식매매에 관한 한 여전히 문외한

일 수밖에 없다.

최고경영자CEO 중에는 주식시장에 대해 잘 모르는 사람도 꽤 있다. 최고경영자라는 사람들은 모든 것이 잘되고 있다고 주주들을 안심시키고 또 안심시켜야 하는 사람들이다. 매출이 감소하더라도 일시적인 이유 때문에 일어난 감소 그 이상도 이하도 아닌 사소한 문제라며 열심히 주주들을 다독여야 한다. 이윤이 감소해도 주주들에게는 수익성 제고를 위해 적절한 계획을 이미 수립해놓았기 때문에 이 부분에 대해 걱정할 필요가 전혀 없다며 이들을 안심시킨다.

: 목표 이익을 설정하라 - 위험보상비율

리버모어는 '투자 자본의 규모 대비 이익의 비율'에도 크게 신경을 썼다. 주식의 매매가가 200달러이고 여기서 20포인트혹은 10%의 가격 상승을 기대한다고 하자. 그렇다면, 투자 원금이 20만 달러라면 이익 규모는 2만 달러는 돼야 하는 셈이다. 주식시장에서는 아무리 훌륭한 트레이더라도 손실이 불가피하게 발생하며 손실은 이자, 중개 수수료, 자본이득세 등과 함께 매매 행위에 따른 경상비의 일부로 간주해야 한다. 리버모어는 "나는 매매에 나서기 전에 먼저 위험보상비율부터 설정하는 투자자는 거의 보지 못했다. 그러나 먼저 위험보상비율부터 설정하는 것이 중요하다"라고 했다.

리버모어는 사람들이 생각하는 것처럼 단기 매매에만 치중하는 매매자는 아니었다. 후반기에는 '핵심적 움직임', 다시 말해 중요한 주가 변동에만 관심을 기울였다. 전체 시장과 업종의 움직임, 자매주의 동향 등 모든 요소가 자신에게 유리하게 전개된다고 판단되는 시점, 또 정확한 타이밍에다 더불어 주요 전환점에 도달할 때까지 기다리려면 아주 큰 인내심이 필요할 때가 있다. 그가 여기서 '가만히 참고 기다린다'라고 할 때 기다리는 그 시점은 주식을 매수한 후가 아니라 매수하기 전을 의미한다. 즉, 모든 요소가 가능한 한 완벽한 매매를 위한 쪽으로 수렴될 때까지 참고 기다려야 한다는 의미다.

리버모어의 개인적 원칙은 다음과 같았다.

"다수 요소가 나 자신에게 유리하게 조성돼 있는지 확인하고 절대 성급하게 매매에 나서지 마라. 시간을 가지고 때를 기다려라. 매매 기회는 언제든 다시 찾아올 것이다. 누가 무슨 말을 한다 해도 큰 손실을 본 후에 마음을 추슬러 다시 매매에 나서는 것은 말처럼 쉽지 않다. 현금이 없는 주식투자자는 재고가 없는 상인과 다를 바 없다. 그러므로 인내심을 갖고 천천히 행동하라. 단번에 모든 자본을 다 털어 넣는 우를 범하지 말고 최대한 자본금을 보호하라. 한 가지 예외가 있다면 시장의 돈, 즉 해당 주식에서 직접적으로 발생한 '공돈' 혹은 '장부상의 이익금'으로 매매를 할 때뿐이다."

: 매매에 나서기 전에 손절매 수준을 정하라

주식을 매수한다면 그 주식의 가격 흐름이 자신에게 불리한 방향으로 전개될 때 어느 지점에서 매도할지 구체적으로 그 수준을 정해두어야 한다. 그리고 미리 정한 그 규칙을 반드시 준수하라! 투자자본의 10%를 넘는 손실은 절대 감수하지 마라. 그 손실을 만회하려 할 때는 두 배의 비용이 들어간다.

그리고 자신이 정한 규칙을 반드시 지켜야 한다. 쓸데없이 지체하고 망설이면서 자기 자신을 속이지 마라! 리버모어가 정한 기본 원칙은 손실 규모는 자본의 10%를 넘기지 말라는 것이다.

"나는 항상 매매를 하기 전에 손절매 수준부터 정해두었다. 전환점에서 매매하는 또 한 가지 이유는 이것이 내게는 항상 확실한 매매 기준점 역할을 해주었기 때문이다. 전환점이 주가 흐름의 천장 혹은 바닥 부근에 있을 때 혹은 신고점이 돌파되어 신고 전환점이 형성됐을 때 혹은 가격 고정점연속 전환점에서 돌파가 이루어졌을 때가 내가 생각하는 손절매 수준 설정을 위한 기준점이 마련되는 바로 그 시점이다. 장세가 내게 불리한 방향으로 전개될 때 이 수준에서 포지션을 청산하게 된다. 주식투자자 대다수가 다음과 같은 상황에서 시간적인 여유를 갖지 못하고 있다. 요컨대 시간적 여유를 가지고 임해야 한다."

• 투자 자금의 규모 대비 잠재 이익의 크기를 결정하라. 투자 자금의 규모는 큰데 이익이 적으면 그 매매는 그냥 넘겨버리고 다음을 기약하라.

제시 리버모어의 주식투자 바이블

- 매수를 하기 전에 결정적 전환점에서 매수하는지, 그 전환점을 청산 시점 설정의 기준점으로 사용하고 있는지 확인하라. 이 부분을 기록해두고 반드시 준수하라. 원칙을 준수하는 것이 가장 중요하다. 잘못된 매매 신호를 포착했고 예상과 달리 곧바로 주가 반등이 일어난다 해도 달라질 것은 없다. 주가 흐름이 예상과 다르게 전개됐다는 사실 자체가 중요하다.
- 시장, 업종, 자매주의 움직임 등 모든 것이 내게 유리한 쪽으로 진행되고 있는지 또 타이밍은 정확한지 확인하라.
- 트레이더는 일단 손절매 원칙을 세운 다음에는 마치 로봇처럼 기계적으로 원칙을 따라야 한다.

대부분의 투자자들이 대체로 자기 계정 매매에서 별로 성공적이지 못한 것이 일반적이다. 일반 대중은 5포인트 이익을 내겠다는 기대 하나로 10포인트 손실이 나도 그냥 눌러앉아 있을 것이다. 이러한 가격 하락은 통상적인 조정에 불과하므로 별로 신경 쓸 것 없다는 태도로 일관하면서 주가 하락세를 그냥 관망만 할 것이다. 하지만 리버모어는 매매를 개시할 때 주가 흐름을 예의 주시했다. 가격이 돌파되는 시점까지 기다렸다가 그 주식을 매수하려고 했기 때문이다. 그러나 돌파가 이루어지지 않거나 주가가 예상했던 것과 정반대 흐름을 나타내면 그 즉시 주식을 모두 매도하려고 했다.

이유는 간단하다. 주가가 예상했던 방향대로 움직이지 않았기 때문이다. 주가 흐름이 예상과 다르게 전개됐다면 이는 장세 판단이 잘못됐다는 뜻이다. 왜 판단이 잘못된 것인지 그 '이유'는 중요치 않다. 판단이 잘못됐다는 사실 자체가 포지션을 청산하는 충분한 이유가 된다. 매매를 하다 보면 누구나 잘못된 판단을 할 때가 있다. 그래서 리버모어는 잘못한 부분에 대해서 애써 그 이유를 찾아내려 하거나 자신을 책망하지 않았다. 그렇게 하기보다는 새로운 흐름에 몸을 맡기는 편이었다. 시장 전체에 대한 장세 판단이 너무 빨랐던 것뿐이므로 당황하지 않고 투자를 유보한 채 참고 기다리면 된다고 마음을 다잡곤 했던 것이다.

매번 올바른 판단만 하는 트레이더는 존재하지 않는다. 만약 그런 사람이 있다면 그는 조만간 이 지구상에서 가장 큰 부자가 될 것이다. 그러나 그럴 일은 없다. 우리는 누구나 실수를 하고 또 인생에서나 주식시장에서나 그러한 실수를 앞으로도 계속할 수밖에 없는 존재다. '손실의 고리는 끊고 이익의 고리는 이어가라'는 교훈을 숙지하기만 한다면 엄청난 보상이 따를 것이다. 합당한 이유가 있을때까지는 주식을 팔지 마라. 이익을 실현하고 싶다는 것은 주식을 매도할 충분한 이유가 되지 않는다.

: 매매 요소로서의 시간

매매 경력이 점점 쌓이면서 리버모어는 자신의 예상과 다른 방향으로 움직이는 주식은 계속 보유하지 않기로 했다. 완벽한 주식매수

시점이라 생각되는 그 시기가 올 때까지 기다리기로 한 것이다. 며칠 내에 혹은 1~2주일 내에_{자신의 생각에 합당하다고 여겨지는 시간} 주가가 어떤 흐름을 나타낼지를 예측했는데 실제 주가가 예측과 다르게 움직였다면 그때는 주저 없이 포지션을 청산하고 자신이 생각하는 최적의 기회, 모든 요건이 자신에게 유리하게 전개되는 기회, 다시 말해 주식을 매수할 완벽한 시점이 올 때까지 며칠이든, 몇 주일이든 더 나아가 몇 개월이든 기다린다. 리버모어는 특정 주식이 자신이 예측했던 대로 움직이지 않았을 때는 비록 그 주식의 가격이 하락하지 않았을 때도 포지션을 청산할 때가 종종 있었다.

오랜 세월 주식시장에서 활동하면서 배운 한 가지는 '시장에는 항상 기회가 존재하므로 언제든 그 기회가 오면 시장에 진입하겠다는 각오로 투자 자금을 보유한 채 대기하고 있어야 한다'는 것이었다. 이 돈은, 지금은 투자를 유보한 채 그냥 보유 중인 자금이지만 '특별한 상황'이 오면 투자자에게 큰 이득을 안겨줄 돈이다. 안타깝게도 자신이 보유한 이익주는 팔고 손실주는 계속 끌어안고 있는 사람이 많은 것처럼, 미련한 투자자들은 이익이 날 기미라고는 좀처럼 보이지 않는 '미변동' 주식도 계속 끌어안고 갈 것이다.

이 시점에서 상승 추세 동안에는 통상적인 조정은 일어나지 않는다고 말하는 것이 아니라는 점을 명심했으면 한다. 여기서 말하고자 하는 것은 어떤 방향으로든 간에 가격 흐름에 더 이상 변화가 없는 주식이라면 이는 매집 아니면 분산 둘 중 하나의 징후로 봐야 한다는 것이다. 매집인지 분산인지 확실치 않은 상황이라고 하자. 그렇다면, 분산이 진행되고 있고 결국에는 주가가 하락하여 손실이 발생할지도 모를 상황이므로, 여기서 미련하게 애써 이익 기회를 노리기보다는 그냥 포지션을 청산하는 편이 백번 나을 때가 있다. 이러한 상황이라면 좀 시간적 여유를 가지고 주가 흐름을 지켜보라.

그러나 너무 시간을 낭비하지는 말고 적절한 시기라는 판단이 설 때 경계가 모호한 주식은 처분하고 또 다른 매매기회를 노리는 것이 좋다.

리버모어는 자신이 예측했던 방향으로 주가가 1~2포인트 움직였을 때 주식을 처분할 때도 종종 있었지만 예측한 방향과 정반대로 움직이는 주식을 헛된 기대감 때문에 끌어안고 간 적은 없었다. 손실도 이익도 나지 않은 본전 상태든 아니면 약간의 손실 혹은 이익이 난 상황이든 간에 그것은 중요치 않았다. 중요한 것은 그 주식이 자신이 애초에 분석하고 예상했던 흐름과 다르게 움직였다는 사실이다. 그러므로 결론은 항상 간단했다. 자신의 판단이 잘못되었고 따라서 매매 포지션을 청산해야 한다는 것이었다. 확실한 것 한 가지는 과거에 자신의 판단이 잘못된 적이 있었고 미래에도 아마 또다시 그러한 잘못을 저지를 것이라는 사실이다. 위험은 자신의 잘못을 인식하고 매매 포지션을 청산하는 데 도사리고 있는 것이 아니다. 현자들의 말처럼 교만은 파멸을 부를 때가 종종 있다.

리버모어가 '활기 없는 유랑주Listless Drifter'라 칭한 주식이 있는데 상황은 이쪽이 더 심각하다. 이는 주가가 바람직한 방향으로 움직이지 않는 데다 이도 저도 아닌 애매한 가격 구간에서 표류하면서 투자자의 투자 자본을 한없이 묶어두는 주식을 말한다. 헛된 희망에 의존해야 했을 때마다 위험에 노출됐다는 느낌이 들곤 한다. 손실을 감수하고 포지션을 청산할 때면 그 행동이 무엇을 의미하는지 잘 알았고 또 차후 다시 이익 매매에 나서려면 무엇을 어떻게 해야 하는지도 잘 알았다. 또 손실 포지션 혹은 정체 포지션을 계속 끌고 나갈 때면 차후 매매를 진행하기가 항상 어려웠다. 그리고 되도록 활기있는 주식, 다른 종목들을 선도하는 주식, 내재적 에너지를 지닌 주식에만 집중해야 한다는 사실을 깨달았다. 에너지와 모멘텀을 중시한다는 것은 항상 시장의 양방향, 즉 상승 추세와 하락 추세 혹은 매수 포지션과 매도 포지션 모두에서 매매한다는 것을 의미했다.

리버모어는 손실 위험이 없는 안전 증권이라고 믿으면서 그 주식을 사서는 안전 금고에 보관해두는 사람을 수도 없이 봐왔다. 그러나 이것은 잘못된 행동이다. 주식을 산 다음에 훗날을 위해 이를 쟁여두는 것은 별로 권할 만한 행동이 아니다. 사람들은 철강주, 무선통신주, 항공주, 석유주, 철도주 등에 대해서는 손실 위험이 거의 없는 주식으로 간주한다. 그러나 이러한 유형의 주식 그리고 기타 '은행예금'처럼 매우 안전하다고 보는 수백 가지 증권도 시간이 지나면 그 가치가 변하게 마련이다.

투자 자본은 항상 순환시켜야 한다. 상인이 총 운전자본 중의 일부를 '동결' 자본으로 떼어둔다고 해보자. 이렇게 되면 '동결되지 않은' 나머지 자본만으로 수익을 창출해야 한다는 계산이 나온다. 그러나 동결 자본은 수익을 창출해내지 못하기 때문에 이렇게 묶여있는 자본만큼의 가치를 만회하려면 비동결 자본이 더 많은 수익을 창출해야만 한다.

이 외에도 동결 자본이 존재하면 이익을 낼 기회를 놓칠 수 있다. 리버모어는 이를 '기회 상실'이라고 불렀다. 자본이 묶여 있는 탓에 이익주를 매매할 황금 기회를 수도 없이 놓치게 된다. 트레이더에게 이익과 성공을 선사할 주식 말이다. 트레이더의 자본이 이익이 나지 않는 정체된 상황에 묶여 있으면 절대 이익을 실현할 수 없다.

희망은 미덕이 아니라 악덕이다. 희망은 수백만 명의 투기자를 파멸로 이끌었다. 주식을 팔든 안 팔든 간에 손절매 원칙은 반드시 지켜야 한다. 다시 말해, 리버모어는 '가격 손절매'와 '시간 손절매'라는 두 가지 손절매 요소를 바탕으로 매매에 나섰다. 구체적으로 말해, 주가가 자신에게 불리한 방향으로 움직일 때는 2~3포인트 변동 범위에서 2~3일 내에 포지션을 청산했다. 이것이 리버모어의 매매기법의 활력소 역할을 했다. 어찌 보면 일반적 방식과 다른 것 같지만, 그렇지 않다. 리버모어는 모든 운전 자본을 시장에서 회수한 다음 매매에 적절하다 싶은 추세가 형성될 때까지 혹은 완벽한 매매시나리오가 전개될 때까지 기다린 적이 여러 번 있었다. 주식매매의 핵심 열쇠는 적기에 매매에 나설 수 있도록 예비 자금을 비축해두는 것이다. 승리의 확신이 들 때 전투에 투입시켜 최종 승리를 거머쥐려는 목적으로 예비 전투 부대를 양성해두는 장군처럼 말이다.

: 자금관리의 핵심은 '포인트'

리버모어는 최소 10포인트의 이익을 기대하며 투자했다. 그의 원칙은 '최강세 업종 내에서 최강세 종목을 선택하라'는 것이었다. 그는 항상 '포인트'를 자신의 매매의 핵심이라고 생각했다. 리버모어는 저가주 혹은 고가주에 대해 어떠한 편견도 가지고 있지 않았다. 주가가 10달러에서 20달러로 올랐다면 100%의 이익이 난 것이고 100에서 200으로 올랐다면 그 가치가 100% 증가한 것이자 100포인트의 이익이 난 것이다. 중요한 것은 현재의 시장 선도주가 어떤 것인지 찾아내는 것이고 기존의 선도주를 밀어내고 대신 그 자리를 차지하게 된 새로운 선도주가 어떤 것인지 확인하는 일이다. 장세의 변화 혹은 주요 추세의 변화가 진행되는 동안에는 선도주의 자리에서 밀려나고 있는 주식이 어떤 것인지 파악하고 앞으로 시장을 주도하게 될 미래의 선도주를 찾아내는 것이 가장 중요하다.

대개는 최강세 업종 내에서도 최강세 종목을 선택하는 것이 가장 바람직하다. 해당 업종 내에서 가격이 가장 싼 주식이나 업종의 흐름에 가장 뒤처지는 종목에는 아예 관심을 두지 마라. 항상 해당 업종 내에서 최강세를 나타내는 주도주를 선택해야 한다.

: 리버모어의 피라미딩 기법

리버모어는 주식시장의 고수들 그리고 자신의 개인적인 경험을 통해 '평저화平低化, averaging down 전략은 절대 구사하지 마라'는 원칙을 배웠다. 즉 자신이 매수한 주식의 가격이 하락하면 절대 추가 매수에 나서지 마라는 말이다. 또 평균 매입단가를 낮추려는 시도도 하지 않는 것이 좋다고 강조한다. 이러한 전략은 별로 효과적이지 않다. 차라리 평균 매입단가를 높이는, 이른바 '평고화平高化, averaging up' 전략이

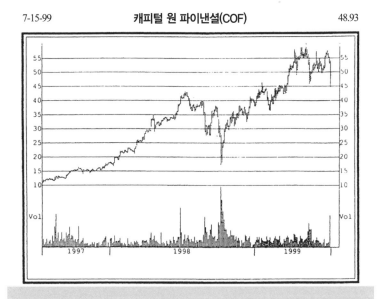

7-15-99 　　　　　　**캐피털 원 파이낸셜(COF)**　　　　　　48.93

10월 초에 나타난 캐피털 원 파이낸셜의 기록적인 거래량과 주가 급락은 '높은 거래량-주가 바닥'의 형태를 극명하게 보여주고 있으며 이는 하락 추세가 끝났을 알려주는 신호다. '거래량'이 추세 반전을 확증해주는 핵심적 신호로 작용하기도 한다는 점을 명심하라.

　　　　　　　　　　　　　　세시 리버모어의 수식투자 바이블

더 효과적이다. 요컨대 매수한 주식의 가격이 상승하면 추가로 매수하는 것이다. 그러나 이 전략 역시 위험할 수 있다. 그래서 그는 추세 형성 초기, 즉 전환점이 형성된 초기에 주요 포지션을 설정하려고 했다. 그리고 그 주식이 고정 구간을 빠져나온다면 연속 전환점에서 포지션을 늘려나간다. 트레이더는 연속 전환점에서 강세방향으로 돌파가 이루어질 때까지 기다려야 한다. 그리고 이러한 상황을 미리 앞서 기대하지도 말아야 한다. 주식이 스스로 그러한 상황을 드러낼 때까지는 위험성은 여전히 도사리고 있기 때문이다. 이러한 시기에는 매의 눈으로 주가 흐름을 지켜보면서 때를 기다려야 한다. 헛된 희망에 치우쳐 섣불리 행동하기보다는 먹잇감을 노려보며 공중을 맴도는 매처럼 숨 고르기를 해야 한다.

거래량의 폭등과 함께 주가가 신고점을 돌파할 때를 노려야 한다. 거래량이 폭등한다는 것은 아주 좋은 신호다. 이는 과잉 매물이 거의 소진됐다는 것을 의미하기 때문이다. 과잉 매물이 있으면 주가 상승세에 일시적인 걸림돌로 작용할 수 있다.

피라미딩Pyramiding은 단순한 작업이 아니다. 어떻게 보면 매우 위험할 수 있는 기법이기 때문에 이 방법을 사용하려는 트레이더는 민첩함과 노련함을 갖춰야 할 것이다. 더구나 주가 상승 혹은 하락이 더 진전되면 상황은 더욱 위험해진다. 리버모어는 피라미딩 전략을 구사하는 시기를 추세 형성 초기로 제한하려고 했다. 주가가 기저선에서 너무 많이 진전된 상태에서 피라미딩 기법을 사용하는 것은 바람직하지 않다는 사실을 알았다. 신고점 돌파 이후의 연속 전환점을 기다리는 것이 훨씬 낫다. 주식시장에 철칙이라는 것은 존재하지 않는 다는 사실을 항상 기억하라. 주식투자자의 주된 목표는 자신에게 유리한 시장 요소들을 가능한 한 많이 자신에게 집중시키는 것이다. 이렇게 유리한 상황 속에서도 잘못된 판단을 할 가능성은 여전히 있다. 그러므로 이럴 때는 손절매라는 도구를 바로 사용해야 한다.

'스트레스를 차단하라!'는 원칙은 어느 투자 고수로부터 영감을 받아 만든 것으로, 항상 맑은 정신을 유지하고 올바른 판단을 할 수 있는 마음 상태가 되도록 노력해야 한다. 리버모어는 일찍 잠자리에 들기, 소식小食하기, 운동하기, 장중에는 침묵하기 등 목적을 달성하기 위해 할 수 있는 모든 것을 다 했다. 그는 또한 직원들에게 업무 중에는 증권 시황에 관해 어떠한 말도 하지 말라고 당부했다.

그러나 뭐니 뭐니 해도 투자자에게 가장 중요한 것은 예비 자금을 비축해두는 것이라는 생각에는 변함이 없었다. 상승장에서의 정점 그리고 하락장의 바닥에서 만나는 기회처럼 '완벽한 순간에 최고의 매매'를 할 수 있도록 모든 유리한 요소가 자신을 향해 수렴될 때 그리고 믿을 수 없을 만큼 완벽한 최적의 매매기회가 올 그때를 위해 말이다. '현금'이라는 강력한 군대를 마련해둔 상태에서 매매에 나설 최적기를 기다리는 것만큼 뿌듯한 느낌은 다시 경험하기 어려울 것이다.

: 이익은 모든 주식의 근간

주식시장에서 성공할 수 있게 해주는 마법 같은 비법은 존재하지 않는다. 다만 한 가지 확실한 사실은 주식투자에 성공하려면 투자를 하기 전에 먼저 조사가 필요하고, 도약하기 전에 먼저 관찰해야 하고, 자신이 정한 매매원칙을 준수해야 한다는 것 등이다. 그리고 이 외 다른 것은 모두 무시해야 한다.

여러 번 언급했다시피 경제학에 대한 기본 지식 없이, 또 한 기업의 재정 상태, 과거 역사, 생산 능력, 그 기업이 속해 있는 업종의 상황, 전반적 경제 현황 등을 모르고는 주식시장에서 성공할 수 없다.

결국 중요한 것은 기업의 이익이다. 주가를 끌어올릴 수 있는 것은 희망이나 탐욕 같은 감정이 아니라 기업이 창출할 수 있는 이익 혹은 잠재 이익이다. 요컨대 최종 분석의 대상은 '이익'이다. 궁극적으로 이것이 주식의 가격을 끌어올릴 수 있다. 특정 업종과 특정 종목에 대한 최종적 판단은 감정이 아니라 현실적 상황에 바탕을 둔다는 사실을 기억하라.

제시 리버모어의
피라미딩 전략

3. 감정통제

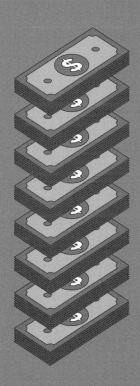

: 탐욕과 공포, 무지와 희망을 다스리는 법

리버모어는 1923년까지 32년 동안 정말 열심히 주식매매에 매달렸다. 이때 나이가 46세였다. 리버모어는 자신이 선택한 분야에 대한 정보와 지식에 항상 목말라했고 그래서 늘 지식에 대한 가눌 수 없는 갈증을 느끼는 학생처럼 기술적 측면에서의 시장 지식을 끊임없이 탐구했다. 그리고 시장 심리에도 관심을 보이며 이 부분 역시 열심히 탐구하고 분석했다. 인간의 본성을 이해하고픈 마음에 야간 학교에서 심리학 강좌까지 수강하는 열성을 보였다. 리버모어는 시장은 수백만 명의 각기 다른 인간들로 구성되어 있지만, 계속 탐구하고 연구해야 할 인간의 기본적 심리 패턴은 단 몇 가지로 수렴된다는 결론을 내렸다. 왜냐하면 우리는 '인간 본성'이라는 공통 특질을 공유하고 있기 때문이다.

언젠가 리버모어의 두 아들 폴과 제시 주니어가 아주 중요한 질문을 한 적이 있었다. "아버지는 주식시장에서 성공했는데 다른 사람들은 왜 돈을 잃었을까요?"

이에 대해 리버모어는 다음과 같이 말했다.

"얘들아, 나도 돈을 잃었단다. 그렇지만 나는 그때마다 돈을 잃은 이유가 무엇인지 알아내려고 노력했지. 주식시장은 늘 연구하고 관찰하고 탐구해야 하는 곳이다. 건성으로 대충 훑어보는 것 가지고는 어림도 없지. 확실하게 아주 꼼꼼히 연구해야 한다. 사람들은 말이다. 주식을 살 때 가정용품이나 자동차를 살 때만큼도 신경을 쓰지 않더구나. 주식시장이라는 곳이 눈먼 돈이 득시글대는 것처럼 보이고 변화도 빠른 곳이라 보통 사람들 눈에는 쉽게 돈을 벌 수 있는 곳으로 비칠 수 있다. 그러다 보니 사람들은 자신이 힘들게 번 돈을 너무 생각 없이 내던지는 경향이 있지. 너희도 알다시피 주식을 사고파는 게 그리 어려운 일은 아니다. 그저 중개인을 통해 매수 주문만 내면 되고 나중에 전화로 매도 요청을 하면 그것으로 매매가 완결되니 얼마나 간단한 작업이냐. 이렇게 '간단한' 거래로 이익을 내고 나면 정작 자신은 아무 일도 하지 않은 것 같은데 정말 손쉽게 돈이 벌리는구나 하는 생각이 들고도 남을 것이다. 아침 9시까지 출근해서 하루 8시간 꼬박 일을 하지 않아도 되겠구나 싶을 것이다. 직접 돈이 오가는 것이 아니라 장부상으로 이루어지는 거래이다 보니 현실감이 없어지고 그래서 아무 노력 없이 이익이 난 것 같은 생각이 드는 것이겠지. 아마도 부자가 되는 가장 손쉬운 방법이 주식매매라는 생각마저 들 것이다. 10달러에 주식을 사서 10달러가 넘을 때 주식을 판다고 해보자. 이런 식이면 매매를 하면 할수록 이익은 늘어날 것처럼 보이겠지. 그러나 사실은 그렇지 않다. 간단히 말해, 이렇게 생각하는 것은 '뭘 모르고 하는 소리'다.

너희는 항상 감정을 잘 통제해야 한다. 무엇보다 공포심을 다스리는 것이 중요하지. 앞으로 점점 더 확실하게 알게 되겠지만, 공포란 우리 내면에 몸을 숨기고 있다가 불쑥불쑥 고개를 들어 끊임없이 우리를 괴롭히는 존재다. 폭력에 노출됐을 때 그렇듯이 공포는 두근거림, 가빠진 호흡, 눈 깜빡거림, 주먹을 꽉 쥐는 동작 등의 형태로 나타날 수 있다. 공포가 느껴지면 일단은 생존 본능부터 발휘되므로 평상시의 이성 따위는 자취를 감추기 일쑤다. 공포감이 밀려오면 평소에 이성적이었던 사람도 비이성적인 행동을 하게 되지. 그리고 사람들은 돈을 잃기 시작하면 두려움을 느끼게 된다. 이것이 인간의 본성이다. 이러한 사실은 부정하려야 부정할 수 없는 일이다. 그러니 이 사실을 인정하고 받아들여야 한다. 특히 주식시장에서는 더욱 그러하다.

그리고 성공하지 못하는 투자자의 가장 친한 친구가 바로 '희망'이라는 놈이다. 더구나 주식시장에서 희망은 탐욕과 공포와 사이좋게 손을 잡고 뛰어논단다. 일단 주식매매를 시작하는 순간 희망이 기지개를 켜지. 희망을 품는 것, 긍정적인 마음을 갖는 것, 최선의 결과를 기대하는 것 등은 인간의 어쩔 수 없는 본능이란다. 본래 희망이란 인간의 가장 중요한 생존 기술이자 도구다. 그러나 주식시장에서만큼은 그렇지가 못하다. 시장의 다른 골칫덩이들인 무지, 탐욕, 공포 등과 함께 희망 또한 이성을 마비시키는 역할밖에 하지 않는다.

얘들아, 잘 들어라. 주식시장에서는 오로지 사실, 현실, 이성만이 통한다. 그리고 트레이더는 틀릴 수 있지만, 주식시장은 절대 틀리지 않는다. 룰렛 판이 돌아갈 때 승리를 결정짓는 것은 탐욕이나 공포, 혹은 희망 따위가 아니라 검은색의 작은 구슬이다. 이 작은 구슬로 승부는 객관적이 되는 것이다. 애원이나 항의 따위는 통하지 않는단다."

두 아들은 자신들이 주식시장에서 활동하면 어떨지 궁금해했다. 자신들에게 주식시장은 너무 위험한 곳일까? 주식시장은 자신들의 아버지만이 감당할 수 있는 곳일까?

리버모어는 계속해서 말을 이었다.

"일반 투자자들은 자신이 할 일을 누가 일러주고, 가르쳐주고, 말해주기를 바라는 것 같다. 이 사람들은 심리적으로 안도하고 싶은 것이지. 대개 이런 사람들은 집단이 주는 안정감을 원하기 때문에 항상 떼 지어 행동하기 마련이야. 자신과 같은 행동을 하는 사람들 속에 섞이면 불안감이 덜해지고 안심이 되기 때문이란다. 늑대가 어슬렁거리는 황량하고 위험한 초원을 홀로 거니는 송아지가 되는 것보다는 송아지 무리에 속해 있는 편이 더 안전하다는 믿음 때문에 대중과 다른 의견을 보이며 혼자 서 있는 것을 두려워한단다. 즉 추세를 따르는 쪽이 대개는 더 안전하다고 보는 것이다.

추세 이야기가 나오면 문제가 조금 복잡해지는데, 나는 항상 최소 저항선, 그러니까 추세를 따라 매매하고 싶었단다. 이러한 관점에서 보자면 나 역시 대부분은 투자 군중과 함께 떼거리로 행동하고 있었다고도 볼 수 있겠지. 전체 시장 동향의 변화 가운데 포착하기도 어렵고 또 그러한 변화에 대응하기가 가장 어려운 순간이 '추세 변화'가 나타나기 시작하는 바로 그 시점이다. 그래서 나는 이러한 추세 변화의 징후를 항상 찾고 있었다. 그러면서도 대중적 사고 혹은 집단 사고와는 거리를 두려고 노력하면서 그러한 사고와는 반대되는 쪽에 서려고 했지. 오르막과 내리막이 반복적으로 나타나는 우리네 인생처럼 시장의 흐름이라는 것도 항상 순환한다고 믿었기 때문이다.

투자자에게 가장 어려운 순간이 바로 추세 변화가 나타날 때란다. 대 추세 변화가 일어났을 때마다 시장에서는 아비규환이 연출되곤 했었다. 그러나 나는 공매도를 하는 것이 아닌 한 추세 변화가 일어났을 때 대다수 투자 대중과 한데 엮여 같이 추락하고 싶은 생각은 없었다. 그래서 이러한 상황을 방지하고자 다음과 같은 두 가지 원칙을 개발했지.

첫째, 시장에서 쉴 새 없이 매매를 하려고 하지 마라. 주식매매를 하면서 한동안 투자를 유보한 채 현금 포지션을 유지할 때가 아주 많았다. 시장의 움직임을 가늠하기 어려워서 이후 움직임이 전체 시장의 흐름을 확증해줄 때까지 기다려야 할 때는 더욱 그러했다. 추세 변화의 징후가 느껴지는 데 그 시기가 언제인지 그리고 변화의 강도가 어느 정도인지 정확히 알 수 없을 때는 모든 매매 포지션을 현금 포지션으로 전환한 채 모든 것이 좀 더 명확해질 때까지 기다렸다.

둘째, 대다수 투자자가 손실을 볼 때가 바로 주요 추세가 변화할 때다. 장세 판단을 잘못하고 자신에게 불리한 방향의 포지션에 그대로 묶여버리는 경우가 많다. 그래서 나는 추세 변화가 임박했다는 판단이 맞는지 틀리는지를 확인하기 위해 소규모 포지션으로 시험 매매하는 방법을 사용했다. 말하자면, 추세 변화의 방향에 맞춰 소액으로 매수 혹은 매도 주문을 내는 것이다. 내 판단이 맞는지 확인하기 위해 시험 주문을 통해 추세 변화의 신호를 확실히 포착하고 나서 실제로 매매에 나서는 것이다. 특정 주식을 시험 매수할 때마다 직전 가격보다 낮은 가격에 매수가 가능하다면 주가가 하락 중인 것으로 봐야 한다."

: 매매를 준비하는 자세

제시 리버모어는 자기관리 및 훈련이 철저했던 사람이다. 주중에는 밤 10시면 일찍 잠자리에 들었고 아침 6시에 눈을 떴다. 일어나자마자 한 시간 동안은 아무의 방해도 받지 않은 채 철저히 혼자 시간을 보냈다. 롱아일랜드 그레이트 넥에 있는 대저택에서 지낼 때는 주방일을 하는 사람에게 아침마다 일광욕실 탁자 위에 커피와 주스를 준비해 놓으라고 일러두었다. 더불어 유럽과 시카고 지역의 신문을 비롯한 각종 신문도 같이 놓아두도록 했다.

리버모어는 일평생 이렇게 열심히 신문을 읽었다. 아침에 일어나자마자 한두 시간 동안을 그날 하루 일을 계획하고 준비하는 시간으로 삼으려 했다. 리버모어는 오랜 관찰을 통해 자신의 하루 일과를 제대로 계획하는 사람이 별로 없다는 사실을 알게 됐다. 그랬다! 그들도 하루 일을 계획하고, 필요한 일정을 잡고, 점심 약속을 하고, 공식 행사에 참석 예약도 하고, 일정표를 기록하는 등 하루 일과를 열심히 계획하고 준비하는 것처럼 보이기는 한다. 그들은 그날 해야 할 일이 무엇인지, 어떤 모임이 있는지, 그날 사무실을 방문할 사람이 누구인지, 누구에게 어떤 내용으로 통화해야 하는지 혹은 누가 어떤 내용의 전화를 걸어올지 등에 관해서는 자세히 알고 있다. 자신이 해야 할 하루 일과에 대한 계획이 다 세워져 있다는 사실을 잘 알고 있다. 그러나 중요한 일과 가운데 자신이 직접 챙겨 계획한 것이 과연 몇 개나 될까!

리버모어는 특별히 시간을 내서 롱아일랜드 대저택에 마련된 널찍한 서재에서 두 아들에게 자신이 하는 일에 관해 이런저런 이야기를 들려주었다.

내 분야에서 최고가 되기 위한 노력들

"너희도 차차 알게 되겠지만, 사업가 중에 중요한 일정을 자신이 직접 계획하고 챙기는 사람은 거의 없다. 대개는 비서나 부하 직원이 그 일을 대신 하지. 자신은 그저 파티에나 참석하고 말이다. 중요한 일 가운데 몇 가지는 검토해보지도 못하고 혹은 제대로 끝내지 못하고 하루 일과를 마무리하는 일도 종종 있다. 인사 문제, 인수합병, 자본 조달, 할부 구매와 같은 중요한 마케팅 계획 등 사업상 중요한 전략적인 문제에는 아마 관여도 하지 않을 것이고 타 기업과의 경쟁 구도를 제대로 조사하거나 평가하는 일도 없을 것이다.

적어도 나는 그렇게 하지 않는다. 주식시장에서는 가능한 한 분명한 사실에 기초하여 행동에 나선다. 시장에서 활동하려면 침묵도 필요하다. 같은 맥락에서, 장중에 입수한 새로운 정보를 평가하고 장세를 분석하려면 시장과 어느 정도 거리를 두는 것이 필요하다. 주식시장에서는 항상 확실한 전략을 가지고 매매에 임해야 한단다.

수화기를 집어 들고 매수 혹은 매도 주문을 내는 것 자체는 아주 쉬운 일이다. 중요한 것은 언제 무엇을 해야 할지를 명확히 아는 것이고 더불어 자신이 정한 규칙을 철저히 지키는 일이다.

애들아, 나는 아주 오래전부터 내가 매매를 하다 실수를 하면 그

것을 '내 실수'로 깨끗하게 인정하기로 했다. 내게 비밀정보랍시고 알려준 사람 혹은 내 매매 행위에 직간접으로 영향을 미친 사람에게 화살을 돌리는 짓은 하지 않기로 말이다. 주식매매에 관한 한 이미 엎질러진 물을 보고 이러쿵저러쿵해봐야 아무 소용이 없단다. 주식 시장에서는 돈을 벌거나 아니면 돈을 잃거나 둘 중 하나다. 이도 저도 아니면 때를 기다리며 돈을 보유 중이거나.

내가 밤 10시에 잠자리에 들고 아침 6시면 일어나는 데는 다 이유가 있다. 매사에 신중하고 자기관리가 잘 돼 있는 사람이라면 모든 것에 주의를 기울이기 마련이란다. 이 세계에서는 무시하고 넘겨도 팬찮은 것이란 없다. 크든 작든 간에 그 한 가지를 놓치는 바람에 결국은 모든 것을 망치고 이 때문에 모든 계획이 수포로 돌아갈 수도 있다. 전시에 예하 부하들의 생명은 작전을 수립하고 실행하는 장군의 능력에 달려 있다. 주식시장에서는 실수와 부주의가 설 자리가 없다.

사람들은 나를 노리던 상황이 오기를 기다리다가 그 상황이 전개되면 바로 시장에 진입하는 투기꾼, 혹은 트레이더라고만 생각하지만 그것은 사실이 아니다. 나는 신문을 읽다가 외관상으로는 아무 소용없어 보이는 사소한 소식이나 단서에도 주목하는 편이란다. 그리고 그러한 단서의 이면에 무엇이 있는지 열심히 분석한 다음에 그에 따라 행동하는 것이다.

내 하루 일과에 대해 물었던가? 나는 충분한 수면을 통해 원기를 회복하고 나서 아침 한두 시간 동안 혼자 머리를 식히면서 신문을 꼼꼼히 읽는단다. 일기 예보라든가 가뭄 정보, 병충해 문제, 노동쟁의

등과 같은 특수한 소식에 주목하고 이러한 '사건'들이 옥수수나 밀 혹은 면화 생산량에 어떤 영향을 미칠지를 예측해보는 거지. 이것이 궁극적으로는 내 매매 행위에 결정적인 영향을 미칠 수 있기 때문이다.

경제 관련 소식은 석탄, 구리, 철강, 직물, 설탕, 옥수수, 밀 등 상품 시장의 동향과 시세 그리고 자동차 판매 현황, 고용지수 등을 살펴보면서 얻는단다. 또한 미국의 경제 현황에 대한 감도 느낄 수 있단다. 단 한 가지 사실만을 바탕으로 매매 결정을 내려서는 안 된다. 나로 하여금 매매 결정을 내리게끔 하는 '사실들은' 차고도 넘친다.

신문을 볼 때에는 주요 표제만 대충 훑어보고 넘어가는 것이 아니라 작은 기사까지 꼼꼼히 챙겨보는 것이 좋아. 특정 업종이나 종목에 관해 약세에서 강세로 혹은 강세에서 약세로 전환됐다는 신호를 포착할 수 있을까 싶어서지. 주식시장의 봉sucker: 잘 속아 넘어가는 어리석은 사람들은 자극적인 표제만 대충 훑어보고는 혹할 것이다. 훌륭한 투자자라면 겉으로 드러난 사건이나 소식의 이면을 들여다보면서 실제로 어떤 일이 일어났는지를 분간할 줄 알아야 해. 중개인이나 기타 이해관계자들이 정작 자신은 주식 분산에 앞장서는 상황이면서 혹은 호재에 편승하여 주식을 매도할 꿍꿍이가 있으면서, 다른 투자자들은 그대로 매수 포지션을 유지하게 할 생각으로 잘못된 기사를 생성하기도 한단다. 그러므로 기사를 대충 읽고 넘어가는 것은 매우 위험하지.

한번은 기차를 타고 철강 도시인 피츠버그를 방문했는데, 이 지역 제철소의 생산 능력이 30%는커녕 20%에도 못 미치는 수준이었고 게다가 이 비율마저도 갈수록 더 떨어지는 형편이라는 사실을 알게 됐지. 한마디로 말해 이곳의 철강주는 완벽한 공매도 대상이었던 거야. 안타까운 일이지만 주식에 투자한 사람들 대부분이 신문의 큰 표제만 읽고 더구나 자신이 읽은 내용을 액면 그대로 믿어버린단다. 여기에는 수많은 함정과 술책, 위험이 내포돼 있고 주식시장처럼 거액이 오갈 때마다 교묘한 돈의 함정이 항상 도사리고 있다. 피츠버그 방문을 통해 신문에서 읽은 내용은 주식에 대한 비밀정보의 또 다른 형태라는 사실을 알게 되었다. 그러니 신문을 읽을 때는 기사의 정보원과 동기 그리고 그 내용이 주식시장에 미치는 영향 등을 함께 고려해야 한다. 그렇지 않으면 그 독자 역시 주식시장의 '봉'으로 남을 가능성이 크단다.

애들아, 지금까지 경험한 바로는 일류 주식 트레이더로 성장하는 데 도움이 되는 것들을 얻기에 가장 좋은 때가 바로 이른 아침 시간인 것 같다. 그 시간이면 집에는 아무도 없고 집중력을 흐트러뜨릴 만한 것 하나 없이 고요하다. 그리고 숙면을 취하고 났으니 머리는 맑고 몸도 개운하지.

너희도 더 나이가 들면 많은 사람들이 아침이면 일정한 시간에 일어나 서둘러 출근 준비를 하고 곧바로 직장으로 향한다는 사실을 알게 될 것이다. 이런 사람들은 주중에도 밤이면 외출을 하여 영화를 보거나 술 한잔하면서 느긋하게 외식을 즐기고 싶어 하지. 다시 말해 이들은 주중에도 사교 생활이나 기분 전환을 할 시간이 필요하다고 생각한다. 다른 분야에서라면 바람직한 생각일지도 모르겠다. 그러나 주식시장에서 매매로 성공하겠다는 트레이더라면 이는 참으로 위험하기 짝이 없는 발상이란다. 훌륭한 트레이더는 잘 훈련된 프로 운동선수와 같다고 보면 된다. 트레이더든 운동선수든 최상의 정신 상태를 꾸준히 유지하고 싶다면 역시 최상의 신체 상태도 유지해야 한다. 주식시장만큼 자극적이고 또 극도로 긴장되는 전장戰場도 없으므로 몸도 마음도 최상의 상태로 유지하는 것이 필수적이란다. 주식시장에서 성공하는 것은 식은 죽 먹기처럼 쉬운 일이고 크게 노력하지 않아도 즉각적으로 꾸준히 돈을 벌 수 있다고 생각하는 사람이 있다면 크게 실수하는 거야. 성공하는 트레이더라면 늘 최상의 신체 상태를 유지하고 있어야 한다.

다른 사람들은 주중에도 야간 시간을 이용하여 사교 활동을 하고 기분 전환을 하려 하지만 나는 밤 10시부터 새벽 2시까지는 이러한 즐거움을 기꺼이 희생했다. 남들이 즐겁게 노느라 보내는 이 시간에 나는 숙면을 취했고, 또 아침 5시에서 6시면 일어나 나의 아침일과를 보았단다. 규칙적인 생활로 인해 손해 보는 일이 있다고는 전혀 생각하지 않았다. 나는 고독 속에서 진정한 기쁨을 느꼈고 남들 노는 시간에 행한 작업에서 희열을 느꼈지. 적어도 나는 단순한 즐거움이나 사교 활동보다 더 큰 게임을 추구했다고 자부하기 때문이다. 나는 내 분야에서 최고가 되고 싶었고, 그러기 위해 노력한 과정은 내게 진정한 기쁨과 만족감을 선사해 주었단다. 원하는 게임을 하고 그 게임에서 이기는 기쁨 말이다."

정보력과 인내심을 길러라

많은 사람이 주식시장을 쉽게 돈을 벌 수 있는 곳으로 생각하고 있다. 투자할 여유자금을 어느 정도 갖고 있는 그들은 투자 이익을 늘려줄 아주 쉽고 만만한 방법이 주식매매라고 믿고 있다. 그러나 그들의 생각은 잘못된 것이다. 주식시장에 대한 지식도 없이 쉽게 시장에 뛰어들었다가 손실을 본 사람들이 수도 없이 많다. 리버모어는 주식시장에서 성공하려면 충분한 수면을 취하는 한편, 시간을 충분히 할애하여 주식시장과 관련된 모든 것을 꾸준히 연구하고 분석해야 한다는 결론에 도달했다. 더불어 성공적인 주식매매의 필수 요소는 '정보'와 '인내'라는 점도 알게 되었다. 그는 인내심이 없고 시장 정보에 무지한데다 일확천금을 꿈꾸는 사람 중에 주식시장에서 크게 성공한 사람을 보지 못했다고 말하기도 했다.

성공은 노력이 아니라 우연, 혹은 운에 달렸다고 믿는 사람이 있다면 그 사람은 주식시장을 멀리하는 것이 백번 낫다. 이러한 태도는 출발부터가 잘못된 것이다. 주식투자를 하는 대다수 사람들에게서 발견되는 가장 큰 문제는 이들이 주식시장과 도박장을 같은 맥락에서 바라본다는 점이다.

주식시장에서 투자로 돈을 벌고 성공하려면 법학이나 의학 공부를 하는 만큼의 준비와 연구가 필요하다. 법학도가 변호사 시험준비를 할 때와 비슷한 수준으로 주식시장에 관한 모든 원칙과 지식을 열심히 공부해야 한다.

리버모어가 주식시장에서 성공한 것은 운이 좋았기 때문이라고 생각하는 사람들이 많지만, 사실 전혀 그렇지 않다. 그는 15세 때부터 주식시장에 관해 열심히 관찰하고 공부했다. 리버모어는 오직 시장에 집중했고 온 힘을 다해 노력했으며 주식시장과 주식매매에 평생을 다 바쳤다.

: 특별한 업무 환경

리버모어는 불필요한 영향 요소들로부터 자신을 지키고자 노력했다. 특히 비밀정보의 형태로 어떤 정보를 들고 와 도움을 주듯 툭 던지고 나가는 사람은 되도록 피하려고 했다. 이러한 정보야말로 결과적으로 매매 행위에 큰 해를 끼쳤던 것이다.

"나는 주식 트레이더 '집단'에 끼는 것을 원치 않았다. 특히나 증권사 영업장에 모여 있는 트레이더 무리는 더 그랬다. 내 사고의 흐름이 끊기는 것이 싫었기 때문이다. 적어도 나는 아무런 방해도 받지 않고 혼자서 최소한 15분 이상 계속 생각할 시간이 필요했다. 영업장에 모인 사람들이 전하는 비밀정보나 소문, 그리고 주식시장에 관한 각종 소식에 대한 해석 등에는 전혀 관심이 없었다."

대형 증권사 영업장에는 수많은 사람이 모여 있고 이들의 입에서 나오는 정보라는 것들이 머릿속을 어지럽혔다는 것이다. 이런 사람들과 어울리는 것, 이들의 편향된 의견에 귀 기울이는 것, 자신의 견해와는 상반되는 뭔가 숨겨진 의도에 휘둘리는 것 등은 매매에 걸림돌이 될 뿐 전혀 도움이 되지 않는다고 생각한 리버모어는 자신의 사고 영역을 지키면서 침묵 속에 조용히 작업하는 것이 낫다고 판단했다. 한 친구는 "너는 비밀정보를 귀담아듣지 않는구나"라고 말하기도 했다. 어쨌거나 리버모어는 다른 사람의 실수에서 피해를 보기보다는 차라리 자신이 실수를 저지르는 편이 백번 낫다고 생각했다. 이 부분에 관한 한 리버모어가 비밀정보를 귀담아듣지 않는다던 친구의 말은 틀리지 않았다고 할 수 있다.

또한 리버모어는 집에서 사무실까지 가는 동안 줄곧 혼자만의 시간을 누렸다. 사무실까지 조용히 차를 타고 가거나 날씨가 좋을 때면 보트를 이용하기도 했다. 물론 이때도 다른 사람은 태우지 않은 채 혼자 조용히 갔다. 이 시간은 신문을 읽고 하루 일과를 점검하는 기회로 삼았다. 출근하면서 이렇게 철저히 혼자인 시간을 즐겼던 이유는 사람들을 만나지 않기 위해서였다. 사람들을 만나면 결국에는 주식시장에 관한 이야기가 나오게 마련이었다. 시장에 관한 온갖 소문, 비밀정보, 예측 등은 불가피하게 의식적 및 무의식적 사고 과정에 영향을 미칠 것이고 결국에는 그것이 판단 결과에 반영되고 말 것이 뻔했다. 혼자 출근을 하면 다른 사람의 방해를 받지 않고 그날의 일과를 찬찬히 점검해볼 기회가 생긴다.

리버모어의 친구 버나드 바루크Bernard Baruch는 자신의 중개인들에게 '내가 매매하는 주식에 관해 혹시 아는 정보가 있다 해도 절대로 그 내용을 나한테 알려주지 마라'고 주문했다. 이 부분에 관해서 리버모어도 그 생각에 전적으로 동의했다.

평정심과 인내심 그리고 침묵

성공하는 트레이더가 갖춰야 할 가장 중요한 덕목 중 하나로 리버모어는 '평정심'을 꼽았다. 그는 이를 '안정성'이라고도 표현했는데 진지하면서도 균형감 있는 사람이야말로 주식매매에 걸맞는 인물이라 하겠다. 평정심이 있는 사람은 침착하게 자신의 희망도, 공포심도 다스릴 줄 안다. 성공하는 트레이더에게 필요한 또 다른 자질은 바로 '인내심'이다. 되도록 많은 요소와 조건이 자신에게 유리한 방향으로 수렴될 때까지, 즉 자신에게 기회가 올 때까지 참고 기다릴 줄 알아야 한다.

평정심과 인내심은 성공하는 트레이더의 가장 친한 친구들이다. 성공하는 트레이더가 갖춰야 할 마지막 자질은 다름 아닌 '침묵'이다. 침묵을 자신의 유일한 조언자로 삼아보라. 그리고 승리도 실패도 다 자신의 몫으로 받아들이고 두 경우에서 모두 교훈을 얻을 줄 알아야 한다.

평정심, 인내심, 침묵은 주식 트레이더로 성공하고 싶은 사람이라면 반드시 갖춰야 할 덕목이고 자질이다. 이러한 덕목은 저절로 길러지는 것이 아니다.

고독한 늑대처럼 혼자서 결정하는 투자자

대개 사무실에는 리버모어가 가장 먼저 도착하고 뒤이어 사무장이자 보안 담당자인 해리 다치가 출근한다. 9시가 되면 시세판 담당 직원 여섯 명이 줄줄이 도착하여 자신이 맡은 구역으로 가서 매매

시세 현황을 칠판 위에 기록한다.

리버모어는 티커주식 시세 단말기 테이프상의 실제 시세를 참고하여 거래량을 정했다. 주主 티커는 높다란 기단基壇에 부착된 주가 게시판 정중앙에 설치했다. 눈을 위아래로 움직이는 간단한 동작만으로 리버모어가 보유한 종목 혹은 관심 종목의 주가 흐름을 한눈에 확인할 수 있게 하려는 목적에서다. 당시 잘 나가는 종목의 매매소, 이른바 '핫 포스트post: 업종별 매매소'와 직통 전화도 연결해놓았다. 철강, 자동차, 통신판매, 무선통신 등의 포스트가 여기에 해당한다. 리버모어는 가장 크고 가장 빠른 티커 테이프를 사용했고, 시세를 쉽게 확인할 수 있도록 눈높이에 맞춰 티커 테이프를 설치했다. 더 정확하게 말하면, 일어선 채로 테이프를 읽을 수 있게 '키 큰 티커 테이프'를 주로 사용했다.

일어서서 시세표를 확인하면 혈액순환에도 도움이 되고 숨쉬기도 훨씬 수월해진다. 혈액순환과 호흡이 순조로우면 스트레스가 많은 매매 상황에서 침착함을 유지하는 데도 크게 도움이 된다는 사실을 알게 됐다. 그래서 리버모어는 장중에는 내내 서 있는 경우가 많았다. 장이 열리는 동안만이라도 이렇게 서 있으면 운동도 되고 긴장감을 유지하는 데도 도움이 됐다. 어정쩡하게 상체를 구부리거나 어딘가에 늘어진 채 기대 있는 것은 리버모어가 원하는 모습이 아니었다. 주식시장은 그렇게 호락호락한 곳이 아니다. 고도의 집중력이 요구되며 한순간의 나태함도 허용되지 않는 곳이기 때문에 전화도 일어선 채로 하고 또 받을 때도 일어선 채로 받을 정도였다.

그런 의미에서 리버모어는 전화벨이 울리면 모두에게 '침묵'하라고 지시했다. 장중에는 사무실에서 아무런 말도 오가지 않기를 바랐다. 장중에는 누구의 방해도 받지 않은 채 침묵으로 일관하고 싶었던 것이다. 그래서 리버모어의 전화번호를 아는 사람도 극소수였고 혹시 사람들이 이 번호를 알아내 연락을 할까봐 수시로 전화번호를 바꾸기까지 했다. 그리고 장중에는 가능한 한 우편물도 받지 않았고 답장도 보내지 않았다. 오로지 주식시장에만 관심을 집중시켰다. 그것이 자신의 일이고 주식시장 외에 다른 것에 주의를 돌리는 것은 집중력을 떨어뜨릴 뿐 도움이 안 된다고 생각했다.

리버모어는 숱한 함정에 빠졌고 그 함정에서 빠져나오려고 무진 애를 썼던 경험으로 말미암아 '고독'을 중시하게 되었다. 외로운 늑대처럼 혼자서 모든 것을 결정하고 행동하는 개인주의 신봉자가 됐다. "그것이 좋은 것이든 나쁜 것이든 간에 내 시장 경험을 다른 사람과 공유하고 싶은 생각은 없다. 그리고 실제로 그렇게 할 수도 없다. 내가 그렇게 한들 누가 신경이나 쓰겠는가! 어차피 내 경험은 다른 사람들의 삶과 아무런 관계도 없는데 말이다. 그리고 어떤 사람이 일을 잘해서 성공하면 대다수 사람은 그 사람을 시기하고 질투하기 바쁘다는 사실을 알게 됐다. 그리고 반대로 일이 잘못돼서 크게 손해라도 볼라치면 은근히 그 사람의 불운을 즐기기까지 한다. 한술 더 떠 누구누구는 주식매매를 하다 빈털터리가 됐다는 사실을 자신의 친구들한테 떠벌리기도 한다. 누구를 탓하겠는가, 오지랖 넓었던 자신이 다 자초한 일인 것을! 자신의 경험을 다른 사람에게 알려줘봤자 득

될 것이 하나 없다. 그러니 침묵이 최선책일 수밖에. 그래서 나는 정확한 판단을 바탕으로 해서 시장에서 승리했을 때만 만족감을 느낀다."

사무장 해리 다치

1923년 10월 5일, 리버모어는 새로운 기법과 이론을 실행하기 위해 브로드웨이 111번지에 있던 사무실을, 주택지구인 5번가 780번지의 헥셔 빌딩으로 옮겼다. 그리고 새 사무실의 구조와 형태에 무척 신경을 썼다. 가능한 한 월스트리트 분위기에 휩쓸리기 싫었고 비밀정보도 차단하고 싶었기 때문이다. 또 자신이 처리하는 업무의 비밀을 유지하고 보안 수준도 높이고 싶었다. 매매 상황을 아무도 모르게 하고 싶었던 것이다. 덕분에 50명이 넘는 중개인들이 리버모어의 매매 현황을 전혀 모르고 있을 때도 있었다.

헥셔 빌딩 내부에는 펜트하우스로 통하는 고속 전용 엘리베이터가 있었다. 리버모어는 펜트하우스, 즉 꼭대기 층 전체를 사무실로 사용했다. 그리고 엘리베이터 앞 사무실에는 일부러 아무런 푯말도 달지 않았다. 사무실 안에는 따로 대기실을 두었고 이 대기실에는 사무장인 해리 에드거 다치의 책상이 놓여있었다.

뉴욕의 언론들은 해리를 두고 생김새로 보나 성격으로 보나 '못생긴 퍼그'가 딱 어울린다는 식으로 표현했다. 키는 190센티미터는 족히 될 듯하고 몸무게는 136킬로그램이나 되는 장승 같은 사내가 전상戰傷의 흔적이 가득한 험상궂은 얼굴로 떡 버티고 서 있었다. 무시

무시한 외모만 봐서는 전혀 그럴 것 같지 않지만 실제로는 굉장히 지적인 사람이라는 사실이 또 외모에 대한 반전이라면 반전이었다.

리버모어는 딱 30분간 면접을 본 후 그 자리에서 해리를 채용했다. 해리는 외항선원으로서 세계 곳곳을 누비고 다닌 경력이 있었다. 게다가 라틴어를 포함하여 6개 국어를 구사하는 재원 중의 재원이었다. 또 못 말리는 독서광에다 다방면에 박학다식하고 행정 및 관리 능력도 매우 뛰어났다. 해리는 철통같은 보안 유지와 함께 그야말로 사무실을 완벽하게 관리해줬다. 그리고 리버모어에 대해 완벽한 충성심을 보여줬고 리버모어와 가족을 확실하게 보호해줬다. 그래서인지 아이들도 해리를 잘 따랐다. 제시 주니어와 폴은 해리가 들려주는 세계 여행담에 흠뻑 빠져 있었다. 해리는 아이들의 비공식 가정교사이자 운전사, 동료, 경호원이었다. 리버모어의 가족이 팜비치에서 지낼 때는 그의 진가가 더욱 발휘되었다.

리버모어의 집무실과 업무 분위기

리버모어의 집무실로 가기 위한 대기실에는 창문도 없었고 의자 몇 개와 해리의 책상이 전부였다. 해리의 뒤쪽으로 리버모어의 사무실로 통하는 문이 있었다. 각 사무실 문에는 어떤 표시도 돼 있지 않았다. 리버모어를 만나러 온 손님이 있으면 먼저 해리가 내선 전화로 리버모어에게 약속 사실이 있는지부터 확인한 다음에 들여보냈다. 그 손님이 누구더라도 예외는 없었다. 약속 사실이 확인되면 그때야 자신의 자리에서 일어나 열쇠로 문을 열고 손님을 들여보냈다. 사실

이러한 절차는 다소 과장된 면이 없지 않았지만, 리버모어의 '집무실'로 들어가기가 얼마나 어려운지를 보여주려는 속셈도 있었다. 그리고 의외로 이것이 잘 먹혔다.

문을 열고 들어가면 널찍한 큰 방이 나타나는데, 온 벽면을 다 차지한 거대한 초록색 칠판이 눈에 들어온다. 칠판 앞에는 좁은 통로가 쑥 튀어나와 있고 네댓 명 혹은 대여섯 명이 이곳에 서서 묵묵히 자신이 맡은 일을 한다. 이 사람들은 칠판에서 각자 맡은 구역이 있다. 이들은 리버모어가 매매하거나 특별히 주시하는 종목 혹은 상품 중에서 각자 맡은 종목을 담당한다.

그들에게는 거의 최상급 대우를 해주었는데, 그들은 입사 시 비밀준수 서약을 해야 했다. 그들의 충성도를 항상 점검하는 것 역시 해리의 몫이었다. 각 시세판 담당 직원은 머리에 헤드폰을 쓰고 있는데 이는 거래소 입회장과 직접 연결돼 있다. 입회장에 있는 사람이 리버모어의 시세판 담당자에게 시세를 불러주면 이들은 곧바로 매수호가, 매도호가, 거래가 등 개별 주식의 거래 현황을 칠판에 적는다. 이들은 티커 테이프는 보지 않았다. 티커 테이프상의 정보는 입회장에서 바로 전해지는 시세보다 많이 느렸다. 그래서 이렇게 입회장 시세를 취하는 쪽이 훨씬 유리했다. 티커 테이프는 최소한 15분 정도 느렸고, 경우에 따라서는 그 시차가 몇 시간이 될 때도 있었다. 리버모어는 될 수 있는 한 최신 시세 정보를 원했다. 젊었을 때부터 '최신' 시세가 얼마나 중요한 정보인지 배웠기 때문이다.

관심 종목이나 상품이 여럿일 때는 '시세판' 담당자를 네 명에서

여섯 명으로 늘리기도 했고, 그들은 점심때를 제외하고는 하루 온종일 좁은 통로 위에 서서 조용히 자신의 일을 했다. 그들이 점심을 먹는 동안에는 대개 해리가 그 일을 대신하기 때문에 시세를 놓치는 일은 없었다. 시세판 담당자들은 항상 동종 업종에서 2개 이상의 종목을 함께 주시한다. 제너럴 모터스를 매매하고 있다면 자동차 업종의 동향을 파악하기 위해 포드나 크라이슬러의 시세도 같이 관찰하는 식이다.

방 중앙에는 커다란 회의용 탁자가 있는데, 반질반질한 마호가니 탁자 주변으로 가죽으로 만든 안락의자 여덟 개가 놓여 있다. 드문 경우이긴 한데 가끔 손님이 참석할 때는 리버모어가 시세판 맞은 편에 앉았다. 손님들이 하는 말을 들으면서 시세를 확인하기 위해서였다. 그리고 사무실로 들어가 은밀하게 매매를 하느라 회의 중간에 나가는 일도 가끔씩 있었다.

널찍한 전용 사무실에는 참나무와 마호가니 벽판이 설치돼있다. 이 벽판은 영국식 고택 서재에서 발견하여 구매한 것이었다. 그 서재에서 벽판을 해체하여 뉴욕으로 공수해온 것이다. 책상도 광택이 나는 거대한 마호가니 책상이었다. 책상 위에는 각각 'IN'과 'OUT' 표시가 된 보관함 그리고 메모지와 연필 이 외에는 아무것도 없었다. 마호가니 책상에 면한 벽면은 시세판과 마주하고 있고 이 벽면에는 투명한 판유리가 달려서 책상에서도 시장 상황이 한눈에 들어왔다. 또 책상 위에는 검은색 전화기 세 대가 놓여 있었다. 하나는 런던 직통 전화고 또 하나는 파리 그리고 나머지 하나는 시카고 곡물 피트거

직통 전화였다.

리버모어는 최신 정보를 제일 먼저 입수하고 싶어 했고 이를 위해서는 얼마든 그 대가를 치를 용의가 있었다. 시장에서는 정보와 지략이 있어야만 승리할 수 있고, 최상의 정보와 최고의 지략을 지닌 장군만이 전쟁에서 승리할 수 있다는 사실을 잘 알고 있었다. 그리고 그는 온갖 소문에 휘둘리는 전쟁은 원치 않았다. 오로지 정확한 정보에 근거한 싸움만을 원했다. 리버모어는 아들 폴에게 이렇게 말하기도 했다.

"폴, 너도 내 사무실에 가끔 왔었고 특히 여름방학에 종종 들렀었지. 사무실에 들르면 시세판 작업을 해도 좋다고 허락한 적도 있었고 말이야. 우리 시세판 담당자들은 암호 사용 훈련을 받은 사람들이란다. 특정 주식의 주가 시세가 갑자기 크게 변동할 때는 그러한 사실을 시세판에 '암호'로 적어두지. 그리고 이 암호의 내용은 나와 시세판 담당자 외에는 아무도 모른단다."

가끔 손님들이 찾아와서는 리버모어에게 이렇게 묻곤 했다. "시세판에 적힌 저 기묘한 부호는 뭐요? 상형문자도 아니고 말이요."

그러면 리버모어는 이렇게 대답했다. "왜요? 나는 잘 알아먹겠는데."

"그럼 나한테 설명을 좀 해줘 봐요."

리버모어는 웃으며 또 이렇게 말했다. "그건 안 돼요. 그걸 알려주면 당신도 나만큼 똑똑해질걸요?"

"어떤 종목을 언제 사고팔아야 할지 그것만 좀 알려줘요."

"종목 추천은 안 한다는 걸 당신도 잘 알잖아요. 그렇지만, 장세가 상승세일지 하락세일지 정도는 말해줄 수 있어요."

"제시, 시장이야 늘 상승세 아니면 하락세 아니요?"

"그렇긴 하지요. 그렇지만 중요한 것은 그 시기가 '언제인가'냐잖아요."

"제시, 그뿐인가요? 상승 혹은 하락하는 종목이 '무엇'이냐도 중요하죠. 어떤 종목은 상승하고 또 어떤 종목은 하락한다는 사실을 잊지 말라고요. 우리가 알고 싶은 것은 어떤 종목이 언제 상승할 것이냐? 이거라고요."

"시장의 일반적 추세를 알면 아마도 훨씬 더 나은 성과를 낼 수 있을걸요."

"제시, 말은 아주 그럴듯하네요. 알맹이가 없어서 그렇지요."

: 시세판 - '돈'이라는 교향곡을 연주하는 악보

한번은 리버모어가 사무실에서 아들 폴과 이야기를 나누고 있었다. "폴, 돌아서서 시세판 쪽을 봐라."

그러자 폴이 돌아서서 시세판 담당자들이 노련한 안무가처럼 시세판 앞 좁은 통로를 왔다 갔다 하면서 일하는 모습을 지켜봤다.

"훌륭한 지휘자에게 악보가 있다면 나한테는 저 시세판이 있는 것이지. 내 눈에는 저 시세판에 적힌 암호 같은 표시가 아주 눈에 쏙쏙 들어온다. 나한테는 말이다. 그 부호들이 생생한 심장박동이고 율

동이고 맥박이다. 이것들이 모여 아름다운 음악이 되는 거지. 내 눈에는 이것의 의미가 훤히 들여다보인다고나 할까? 나한테는 저 시세판이 마치 음악처럼 살아 움직이는 그 무엇이라서 서로 소통할 수가 있단다. 관현악단의 명 지휘자가 오랜 세월 악보와 씨름하던 그 세월이 있어 악보를 쉽게 읽을 수 있듯이 나 역시 시세판과 열심히 씨름하며 인내한 세월이 있었기에 암호가 눈에 쏙쏙 들어오는 것이다. 내가 시세판을 볼 때 어떤 기분인지는 지휘자만이 정확히 알 수 있을 것이다. 지휘자가 모차르트의 곡을 정확히 연주할 때 그런 것처럼 내가 시세판을 보며 그 의미를 되새길 때 바로 그런 느낌이 든다. 시세판과 그 담당자들은 내 앞에서 교향곡을 연주하는 것이란다. 돈이라는 교향곡 말이다. 나는 그 사랑스러운 음악에 푹 빠져드는 것이다."

폴은 그날 오후 내내 아버지가 들려주는 이야기를 열심히 듣고 배웠다. 아버지가 하는 말은 한마디라도 놓칠세라 열심히 귀담아들었고, 아버지가 하는 말은 다 믿었다. 자신의 감정 표현에 인색한데다 혼자 생각하고 행동하는 데 익숙해 있던 아버지, 더구나 자식에 대한 애정을 겉으로 내색하는 법이 거의 없었던 아버지와 그렇게 친근한 대화를 나누는 일은 좀처럼 없던 일이었다.

영화에서 2개의 구도가 정확히 일치하는 경우가 없듯이 시세도 마찬가지다. 그러니 영화의 한 장면 한 장면을 놓치지 않고 계속 봐야 하는 것처럼 주가 테이프를 계속해서 주시하면서 그 의미를 해석하는 것이 자신의 일이라고 리버모어는 생각했다. 주가에 관한 개별적 메시지가 시세 테이프에서 나와 눈 깜짝할 사이에 대뇌로 들어간다. 리버모어는 5영업일부터 20영업일까지의 기간에 주가가 5포인트에서 20포인트의 변동을 보일 때 이를 유심히 관찰했다. 또 3포인트 및 6포인트의 상승 및 하락 흐름도 눈여겨 관찰했다. 그 모든 요인이 주식시장의 전반적 흐름을 형성하기 때문이었다.

시장은 항상 최소 저항선을 따라 움직인다. 그러다가 상승 혹은 하락 추세를 저지하는 힘과 맞닥뜨리게 된다. 이 힘은 처음에는 감지할 수 없을 정도로 서서히 진행되다 결국은 거스를 수 없는 강한 힘이 되어 기존 추세를 정지시키는 역할을 한다. 수익을 낼 기회는 바로 이러한 핵심 접합점에 존재한다. 리버모어는 이 지점을 '전환점'이라고 불렀다. 경험이 별로 없는 '트레이더'들은 전환점이 형성되는 중일 때는 이러한 지점들을 포착하기 어렵다. 전환점 형성이 완료되고 시장 추세가 완전히 돌아섰을 때에야 비로소 그러한 상황을 인지하게 되는 경우가 대부분이다. 노련한 주식 트레이더라면 이러한 전환점에 따라 행동하고 완벽한 심리적 시점에서 자신의 포지션을 설정할 수 있어야 한다. 때로는 이러한 방향에서 선택한 업종이 그 당시로는 비인기 업종일 수도 있고 새롭게 떠오르는 업종 혹은 앞으로 유망하게 될 업종일 수도 있다.

노련한 주식 트레이더라면 자신의 감정을 통제할 줄 알아야 하고 항상 현재가 아니라 미래를 바라보고 행동해야 한다. 특히 과거를 기준으로 행동하는 것은 절대 금물이다. 그러므로 수정 구슬을 들여다보듯, 시세 테이프를 정확히 읽을 줄 아는 사람은 떠오르는 업종을 알아볼 수 있을 것이다. 이러한 업종은 새로운 반등 국면에 신 지배 종목으로 자리 잡을 것이다.

사람들은 리버모어를 두고 즉각적으로 행동하는 사람이라고 생각했다. 그러나 이는 사실과 다르다. 리버모어는 장기적인 추세뿐 아니라 소폭의 변동 혹은 단기적 추세에도 높은 관심을 보였던 것뿐이다. 사실 그는 시세 테이프에 드러난 주가 흐름의 모든 방향에 다 관심을 보였다. 트레이더라면 테이프에 나타난 정보가 어떤 의미인지 파악하려고 노력해야 한다. 리버모어는 명탐정 셜록 홈즈처럼 사고하려고 노력했다. 즉 수수께끼를 풀 단서는 항상 코앞에 있는 법이다. 그러니 코앞에 놓인 그 단서의 의미를 파악하고 침착한 추리를 통해 수수께끼의 정답을 찾아내야 한다. 물론 이렇게 하려고 시도하는 사람은 많지만 성공하는 사람은 거의 없다.

'평정심', '인내심', '침묵' 이 세 가지야말로 일류 트레이더가 갖춰야 할 감정의 핵심 덕목이다.

: 인내심과 신중함을 유지하라

공포심은 엇나간 행동을 하게 한다. 즉 모든 것이 부정적이다 싶을 때 매수 포지션을 취하도록 부추기고 모든 것이 완벽하게 희망적이다 싶을 때 매도 포지션을 취하게 한다. 리버모어는 항상 어떤 것이든 다른 사람들이 그것을 알기 전에 자신이 먼저 알아내려고 노력했다. 그래서 직원들에게 침묵을 지시했고 또 자신의 사고에 영향을 미칠 만한 누군가와 이야기하는 것도 삼갔다.

리버모어는 대하락 국면 혹은 강력한 상승 추세의 정점에서 전환점이 포착됐다 싶으면 그 지점에서 포지션의 크기를 늘리고 포지션을 수개월간 유지했다. 경우에 따라서는 그 기간이 1년이 되기도 했다. 자신의 판단이 옳았다고 판명날 때까지 그 포지션을 유지하는 것이다. 일반 경기가 회복되고 이들 종목의 수익률이 이전 수준으로 회복되기까지는 시간이 걸린다. 그러므로 신 반등세에서 주식 포지션의 크기를 늘리든 아니면 매매 하락세에서 매도 포지션을 취하든 어떤 결정을 내리든 간에 인내와 신중함이 반드시 필요하다. "나는 15세에 주식매매를 시작했고 이후 이것이 내 삶의 중심이 되었다. 운이 좋게도 1907년의 시장 붕괴를 시간 단위까지 거의 정확하게 예측한 덕분에 큰돈을 벌었고 그 때문에 J.P. 모건이 특별히 내게 사람을 보내 공매도를 중지해달라고 부탁했을 때는 정말 마음이 뿌듯했었다. 물론 나는 그 요청을 받아들였다."

리버모어는 1907년의 시장 대폭락기 동안에도 운이 최고조에 달했을 때는 하루에 300만 달러를 벌었다. 1921년에도 최저 바닥권에서 매수 포지션을 취하여 엄청난 이익을 냈다. 마지막으로, 1929년 대공황기에는 너무 일찍 매도 포지션을 취했다. '자동차' 업종이 흔들리는 것을 감지하고 매도 포지션을 취하기 시작했는데 너무 빨리 행동을 취한 탓에 25만 달러 이상의 손실을 봤다. 그러나 결국 휘청대던 자동차 업종이 대공황 상황에서 나락으로 곤두박질치면서 나머지 선도주에서도 진짜 반전 전환점이 형성됐다. 그 당시 리버모어는

세시 리버모어의 주식투자 바이블

적극적으로 매도 포지션을 취했고, 포지션 크기를 늘려나가며 1929
년의 시장 붕괴기 동안 엄청나게 큰돈을 벌었다. 언론과 대중은 리
버모어를 시장 붕괴의 원흉으로 지목했다. 그러나 리버모어는 그것을
터무니없는 소리로 받아들였다. 혼자 힘으로 시장을 부추겨서 시장
이 원치 않는 그 어떤 일을 억지로 하게 만들 수 있는 사람은 아무도
없기 때문이었다.

: 중요한 것은 '거래량'이다

리버모어는 거래량을 상당히 중요시했다.

"나는 근 40년 동안 매매를 해왔고 그동안의 숱한 경험을 통해
직관력이 상당히 발달했다는 점을 기억하기 바란다. 그러나 직관만
으로 모든 것이 가능했던 것은 아니다. 지금 돌이켜보면 이 모든 경
우에 내 앞에 나타난 단서들이 명백한 사실을 말하고 있었다. 내가
가장 중요하게 생각한 것은 거래량이었다. 나는 매일 매물이 어떻게
소화되는지, 또 저항의 수준은 어떤지 열심히 관찰했다. 거래량은 항
상 내 주요 관심거리였다. 이 거래량 정보는 티커 테이프에서 입수했
다. 내가 거래량에는 관심이 없는 줄 아는 사람이 꽤 있다. 내 사무실
에 왔을 때 시세판에 거래량에 관한 표시가 없는 것을 보고 그렇게
생각한 사람들이 있는 것 같았다. 그러나 실제로 거래량 정보는 내
머릿속에 담아두거나 장이 마감될 때 그 수치를 점검한다. 혹은 내

사무장인 해리를 시켜 내가 특히 관심을 둔 종목의 최종 거래량을 대표 장부에 기재하게 한다."

리버모어는 주식에 투자하는 사람들을 특별한 선도자 없이 우르르 몰려다니는 물고기 떼로 보았다. 그들은 자신이 위험에 빠졌다는 공포감에 사로잡히면 재빨리 방향을 획획 바꿔 움직이곤 했던 것이다. 수백만 명의 참여자로 구성되는 주식시장은 두 가지 주요 감정을 토대로 의사결정을 하는데, 희망과 공포가 바로 그것이다. 그런데 희망은 탐욕에서 비롯되고 공포는 무지에서 비롯되기도 한다. 이 모든 것이 의미하는 바는 주식시장을 움직이는 핵심 요인은 지적인 분석이나 합당한 이유 등이 아니라 인간의 '감정'이라는 것이다. 이 부분을 이해한다면 성공적인 트레이더에 한발 더 다가갈 수 있을 것이다. 이 점을 항상 염두에 두고 눈앞에 보이는 것의 이면을 바라볼 줄 알아야 한다.

모든 사람이 본질적으로는 같은 정보를 접한다. 그런데 자신이 입수한 정보를 어떻게 해석하느냐에 따라 누구는 돈을 벌고 또 누구는 돈을 잃는다. 이 점을 꼭 기억해야 한다.

: 전환점을 찾아내는 능력

리버모어는 장기 추세에서 반전 전환점과 같은 주요 전환점을 찾아내는 능력이야말로 주식 트레이더가 갖춰야 할 가장 중요하고도 결정적인 자질이라는 사실을 알게 되었다. 시장 침체기와 호황기에 정확한 진입 및 청산 시점을 찾아낼 수 있었다면 더 큰돈을 벌었을 것이 틀림없다. 성공적인 트레이더는 이 모멘텀을 찾아내고 이 방향, 즉 최소 저항선의 방향에 따라 매매하기 때문이다. 매수든 매도든 어느 쪽 포지션을 취하든 문제가 될 것은 없었다. 시장은 세 번 중 한 번은 상승하고 세 번 중 또 한 번은 하락하고 나머지 한 번은 횡보세를 나타내기 마련이다.

어떤 주식에 대해 매수 포지션을 취했는데 주가가 천장을 찍는 바람에 기분이 최고조에 달할 수 있다. 그러나 그러한 흥분은 매도 포지션을 취했을 때도 경험할 수 있다. 특정 주식에 애증을 표하는 사람들이 꽤 되겠지만 리버모어는 어떤 주식에든 특별한 감정이 없었다. 예를 들어, 제너럴 모터스에 대해 매수 포지션을 취해 이익을 냈다고 해서 그 종목을 특별히 아끼거나 소중하게 생각하지 않았다. 주식이 그저 자신의 예상 그대로 움직여줬던 것뿐이다. 같은 맥락에서 주가가 하락할 때 매도 포지션을 취해 이익을 낼 수 있다면 바로 매도 포지션을 취할 것이다. 그렇다고 해서 리버모어가 제너럴 모터스를 특별히 미워한 것도 아니었다! 주식 자체는 인간과 감정적으로 교류할 만한 존재가 아니기 때문이다.

: 모든 것은 투자자의 책임

이 세상에는 좋은 주식도 나쁜 주식도 없다. 다만 투자자에게 돈을 벌어주는 주식만 있을 뿐이다. "저 종목은 정말 나한테 딱 맞아" 혹은 "저 종목은 정말 나하고는 상극이야. 그래서 내가 저 종목 근처에도 안 가는 거잖아"라고 말하는 투자자들이 종종 눈에 띈다. 하지만 정작 그 종목은 투자자의 이런 생각에는 아랑곳없이 제 맘대로 움직인다. 어떤 결과가 나타나든 그것은 전적으로 트레이더의 판단에서 비롯된 것이며, 그 결과에 대해서는 어떠한 변명도 필요치 않다. 간단히 말해 시장 진입 결정을 내린 것도 청산 결정을 내린 것도 다름 아닌 트레이더 혹은 투자자 자신이라는 말이다. 문제는 그 판단이 맞았느냐 아니면 틀렸느냐다. 리버모어는 종종 이렇게 말하곤 했다.

"모든 트레이더가 경계해야 할 것은 바로 오만이다. 주가가 내가 예측했던 것과 반대로 움직인다면 자신의 판단이 '잘못'됐음을 인정하고 그 즉시 포지션을 청산해야 한다. 그런데 매매할 때 가끔은 잘못된 판단을 할 때도 있다는 사실을 망각하는 트레이더가 상당히 많다. 자신의 판단이 잘못됐다 싶으면 그 즉시 포지션을 청산하는 것이 성공하는 트레이더로 가는 지름길이다."

미숙한 트레이더가 빠지기 쉬운 함정이 또 하나 있다. 주요 매매 주기상에서 천장과 바닥을 정확하게 포착하려 한다는 것이다. 매매를 하다 보면 시장에서 나와 제3자의 위치에서 시장을 주시하며 기다려야 할 때가 있다. 천장과 바닥 시점을 정확하게 예측하는 것은

제시 리버모어의 주식투자 바이블

매우 중요하다. 그러나 신중한 자세를 취하는 것이 그보다는 백배 더 낫다. 일단 시장에 진입하게 되면 자신이 취한 포지션의 방향으로 편향된 시각을 갖게 되므로 한걸음 물러서서 시장이 자신에게 유리한 추세를 형성할 때까지 잠자코 기다리는 일이 이처럼 시장에 진입한 상태에서는 훨씬 어렵다.

자신이 지금 매수 포지션을 취하고 있다면 무의식적으로 상승세에 눈이 갈 것이고 반면에 매도 포지션을 취했다면 역시 무의식적으로 하락세에 더 경도될 것이다. 우리 모두의 마음속에는 희망이 자리하고 있다. 희망을 품는 것은 인간의 본성이라는 점을 기억하라. 리버모어가 가끔 모든 포지션을 청산하고 현금 포지션을 취한 상태에서 시장을 재평가하는 이유가 바로 여기에 있다. 이렇게 청산이 잦으면 수수료 부담이 있기는 하지만 리버모어는 이것을 최종 목표를 야무지게 달성하는 데 필요한 약간의 보험료 정도로 생각했다. 모든 종목이 동시에 천장에 도달하지는 않지만, 특정 업종 내 종목들이 동시에 천장에 도달하는 경우는 가끔 있다. 이것이 리버모어가 주목하는 선도 업종의 전반적 추세다.

관심을 갖고 지켜보면 상승 추세의 원동력은 돈의 가용성, 시장 참여자의 감정과 실제 태도 그리고 이들 참여자가 주식의 매수와 매도 중 어느 쪽에 더 치우치느냐 하는 부분이라는 사실을 관찰할 수 있다. 그래서 리버모어는 가능한 한 주의 깊게 돈의 흐름을 추적하곤 했다. 그리고 시장을 움직이는 것은 수백만 시장 참여자들이 시장에 대해 어떻게 생각하느냐 혹은 어떻게 말하느냐가 아니라 이들이 실제로 어떻게 '행동'하느냐에 달려 있다는 사실도 관찰했다. 실질적인 매수 혹은 매도로 대표되는 참여자의 시장 행동은 모두가 그 즉시 시세 테이프에 나타나게 마련이다. 문제는 이 정보를 어떻게 해석하느냐이다.

"시세 테이프의 내용을 제대로 해석하는 것이 내 일이자 천직이고, 이 세상에서 내가 가장 즐기는 일이기도 하다. 이 수수께끼를 푸는 일은 언제나 나를 매료시켰다. 수수께끼를 푸는 자체가 돈이 되지는 않는다. 다만, 이 수수께끼를 풀면 그 보상으로 돈이 생긴다. 내 인생에서 몇 번 경험했지만, 이 문제를 풀지 못한 것에 대한 형벌이 바로 파산이었다. 가장 어려운 일 중 하나가 바로 시장 추세를 예측하는 것인데도 겉으로 보기에는 매매가 참 쉬워 보인다는 것이 투자자들이 가장 빠지기 쉬운 함정이다. 그 중심에 인간의 본성이 자리하고 있어서 문제가 더욱 심각해진다. 인간의 본성은 통제하기도 또 극복하기도 어렵기 때문이다. 내 아들들에게 수차례 말한 적이있듯이 나는 내가 스스로 정한 규칙을 어겼을 때는 손실을 봤고, 규칙을 엄격히 따랐을 때는 이익을 냈다."

: 언론 보도 내용을 대하는 자세

리버모어는 언론 보도 내용을 전적으로 신뢰하지 않았다. "나는 신문에서 읽은 내용 전부를 의심의 눈초리로 바라보는 편이다. 기사

내용을 액면 그대로 믿지는 않는다. 기사에서 뭐라고 말하든 간에 그 속에 숨겨진 내용이라든가 내 판단을 뒷받침해줄 만한 정보를 찾으려고 한다. 시장에는 수많은 사람의 태도가 반영돼 있다는 사실을 잘 알고 있다. 그래도 나는 기사의 행간을 읽으며 스스로 시장을 나름대로 판단하려고 한다. 특히 신문을 읽을 때처럼 어떤 상황에서든 혼자서 판단하려고 하는 이유가 바로 여기에 있다."

자사 홍보를 위해서 자사 주식을 매수 혹은 매도하도록 대중을 설득하려는 목적으로 언론을 이용하는 사람들이 꽤 많다. 대주주라든가 공동출자자 혹은 내부자 등이 특히 이러한 방식을 자주 사용하는데, 리버모어는 신문 기사를 볼 때 다음과 같은 두 가지 관점을 유지한다고 밝혔다.

첫째, 특정 주식과 관련하여 이 기사가 주식 트레이더의 의견과 행동에 즉각적이고 직접적인 영향을 미치는지를 파악하려고 한다.

둘째, 새로운 소식이 특정 종목의 매수 및 매도에 어떤 영향을 미치는지 알아내고자 실제 주식 시세를 관찰한다. 기사에 대한 판단이 틀릴 때도 있지만, 그 소식이 정말로 중요한 것이라면 결국에는 그 사실이 시세 테이프에 반영될 것이다.

리버모어는 실제 소식이 시세에 어떻게 반영되는지 알아보려고 매의 눈으로 시세 테이프를 주시했다. 그는 신문에 게재된 새로운 소식의 의미를 해석하고 앞으로 일어날 일을 예측한다는 '기자' 혹은 '비평가論客'라는 사람들의 말을 귀담아듣지 않았다.

"내 경험상 시세 테이프는 대중이 새 소식에 어떻게 반응하는지에 관한 실질적인 사실을 보여주기 때문에 테이프를 그냥 객관적으로 관찰하는 편이 훨씬 낫다. 시세 테이프에 드러난 실질적 사실은 기자 혹은 비평가의 의견보다 훨씬 유용한 지표가 된다. 시세 테이프를 관찰하고 테이프에 나타난 사실 정보에 반응하는 것은 노련한 트레이더의 몫이다. 시세 테이프를 읽고 테이프가 전하는 말을 귀담아들어라. 테이프 안에 진실이 담겨있다."

: 손절매

참고: 다음의 대화 내용은 리처드 스미튼이 쓴《역전의 승부사 제시 리버모어The amazing Life of Jesse Livermore》에서 발췌한 것이다. 제시 리버모어, 월터 크라이슬러Walter Chrysler: 크라이슬러 모터스, 에드 켈리Ed Kelley: 유나이티드 프루트, 콜먼 듀퐁T. Coleman Dupont: 듀퐁패밀리 그리고 에드 브래들리Ed Bradley 등이 미국에서 가장 오래된 불법 도박장인 팜비치에 있는 브래들리의 카지노에서 나눈 대화다.

"제시, 월스트리트에 밀 매매와 관련하여 자네 소문이 떠돌고 있더군. 점심이나 함께하면서 그 얘기 좀 들려주지."

"미국에서 밀 수요가 과소평가됐다고 해서 조만간 밀 가격이 오를 것으로 생각했지. 그래서 내가 전환점이라고 말하는 그 지점이 오기를 기다렸다가 때맞춰 밀 500만 부셸을 매수한 거야. 한 700만 달러어치쯤 될걸. 밀을 매수하고 나서는 시장을 열심히 관찰했지. 그러나 시장이 영 굼뜨더군. 시장이 여전히 침체해 있었어. 그렇지만, 밀 가격이 내가 매수했던 가격 이하로는 떨어지지 않았어. 그러던 어느 날 아침에 시장이 상승하기 시작했고 며칠 후에는 상승 추세가 강화되면서 또 다른 전환점이 형성되더군. 한동안 그러한 상태를 유지하다가 어느 날 거래량의 폭주와 함께 다시 상승세가 나타났어. 좋은 신호다 싶어서 500만 부셸에 대해 추가 매수주문을 냈고, 주문은 이전 주문보다 높은 가격에 체결됐지. 이전보다 높은 가격에 주문이 체결됐다는 것은 시장 최소 저항선이 상승하고 있다는 의미이므로 이는 내게는 유리한 신호였지. 500만 부셸에 대한 두 번째 매수주문은 첫 번째 때보다 체결하기가 훨씬 어려웠어. 이 또한 내게는 유리한 신호고 말고. 어쨌거나 미리 정했던 포지션인 1,000만 부셸을 다 채우고는 시장에서 물러 나와서 시장을 다시 지켜보기 시작했지. 시장은 여전히 호황이었고 몇 개월 동안 꾸준히 가격이 상승하더군. 평균 매수가격에서 25센트 올랐을 때 이익을 실현했어. 그런데 이게 큰 실수였다고." 리버모어는 바닷가재 샐러드가 나오자 잠시 말을 멈추고 두 번째 샴페인의 마개를 열었다.

월터 크라이슬러가 말했다. "제시, 250만 달러나 이익을 냈는데 대체 뭐가 실수라는 거야?"

"월터, 그러니까 내가 시장에서 발을 빼고 나서 지켜보니 사흘 동안 20센트가 더 오르더라, 이거야."

"아직도 잘 못 알아듣겠어." 크라이슬러가 말했다.

"대체 그때 내가 뭘 두려워했던 걸까? 밀을 팔 이유가 전혀 없었는데 말이야. 그때는 그저 이익을 실현하고픈 마음밖에 없었나봐."

"그래도 그 정도면 꽤 괜찮은 성과 아니야? 내가 그 정도였으면 얼씨구나 했을 텐데 말이지." 에드 켈리가 거들었다.

"알았어, 좀 더 쉽게 설명하지. 경마장에 간 사람에 관한 우스갯소리가 있잖아. 어떤 사람이 경마장에 가서 복승식 경주에 돈을 걸었는데 여기서 돈을 따지. 그런데 딴 돈 전부를 세 번째 경주에 걸었는데, 또 돈을 따. 이 사람은 딴 돈 전부를 계속해서 다음 경주에도 걸었어. 그리고 그때까지 딴 돈 10만 달러를 마지막이자 여덟 번째 경주에 전부 걸었지. 그런데 이번에는 그 돈을 몽땅 잃고 말았다고."

"아하!" 크라이슬러가 고개를 끄덕였다.

"그리고 그 사람은 경마장에서 나와서 친구 한 명을 만나지. 친구가 이렇게 물었어. '오늘은 어땠어?'"

"이 사람은 웃으면서 이렇게 대답해. '뭐, 나쁘지 않았어. 오늘은 겨우 2달러를 잃었거든.'"

이 말을 듣자 모두가 웃었다. "아, 그 얘기? 그런데 그것하고 밀 매매하고 대체 무슨 상관이 있단 말이야?" 크라이슬러가 물었다.

"말하자면 나는 경마장에서 딴 그 돈, 그러니까 내 매매 이익금을 잃을까봐 걱정했던 거라는 말이지. 그 걱정에서 벗어나는 데 필요한 행동을 했던 거지. 장부상의 이익을 너무 일찍 실현한 것이 큰 실수였지. 내가 매매에서 얻었던 그 이익금을 잃을까 걱정했던 것 빼고는 밀 포지션을 청산할 이유가 전혀 없었던 거지."

"걱정하는 게 뭐가 잘못이란 말이야?" 듀퐁이 물었다.

세시 리버모어의 주식투자 바이블

"그래서 그다음에는 어떻게 했어, 제시?" 켈리가 물었다.

"음, 밀 매매에서 얻은 이익을 실현한 다음에 내가 큰 실수를 저질렀다는 것을 깨달았어. 그 매매를 끝까지 끌고 갈 용기가 없었던거지. 매도신호, 그러니까 진짜 결정적인 매도신호가 나타날 때까지 기다릴 용기가 없었던 거야."

"그래서……?"

"내가 최초 포지션을 청산할 때의 가격보다 평균 25센트가 더 높은 가격 수준에서 시장에 재진입했지. 30센트가 더 오르더라고. 이것은 위험 신호야. 아주 강력한 위험 신호였지. 그래서 부셸당 2.06달러에 근접한 가격으로 밀 선물을 매도했어. 약 1주일 후쯤에는 부셸당 1.77달러에 팔렸어."

"그래도 나보다는 결단력이 있는 편이네. 그 정도면 됐다 싶은데 그 이상은 욕심 아냐?"

"에드, 자네가 과일시장을 예측하는 방식이나 내가 주식시장이나 선물시장을 예측하는 것이나 매한가지지. 그리고 내가 첫 매도를 할 당시에는 약세 신호가 전혀 나타나지 않았어."

"그다음에 매도할 때는 처음보다 매도주문을 체결하기가 더 어려웠고, 그래서 이때는 가격 하락의 징후를 확실히 느낄 수 있었지. 가격 정점에 달했다는 분명한 신호 말이야. 시세 테이프는 경고 신호를 항상 내보내지. 노련한 투기자라면 이것을 항상 주시해야 하고 말고."

"음, 내가 자네 이야기를 듣기 좋아하기는 하지만 말이야, 여기 있는 에드 브래들리만큼이나 당신도 꽤 운이 따르는 사람이라는 생각이 가끔 든단 말이지." 크라이슬러가 이렇게 덧붙였다.

"월터, 약간의 행운은 말이지, 아무도 다치게 하지 않아." 리버모어가 잠시 말을 멈추고 좌중을 둘러보았다. "내가 말하는 것은 말이야, 큰 행운이 한 번에 몰아쳐올 때가 무섭다는 거지."

이 말에 모두가 한바탕 웃었다.

: 감정을 통제할 수 있는 의지

이 부분에 관한 한 리버모어는 친구이자 도박사인 에드 브래들리와 의견을 같이했다. 타이밍과 자금관리 부분 못지않게 중요한 것이 감정통제라는 것이다. 무언가를 아는 것과 그것을 실행하는 것은 다른 문제다. 그리고 그것을 실제로 행할 의지가 있다는 것은 또 다른 이야기다. 이는 주식시장에도 그대로 적용된다. 물론 우리 인생에도 마찬가지로 적용되는 말이다. 이러한 부분을 제시 리버모어보다 더 잘, 그리고 더 많이 아는 자가 누가 있겠는가! 리버모어는 아들들에게 이렇게 설명했다.

"자신이 정한 규칙을 따르는 훈련을 하는 것이 매우 중요하다. 효력을 검증받은 확실한 원칙 없이는 투기매매에 성공할 가능성이 매우 낮다. 왜냐하면 계획 없이 매매에 나서는 투자자는 실행 가능한 전투전략 없이 전쟁에 임하는 장군과 다를 바 없기 때문이란다. 확실한 계획 없이 시장에 나서는 투자자는 시장이 휘두르는 무기 앞에서

갈팡질팡 헛발질만 하다가 결국은 패하고 말 것이다."

주식투자는 이성만이 아니라 감성의 지배도 받는 분야라는 것이 리버모어가 내린 결론이다. 주식시장이 순수 이성만이 지배하는 곳이라면 벌써 오래전에 누군가가 그 사실을 알았을 것이다. 투자자라면 누구나 자신의 감정을 분석할 줄 알아야 한다고 주장하는 이유가 바로 여기에 있다. 그래야만 자신이 견딜 수 있는 스트레스의 수준을 알아낼 수 있다. 모든 투자자가 다르고 인간의 정신 상태도 모두 다르며 성격도 각기 다른 법이다. 리버모어에게 트레이더로서 성공하려면 어떻게 해야 하느냐고 묻는 사람들에게 그는 항상 "투자에 나서기 전에 먼저 자신의 감정적 한계부터 알아내라"고 답을 해주곤 한다. 현재의 주식 포지션 때문에 불안해서 잠을 이루지 못한다면 발 뻗고 편히 잘 수 있는 수준만큼만 보유하고 나머지는 팔아 치우라는 말과 함께.

현명하고 신중하며 필요한 시간을 기꺼이 투자할 의지가 있는 사람은 월스트리트에서 성공할 수 있다. 다른 사업과 마찬가지로 주식매매 역시 하나의 사업이라는 사실을 인식한다면 이런 사람들은 주식매매로 큰돈을 벌 가능성이 크다.

주식시장의 모든 주요 움직임 뒤에는 저항할 수 없는 힘이 존재한다. 투자자로서 성공하려면 이와 같은 사실을 알아야 한다. 주식의 실제 움직임을 주시하고 이에 따라 행동해보라. 전 세계에서 일어나는 사건, 현재 사건, 경제적인 사건 등을 바탕으로 주식시장의 움직임을 파악하기는 너무 어렵다. 주식시장은 이러한 사건들보다 늘 앞서가기 때문이다. 주식시장은 현재 속에서 작동하는 것도 현재를 반영하는 것도 아니다. 시장은 아직 오지 않은 미래를 반영하여 움직인다. 때로는 일반 상식이나 전 세계의 사건과 정반대로 움직이기도 한다. 마치 사람들을 골탕먹이도록 설계된, 시장 고유의 정신세계가 있는 것처럼 말이다. 결국 시장이 왜 그렇게 움직였는지 그 이유는 나중에야 드러날 것이다.

그러므로 현재의 경제지표나 경제 소식, 사건을 기준으로 주식시장의 움직임을 예측하려 하는 것은 상당히 어리석은 일이다. 구매관리자보고서The Purchasing Managers Report, 국제수지Balance of Payments, 소비자물가지수Consumer Price Index, 실업률, 하다못해 각종 소문 등까지 이미 시장에다 반영되어 있기 때문이다. 그렇다고 해서 리버모어가 이러한 사실정보를 무시했다거나 이러한 사실들을 전혀 몰랐다는 얘기는 아니다. 리버모어는 범세계적 사건, 정치적 사건, 경제적 사건 등에 대해정보를 수집하고 잘 알고 있었다. 그러나 이러한 사실들은 그가 시장을 '예측'하려 할 때 사용하는 정보들이 아니었다.

시장이 이미 움직인 후에야 경제 논객이라고 하는 사람들이 달려들어 그 상황을 설명하고, 상황이 다 정리되고 나서야 역사가들은 경제적, 정치적, 세계적 사건 등을 재조명하면서 시장이 움직인 실질적인 원인이 무엇인지 밝혀내려 한다. 그러나 그때는 이미 돈을 벌기에는 너무 늦어버린다.

경제 소식을 분석하는 것과 관련한 문제들 가운데 하나는 이것이 마음속에 어떤 '암시'를 심어줄 가능성이 있고 이러한 암시는 잠

세시 리버모어의 주식투자 바이블

재의식적으로 자신이 다루어야 할 시장 현실을 정서적으로 왜곡하는 위험 요소로 작용할 수 있다는 데 있다. 이러한 암시가 논리적인 근거를 가질 때도 있지만 그렇다고 이것이 진실이고 따라서 시장에 영향을 미칠 것이라고 단정할 수는 없다.

리버모어는 사람들이 왜 주식시장에서 돈을 버는 것에 대해 쉽다고 생각하는지 이해하지 못했다. 그는 친구이자 유나이티드 프루트 컴퍼니United Fruit Company의 사장인 에드 켈리에게 과일 사업의 비결을 말해달라거나 월터 크라이슬러에게 자동차 사업에 관해 말해달라고 한 적이 없다. 말해준다고 해도 자신은 아마 잘 이해하지 못할 것이라고 생각했다.

같은 이유로 그는 사람들이 자신에게 "어떻게 하면 주식시장에서 쉽게 돈을 벌 수 있나요?"라고 묻는 이유를 이해하지 못했다. 리버모어는 속으로 '당신이 시장에서 어떻게 돈을 벌 수 있는지 내가 어떻게 알겠는가?'라고 생각하며 답변을 피하곤 했다. 그는 이것은 마치 "어떻게 하면 뇌수술로 쉽게 돈을 벌 수 있나요?"라든가 "어떻게 하면 살인 사건 변호를 통해 쉽게 돈을 벌 수 있나요?"라고 묻는 것과 다를 바 없다고 표현했다. 경험상 이러한 질문에 답을 찾으려고 하는 과정 자체가 그 사람의 감정에 어떤 영향을 미치게 된다. 이런 질문에 답하려면 어떤 쪽이든 자신의 확고한 입장을 정해 자신의 생각을 피력하고 또 방어해야 하기 때문이다. 문제는 그러한 생각들은 시장 상황에 따라 언제든 바뀔 수 있다는 사실이다.

그러나 맨해튼 섬에 소재한 이 주식시장이 세계 최대 '금광'이라는 것은 누구나가 알고 있는 사실이다. 이 금광은 매일 문이 열린다. 이 금광에서는 찾아온 사람의 일부 혹은 전부를 수직 갱도를 통해 지하 깊숙한 곳으로 불러 내린 다음에 그럴만한 자격이 있는 사람에게 금괴로 가득 찬 외바퀴 손수레를 남겨준다. 그 가운데 리버모어도 있다. 금광은 그곳에 분명히 존재한다. 그리고 어떤 이는 매일 깊은 지하 갱도로 들어간다. 작업 종료를 알리는 종소리가 들릴 때쯤이면 거지에서 왕자가 되는 사람도 있고 왕자에서 더 큰 권력자가 되는 사람도 나오고 또 개중에는 왕자에서 비천한 거지로 몰락하는 사람도 나오게 된다. 그리고 금광은 사람들을 기다리면서 항상 그 자리를 지키고 있다.

통제할 수 없는 인간의 기본 감정이라는 것은 실재하며, 이러한 감정은 투자자의 최대 적이다. 희망, 공포, 탐욕은 언제든 행동을 개시할 준비 태세를 갖추고는 우리의 마음 한편에 늘 자리하고 있다. 이것도 리버모어가 '강세' 혹은 '약세'라는 단어를 사용하지 않는 이유 가운데 하나다. 이 단어들은 투자자의 마음속에 특정한 시장 방향에 관해 편향적 시각을 심어줄 수 있기 때문에 아예 쓰지 않았다. '강세장' 혹은 '약세장'이라는 말은 트레이더에게 고정관념을 심어준다. 그래서 사실이나 상황에 변화가 있는데도 필요 이상으로 오랫동안 시장의 추세나 흐름을 맹목적으로 따를 가능성이 있다.

명백한 추세라 해도 그렇게 오랫동안 유지되지는 않는다. 사람들이 시장 정보를 물어오면 리버모어는 시장은 현재 '상승 추세' 혹은 '하락 추세' 혹은 '횡보 추세'라고 말해주곤 했다. 또 '최소 저항선'이 현재 상승 추세라거나 하강 추세라고 말하기도 했다. 그는 그렇게밖에 말해줄 수 없다고 했다. 그렇게 해야 시장 행동의 변화에 따라 자신의 판단도 변화시킬 수 있는 융통성을 유지하게 되기 때문이다. 그는 절대로 시장 추세를 '예측'하거나 '예상'하려고 하지 않았다. 다만, 시장이 행동으로써 자신에게 말해주는 그것에 따라 '반응'할 뿐이었다.

리버모어는 다음에 어떤 일이 벌어질지에 관한 단서가 항상 존재한다고 굳게 믿었다. 그 단서는 바로 시장 행동에 있다. 미래에 전개될 것이라 여겨지는 예측된 행동이 아니라 지금 현재 시장에서 실제로 벌어지는 행동에 그 단서가 있다. 어떤 면에서 보면 트레이더는 마치 탐정처럼 자신에게 주어진 사실 정보를 이용하여 수수께끼를 풀어야 한다. 그러나 명탐정이 그렇게 하듯이 자신이 수집한 사실 정보에 대한 증거를 찾아 그 사실을 확증해야 한다. 이때 필요한 것이 감정이 배제된 이성적 분석이다.

그리고 리버모어는 특정 주식의 움직임에 개의치 않는 몇 안 되는 투자자 가운데 한 사람이었다. 그는 단지 '최소 저항선'에 반응할 뿐이었다. 리버모어에게 주식매매는 '시장과의 한판 대결'이므로 주가 흐름은 그에게 중요치 않았다. 사실 리버모어를 두고 '월스트리트의 큰 곰'이라 칭하는 이유 가운데 하나는 시장의 부적否的 측면, 즉 하락 추세에 승부를 걸 만큼 용기 있는 투자자가 그리 흔치 않았기 때문이었다.

주가가 급속히 그것도 별안간 하락할 때는 그러한 주가 하락을 공포심이 주도하게 된다. 반대로 주가가 상승할 때는 희망이 그러한 흐름을 뒷받침한다. 사람들이 주가가 오를 것이라고 기대하면 매도세력의 행동이 둔해진다. 사람들이 주가가 하락할 것을 두려워할 때는 서둘러 주식을 투매하게 된다. 주가 하락이 더 빠른 그리고 더 신속한 시장 행동을 유발하는 이유가 다 여기에 있다. 그러므로 만약에 공매도 게임을 하는 경우라면 빠르고 급작스러운 시장 패턴과 상황에 좀 더 신속하게 반응할 수 있어야 한다.

주식매매에서 '좋은' 방향이라는 것은 존재하지 않는다. 매수 포지션이든 매도 포지션이든 간에 매매에서 '이익을 내주는' 방향인지 아닌지만이 중요할 뿐이다. 통상 공매도는 본질적으로 낙관적이고 긍정적인 인간의 본성에 반하는 게임이다. 주식시장에서 공매도 게임을 하는 투기자는 4% 미만이라고 본다. 공매도에는 손실 규모에 제한이 없으므로 극히 위험한 게임임에 틀림이 없다. 공매도 위주로 매매하려면 극도의 감정통제가 요구된다.

그러나 시장의 전체 흐름을 보면 3분의 1은 상승하고 3분의 1은 하락하며 나머지 3분의 1은 횡보세를 나타낸다. 시장이 상승할 때만 매매에 임한다면 나머지 3분의 2의 기간이 제공할지도 모를 기회를 아예 놓치게 된다. 그것이 좋은 것이든 나쁜 것이든 간에 리버모어는 헛된 희망을 품고 마냥 기다리고만 있는 그런 사람이 아니었다. 리버모어는 주식시장에서 매매하기를 원했고 손실을 내는 경우보다 이익을 내는 경우가 더 많기를 바랐다.

주식시장에서 투기매매를 하는 사람은 수백만 명에 달하지만, 이 가운데 투자에 전 시간을 할애하는 사람은 별로 없다. 그러나 리버모

어의 경우는 달랐다. 그는 투기매매가 직업이었다. 아니, 수많은 사람
이 달려들어도 결국 성공하는 사람은 별로 없는 그 일이 어쩌면 리
버모어의 천직이었을지도 모른다.

: 비밀정보를 경계하라

감정통제 부분에서 투자자들이 가장 힘겨워하는 것이 바로 비밀
정보에 관한 것이다. 리버모어가 상업지구가 아닌 주택지구로 사무
근거지를 옮긴 것도 이와 같은 이유에서였다. '확실한 정보' 혹은 '내
부정보'라면서 도움을 주겠다는 사람들로부터 떨어져 있기 위해서였
다. 리버모어는 내부정보와 비밀정보는 무조건 경계하고 싶어 했다.

비밀정보의 원천은 매우 다양하다. 리버모어는 아주 오래전에 미
국 유수 기업의 회장한테서 비밀정보를 입수한 적이 있다. 그레이트
넥에 있는 그의 집에서 저녁 파티를 열었을 때 회장과 대화를 나누
며 얻은 정보였다.

"요새 회사 일은 잘 되나요?" 리버모어가 회장에서 물었다.

"네, 아주 좋아요. 이제 겨우 호전될 기미를 보였답니다. 그동안
아주 심각한 정도는 아니었지만 좀 힘들었거든요. 그런데 이제 좀 숨
통이 트이는군요. 사실 1주일 내에 분기별 실적 보고서가 나오는데
그 내용을 보면 아마 깜짝 놀랄 정도로 대단할 겁니다."

리버모어는 그 사람을 좋아했고 또 믿었다. 그래서 다음 날 아침

에 시험 삼아 그 회사 주식 1천 주를 매수했다. 실적 보고서 내용은 회장이 말한 그대로였다. 주가는 상승했고 기업의 수익은 이후 3분기 내내 계속해서 증가했다. 주가가 계속 상승세를 이어갔기 때문에 내심 안심이 됐다. 그런데 얼마 후 상승세가 멈추더니 마치 폭포수처럼 주가가 곤두박질치기 시작했다. 리버모어는 회장에서 전화를 걸어 물었다. "주가가 하락해서 불안한데 어찌 된 거요? 무슨 일이 있는 겁니까?"

그러자 회장이 말했다. "주가가 하락한 것은 나도 알고 있어요. 그러나 우리는 이것을 통상적인 조정으로 봐요. 어쨌거나 우리는 지금까지 근 1년 동안 상승세를 지속해오지 않았습니까?"

"영업실적은 어떤가요?"

"음, 판매실적이 약간 떨어진 것은 사실이에요. 아마도 이 소식이 밖으로 새어 나간 것 같아요. 이 소식이 악재로 여겨지는 바람에 주가가 영향을 받은 것 같아요. 공매도 세력이 주가 하락을 주도했다고 봐요. 그렇지만 다음 반등 국면에서 다시 상승세를 회복할 것이라고 봅니다."

"혹시 회장님 지분을 매도하고 있는 것은 아닌가요?"

"그건 절대로 아닙니다! 이 세상에 우리 회사 주식보다 더 안전한 투자처가 어디 있다고요?"

그런데 리버모어는 이 회사의 내부자들이 실적 저조의 냄새를 맡자마자 다투어 주식매도에 나서면서 주가 하락을 부채질했다는 사실을 나중에야 알게 되었다. 리버모어는 속이 쓰리기는 했지만, 그로

인해 힘들어하지는 않았다. 다 자신의 어리석음과 탐욕의 대가라고 생각했기 때문이다. 기업의 이사쯤 되면 이들은 이미 자사 홍보 요원이나 마찬가지고 자사에 긍정적인 소식만 들이댈 뿐이다. 그들은 주주나 경쟁자에게 자사에 관한 '장밋빛' 정보가 실은 거짓이라는 말을 절대 하지 않는다. 아니 할 수 없는 사람들이다. 이러한 잘못된 진술과 거짓말은 사실 '자기 보존적' 행동에 불과하다. 이것은 정치인을 포함하여 최고경영자의 필수적 업무이기도 하다.

그렇다면 투자자들이 주목하는 기업의 최고경영진과 주주의 행동을 주시하는 것 또한 자기 보존적 행동이다. 그래서 리버모어는 내부자 정보에 의지했다가 낭패를 본 이후로는 해당 기업의 상황에 관해 내부자에게 물어보는 일은 절대로 다시 하지 않았다. 해당 주식의 흐름을 관찰하기만 해도 되는데 그 사람들한테서 반은 거짓인 정보, 뭔가 구린 구석이 있는 진술, 부정확한 계획 등을 듣기 위해 시간을 낭비할 필요는 없는 것이다! 모든 진실은 주가 흐름에 담겨 있다. 누구나 그리고 모두가 볼 수 있는 시세 테이프에 그러한 정보가 담겨있는 것이다.

리버모어는 주식시장에 관심이 있는 사람들에게 작은 노트를 가지고 다니면서 시장 전반에 관한 흥미로운 정보를 기록하고 이를 바탕으로 자신만의 매매전략을 세우라고 조언했다. 그리고 그 노트에 가장 먼저 '내부 정보라면 어떤 것이든 다 경계하라!'는 글귀를 써놓으라고 했다.

: 열심히 그리고 꾸준히 노력하라

투기매매에서 성공할 수 있는 유일한 방법은 열심히 그리고 꾸준히 노력하는 것이다. 설사 눈먼 돈이 널려 있다 해도 그 돈을 당신에게 건네주는 사람은 아무도 없다. 리버모어는 항상 수수께끼를 풀고 시장과의 '게임'에서 이기는 데서 만족감을 느꼈다. 돈은 그러한 행위에 따르는 보상일 뿐이다. 즉 돈은 투자자가 시장을 사랑하는 주된 이유가 될 수 없다. 주식시장은 지금까지 창조된 것 가운데 가장 거대하고 복잡한 수수께끼이며 이 수수께끼를 풀기만 하면 상상할 수 없을 정도의 큰돈을 만질 수 있다. 한 경주에서 이길 수는 있지만 모든 경주에서 이겨 그 경마판을 완전히 장악할 수는 없다. 한주식에서 이익을 낼 수는 있지만, 월스트리트 전체를 상대로 매번 이길 수는 없다. 그 누구도 이것은 불가능하다.

사람들은 리버모어의 직감에 대해 항상 궁금해했다. 특히 유니언 퍼시픽Union Pacific 철도주 매매와 관련한 이야기나 샌프란시스코 지진이 발생한 이후에 이와 관련한 질문을 많이 받았다. 그러나 리버모어는 자신의 직감이 특별한 것은 아니라고 생각했다. 경험 많은 투기꾼의 직감, 혹은 자신의 아버지와 같은 농부의 직감이나 마찬가지라고 생각한 것이다. 그는 농부야말로 이 세상에서 가장 뛰어난 도박사라고 생각했다. 매년 작물을 재배하고, 농작물밀, 옥수수, 면화, 콩 등의 가격을 예측하고, 재배할 작물을 선택하고, 날씨와 병충해 상황을 예측하고, 농작물에 대한 예측 불가능한 수요 상황을 점쳐 보는 등등. 그보다 더 투기적인 일이 세상에 또 어디 있겠는가!

비단 농업뿐 아니라 모든 사업이 다 마찬가지다. 20년, 30년, 40년 동안 밀 혹은 옥수수를 재배하고, 소를 키우고, 자동차를 생산한 사람이면 자신의 사업 분야에서 어떤 육감이나 직감 혹은 경험에서 우러나온 예감 같은 것을 갖게 된다. 리버모어는 자신 역시 그들과 다르지 않으며, 자신에게 있다는 그 직감 역시 그러한 종류의 예감과 다를 바 없다고 생각했다.

"내가 다른 대다수 투자자들과 다른 점이 있다면 내 그 '직감'이 옳다는 확신이 들면 지체하지 않고 바로 행동에 나섰다는 것이다. 1929년 시장 대폭락 당시에도 그랬다. 그 당시 나는 100만 주에 대해 매도 포지션을 취하고 있었다. 따라서 가격이 1포인트만 상승하거나 하락해도 수백만 달러가 왔다 갔다 하는 상황이었다. 그렇게 큰돈이 걸린 상황에서조차 나를 움직이게 하는 것은 '돈'이 아니었다. 나를 움직이는 동력은 다름 아닌 '게임' 그것이었다. 인류 역사상 최고라 일컬어지는 대단한 인물들도 쩔쩔매게 할 만큼 어렵고 복잡한 수수께끼를 풀어 게임에서 승리를 거두는 것, 그것이 나를 움직이는 힘이었다. 월스트리트에서 활동하는 모든 투기자에게 활기차고 역동적인 수수께끼였던 그 게임에서 이기고자 하는 열정과 도전 의식 그리고 그 과정에서 느끼는 흥분이 나를 움직였다."

투자자에게 매매는 군인에게 전투와 같은 것이다. 또 직관이 발휘돼야 하는 고도로 지적인 작업이고 모든 감각과 신경이 온통 곤두서는 데다 걸린 상금은 어마어마한 그러한 게임이다.

리버모어는 아들들에게 항상 자신이 가장 잘할 수 있는 일을 택하라고 말하곤 했다. 그리고 리버모어 자신이 제일 자신 있어 하는 부문은 바로 투기매매였다. 그는 월스트리트에서 오랫동안 활동하면서 큰돈을 벌었다. 그런데 그렇게 번 돈을 플로리다 부동산, 항공사, 유전, 새로운 발명을 토대로 한 '기적'의 신제품 등에 투자했다. 이러한 선택은 하나같이 실패로 끝났다. 리버모어는 투자하는 족족 그 돈을 다 잃었다.

훈련, 확실한 전략, 명료한 계획 등이 없이 덤비는 투자자는 시장이 파놓은 감정이라는 덫에 걸려들기 쉽다. 그래서 이 주식 저 주식으로 옮겨 다니면서 손실 포지션은 너무 오래 붙들고 있고, 반대로 이익 포지션은 그 이익을 실현하지 못할까 하는 두려움 때문에 너무 빨리 청산해버리기 쉽다는 사실을 명심해야 한다.

탐욕, 공포, 성급함, 무지, 희망 등의 감정은 결국 투자자의 정신을 지배하려 할 것이다. 그리고 이렇게 수차례 실패를 거듭하고 나면 사기가 저하되고, 풀이 죽고, 낙담하여 시장 그리고 그 시장이 제공할 기회를 지레 포기하게 된다.

"자기 나름의 전략과 시장 접근법을 개발하라. 나는 트레이더의 길을 먼저 걸었던 사람으로서 현재의 혹은 장래의 트레이더에게 감히 조언을 하는 것이다. 내가 빠졌던 그 함정에 여러분이 빠지지 않도록 안내자 역할은 해줄 수 있다. 그러나 내가 할 수 있는 일은 여기까지다. 결국 어떤 결정을 내리든 그것은 전적으로 여러분의 몫이다."

21세기 시장에서 제시 리버모어처럼 주식 매매하는 법

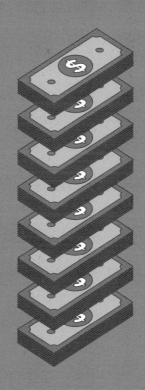

: 컴퓨터 활용 - 트레이딩 시스템 미리 보기

실시간 주식시장 정보 공급장치에 연결된 컴퓨터 시스템상에서 제시 리버모어의 시장 매매기법을 조만간 활용할 수 있게 될 것이다. 이 공급장치는 15분의 시차를 둔 실시간 데이터베이스를 공급한다. 리버모어 시스템은 두 가지 기준에 따라 '리버모어처럼 매매하기'라는 콘텐츠를 제공한다.

첫 번째 선택지는 가상 주식시장의 세계로 들어가는 것이다. 가상 세계에서는 가상 화폐를 사용한다는 것 외에 모든 것이 실제와 똑같다. 시스템 참여자는 자신의 몫으로 가상 화폐 10만 달러를 받게 된다. 리버모어는 '실제로 돈을 걸어보지 않으면 자신의 판단이 옳은지 그른지를 검증할 수 없다'라고 믿었다. 두 번째 선택지를 택하면 참여자가 실제 돈을 사용하여 주식시장에서 매매할 수 있다. 이 장에서는 이 소프트웨어 프로그램이 어떻게 실행되는지를 조금만 맛보일 생각이다.

제시 리버모어는 차트를 전혀 사용하지 않았다. 대신에 수리적 분석을 통해 결론을 도출했다. 그러나 그도 이용 가능한 정보의 양을 늘리고 정확성을 높이기 위해서라면 최신 방법과 기술을 총동원했을 것이다. 또한 자신의 수학적 이론과 더불어 도표 분석을 사용하는 것이 합리적이라 생각했을 것이다. 물론 도표 분석에는 차트분석도 포함됐을 것이다.

TDTTop Down Trading: 하향식 매매

'하향식 매매' 개념은 단순명쾌하다. 특정 주식을 매매하기 전에 먼저 다음 사항들을 검토하라는 것이다. 비행에 임하기 전에 '비행 전 점검목록'을 살펴보는 조종사처럼 말이다.

TMThe Market: 시장

현재 시장의 전반적 흐름에 관한 최소 저항선을 점검하라. 리버모어는 '강세' 혹은 '약세'라는 단어를 절대로 사용하지 않았다는 사실을 기억하라. 이러한 단어는 고정관념을 형성하여 사고의 융통성을 떨어뜨리는 역할을 하기 때문이다. 리버모어는 이 대신에 '최소 저항선'이라는 용어를 사용했다. 그리고 현재의 최소 저항선이 긍정적인

나스닥지수

OmniTrader Chart　　　　　　Symbol: $NASD - Nasdaq Otc Index　　　　(DAILY)
Relative Data Range, 250 periods back from market date (9/2/99 8:30:00 AM - 8/17/00 8:30:00 AM)

지, 부정적인지, 중립적_{횡보}인지를 확인했다. 매매에 나서기 전에 다우 지수, 나스닥_{장외시장} 지수, 아멕스_{아메리카증권거래소} 지수 등과 같이 주식을 매매할 그 시장의 지수부터 확인하라. 시장에 진입하기 전에 최소 저항선이 자신의 매매 방향에 일치하는지부터 살펴야 한다.

TIG_{The Industry Group: 업종}

업종의 흐름을 살펴보라. 예를 들어, ATT 매매를 고려하고 있다면 원거리 전기통신 업종을 살펴보라. 할리버튼_{Haliburton: 석유 시추 관련 기업}에 관심이 있다면 먼저 석유개발 업종부터 살펴보라. 하라엔터테인먼트_{Harrah Entertainment: 카지노 업체} 주식을 매매하고 싶다면 도박 업종부터 살펴보고, 이 업종이 올바른 방향으로 움직이고 있는지 확인하라. 다시 말해 이 업종의 최소 저항선이 자신이 선택한 종목을 매매했을 때 이익

인터넷 업종

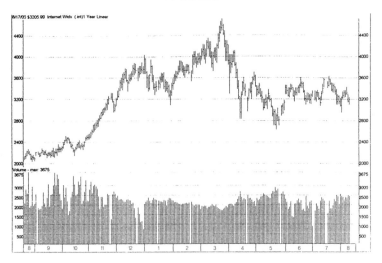

제시 리버모어의 주식투자 바이블

이 나는 방향으로 전개되고 있는지 확인하라.

TT Tandem Trading: 직렬 매매

자신이 주목하는 종목과 자매주의 흐름을 살펴보고 이 둘을 비교하라. 제너럴 모터스를 매매할 생각이라면 자매주인 포드나 크라이슬러의 주가 동향을 살펴보라. 베스트 바이Best Buy: 가전 유통업체에 관심이 있다면 자매주인 서킷시티Circuit City: 가전 및 전자제품 판매 업체의 동향을 살펴보라. 직렬 매매를 하려면 동종 업종에서 최소한 두 종목을 골라 그 동향을 살펴봐야 한다.

개별 종목에 대한 최종 분석을 통해 매매할 종목을 결정한다. 개별 주식에 대한 '실사實査'는 투자자의 책임이자 의무다. 실사라는 최

야후/아메리카 온라인

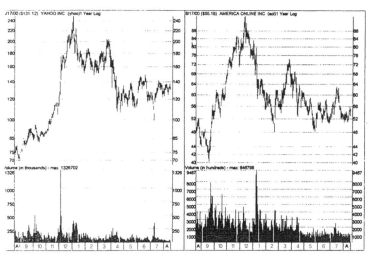

하향식 매매 차트 정리: 나스닥, 인터넷, 야후, 아메리카 온라인

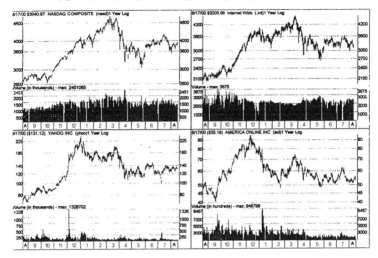

종 단계는 길을 거슬러 올라가는 행위가 아니라 내리막길을 죽 타고 내려오는 행위와 비슷하다. 이 과정은 매매하고자 하는 그 주식을 겨냥하여 매수의 '방아쇠'를 당기기 전에 마음을 바꿀 수 있는 마지막 기회인 셈이다. 이 마지막 단계는 다른 누구도 아니 자기 자신이 직접 수행하여 스스로 마무리해야 한다. 다른 누구의 돈이 아닌 바로 자신의 돈이 걸린 행위이기 때문이다.

: 리버모어식 매매를 확정하는 공통 차트

RPP 반전 전환점

리버모어는 반전 전환점을 주식을 매수할 완벽한 심리적 시점이

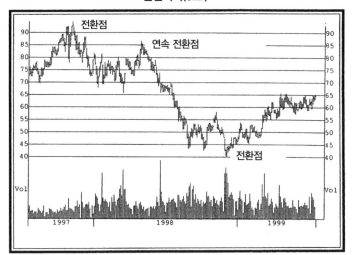

슐럼버거는 주당 86달러로 고점을 찍고 하락 반전을 확증했던 1998년 중반에 전환점의 연속 현상을 나타냈다. 이 사례에서는 1998년 말 주당 40달러 선에서 전환점이 나타났다.

라고 정의한다. 이는 추세가 반전되는 지점이다. "반전 전환점은 시장에서의 기본적 흐름의 변화로서 새로운 움직임이 시작되는 완벽한 심리적 시점이며, 기본 추세의 주요한 변화라고도 할 수 있다."

CPP연속 전환점

연속 전환점은 특정한 흐름이 조정을 받았거나 동일한 상승 추세가 유지됐음을 확증하는 것이다. 이는 특정 추세가 강화되는 시기라고도 볼 수 있다. 이는 다음과 같은 두 가지 의미가 있다.

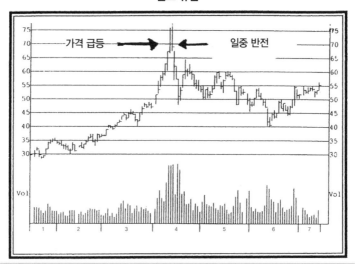

증권회사인 찰스 슈왑은 단 3일 만에 주가가 15포인트 이상 상승하는 이른바 '가격 급
등' 현상을 일으켰다. 3일간 상승하던 주가는 마지막 날 장 마감이 임박하여 상승세가
꺾이면서 주가가 하락했고 결국 당일 저가 수준에서 장이 마감됐다. 다음 날 장이 열리
면서 주가는 더욱 하락했다. 이러한 일중 반전은 거래량의 증가와 함께 나타나는 경우
가 종종 있다. 리버모어는 이를 심각한 '위험 신호'로 간주했다.

- 기본 추세가 변하지 않았다는 것을 확증한다.
- 매수 포지션을 취하거나 기존 포지션을 늘릴 기회를 제공한다.
  그러나 주가가 상향 돌파한 후에만 포지션의 크기를 늘려야
  한다는 점을 명심하라.

S가격 급등

가격 급등은 추세 막바지에 가격이 급격히 상승하는 것을 말한
다. 거래량 폭증과 함께 3일 연속 혹은 그 이상으로 가격이 폭등한다.

이는 반드시 경계해야 할 신호이며, 결코 좋은 소식은 아니다.

ODR일중 반전

리버모어는 일중 반전을 다음과 같이 정의한다. "일중 고점이 전일 고점보다 높지만, 장 마감 시 종가는 전일 종가보다 낮고 당일 거래량은 전일 거래량보다 많을 때 일중 반전이 나타난다. 이는 반드시 경계해야 할 신호다!"

: 추세 반전의 가능성이 있는 주요 위험 신호

BOCB고정선 돌파

높은 거래량과 함께 고정 구간에서 탈피하는 것은 일반적으로 주가 흐름상 변화를 예고하는 신호다. 이 고정선 패턴은 다양한 형태를 취할 수 있다.

BONH신고점 돌파

높은 거래량과 함께 고점이 돌파되어 신고가가 경신되는 상황에 주목하라. 이전에도 설명했다시피 공급이 과도한 상태에서 주가가 신고가를 경신했다는 것에 큰 의미가 있다. 대다수 사람들은 고가에서 주식을 샀는데 가격이 하락하면 그 주식을 팔려 하지 않을 것이다. 대신에 주가가 반등하여 매수가격 수준으로 오를 때까지 기다린다.

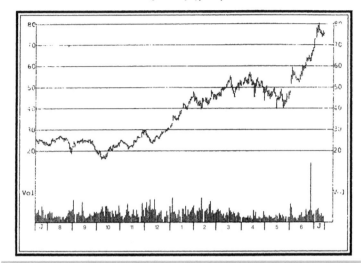

전자제품, 가전제품, 오락 소프트웨어 유통업체인 베스트 바이는 오랜 기간 고정됐던 30달러 선을 1998년 12월에 상승 돌파했으며 이후 상승세가 계속되어 신고가를 형성하기에 이르렀다.

기다리고 또 기다리다가 마침내 주가가 구 고점 수준에 이르면 주주들이 다투어 매도에 나섬에 따라 시장에서 대량 분산 현상이 나타난다. 결국에 해당 주식의 매물이 모두 소진되고 이에 따라 주가가 상승하기 시작하여 신고가를 경신하게 된다.

BV대량 거래

리버모어는 거래량을 핵심지표로 간주했다. 트레이더로 성공하고자 하는 사람 역시 거래량을 중요시해야 한다. 거래량은 특정 시장다우, 나스닥이나 업종 및 특정 주식에서 거래되는 주식의 수를 나타낸다.

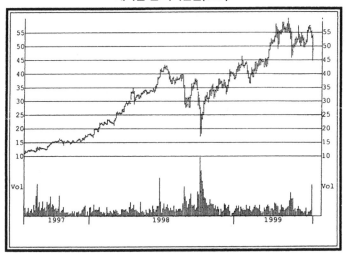

10월 초에 나타난 캐피털 원 파이낸셜의 기록적인 거래량과 주가 급락은 '높은 거래 량-주가 바닥'의 형태를 극명하게 보여주고 있으며 이는 하락 추세가 끝났음을 알려주 는 신호다. 거래량이 추세 반전을 확증해주는 핵심적 신호로 작용하기도 한다는 점을 명심하라.

거래량은 공급과 수요 상황을 나타내는 지표다. 상승장이나 상승 업 종에서 거래량이 증가한다면 이는 매집이 이루어지고 있다는 의미 다. 이와는 반대로 주가가 하락하는 데 거래량이 증가한다면 이는 주 식이 매도되고 있고 따라서 분산이 이루어지고 있다는 의미다. 거래 량은 1일 및 1주일 단위로 점검해야 한다.

　리버모어는 거래량이 통상적 주간 거래량에서 50% 이상 증가한 주식을 특히 눈여겨 관찰했다. 거래량에 관한 계산은 리버모어의 머 릿속에서 이루어졌다. 리버모어는 자신의 사무장 해리 다치에게 자 신이 주목하는 주식의 장 마감 시 거래량을 장부에 기록하게 했다.

제시 리버모어의
주식 매매기법 정리

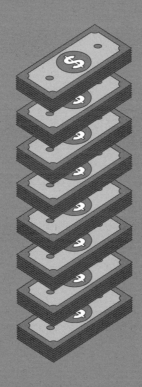

투자자로 성공하려면 다음 세 가지를 항상 염두에 두어야 한다.

- **시장 타이밍:** 시장에 진입할 때와 청산할 때를 알아야 한다. 리버모어의 친구이자 팜비치에 소재한 카지노의 사장 에드 브래들리가 늘 하던 말과 같은 맥락이다. "패를 쥐고 있어야 할 때와 엎고 포기해야 할 때를 알아야 한다."
- **자금관리:** 돈을 잃지 마라. 투자 밑천 혹은 생명줄을 잃지 마라. 현금이 없는 투기자는 재고가 없는 상점 주인과 같다. 투기자에게 현금은 곧 재고이고, 생명줄이고, 가장 친한 친구다. 현금이 없으면 사업을 할 수 없다. 이 생명줄을 놓치지 마라!
- **감정통제:** 시장에서 성공하려면 우선 간단명료한 전략이 있어야 하고 이 전략을 줄곧 고수해야 한다. 모든 투자자는 주식시장에서 투기매매를 하기 전에 우선 자신의 감정 특성에 맞춤한 노련한 전투 계획을 세워야 한다. 투자자가 해야 할 가장 큰 과제는 자신의 감정을 통제하는 일이다. 주식시장을 움직이는 것은 이성, 논리 혹은 순수 경제학 같은 것들이 아니라는 사실을 기억하라. 주식시장을 움직이는 것은 인간의 본성이며 또 이 본성은 절대 변하지 않는다. 그것이 어떻게 변하겠는가, 그것이 우리의 천성인 것을!

리버모어는 "직접 돈을 걸지 않으면 자신의 판단이 옳은지 어떤지를 알 수 없다"고 말했다. "자신의 돈으로 직접 매매를 해보지 않으면 자신의 판단이 옳은지 그른지를 시험해볼 수 없다. 그렇게 하지 않으면 자신의 감정을 시험해볼 기회가 없기 때문이다. 그리고 그는 주식시장의 방향을 좌우하는 것은 이성이 아니라 감정이라고 굳게 믿는다. 인생에서 가장 중요한 사건이 사랑, 결혼, 출산, 전쟁, 성생활, 범죄, 열정, 종교 등인 것처럼 말이다. 이성이 사람을 움직이는 경우는 매우 드물다. 그렇다고 해서 매출, 수익, 국제 사회의 상황, 정치, 기술 등이 주식의 최종 가격에 아무런 영향도 미치지 않는다는 것은 아니다. 물론 이러한 요소들도 관련이 있다. 시장 지수라든가 개별 주식의 가격에 이러한 요소들이 반영될 수 있다. 그러나 극단적으로 가격 지수를 이끌어내는 것은 늘 감정이라는 요소였다. 리버모어는 순환을 믿었다. 인생의 순환 주기와 시장의 순환 주기를 믿었다. 그런데

5년간의 나스닥 차트

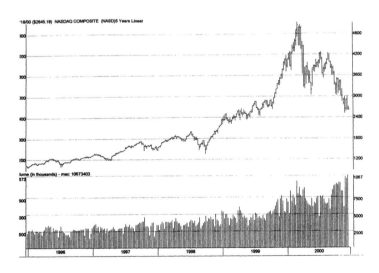

가끔은 아주 극단적인 상황이 벌어지기도 한다. 순환 주기는 대양의 파도에 비유할 수 있다. 상황이 좋을 때는 밀물이고 상황이 나쁠 때는 썰물로 보면 된다. 이러한 순환 주기는 예측할 수 없는 방식으로 다가온다. 그리고 주기가 좋은 것이든 나쁜 것이든 간에 절제, 침착함, 인내 등으로 순응해야 한다. 노련한 투자자는 시장 상황에 관계없이 돈을 벌 수 있다. 내가 그랬던 것처럼 투자자가 시장의 상승과 하락 양 측면에서 모두 매매 포지션을 취할 의지만 있다면 말이다."

: 시장 관련 규칙

리버모어는 주식시장이 절대 호락호락하지 않다는 사실을 오래 전에 깨달았다. 시장은 마치 수많은 사람을 골탕 먹이려는 목적으로 탄생한 곳인 것만 같다. 다음에 이어지는 리버모어의 시장 규칙은 종종 인간의 본성을 거스르는 사고에 바탕을 두고 있다.

- 신속하게 손절매하라.
- 목표 포지션을 다 채우기 전에 먼저 자신의 판단이 옳은지부터 확인하라.
- 포지션을 청산해야 할 합당한 이유가 없다면 이익 실현을 미루고 포지션을 계속 유지하라.
- 선도주를 따르라. 다만 새로운 시장 환경에서는 선도주가 바뀔

수 있다는 점을 명심하라.

- 관심 종목의 수를 제한하라.
- 신고가 경신은 돌파가 이루어질 가능성이 크다는 신호다.
- 저가주는 큰 폭의 주가 하락 이후에 저가주 대열에 합류하는 경우가 종종 있다. 그리고 이러한 주식은 가격이 계속 하락하거나 가격 회복의 가능성이 거의 없다. 그러므로 저가주에는 눈길도 주지 마라!
- 전환점을 이용하여 추세 변화와 추세 확정을 확인하라.
- 시세_{시장}에 맞서려 하지 마라!

주식시장 분석은 곧 주기 분석이라 해도 과언이 아니다. 순환 주기가 변할 때 새 주기는 기존 모멘텀이 약해질 때까지 새로운 추세 안에 머물러있다. 움직이는 물체를 갑자기 멈춰 세우면 움직이던 방향으로 쏠리면서 서게 되듯이 말이다. 추세를 거슬러서는 안 된다. 절대 시장에 맞서려 하지 마라.

자유 시장 체계에서는 가격은 항상 변동한다! 계속 상승하는 법도 계속 하락하는 법도 없다. 시장 추세에 예민한 투기자에게는 매우 반가운 소식이다. 시장의 양 측면에서 매매를 시도할 수 있기 때문이다.

:타이밍 규칙

- 큰돈은 머리로 생각하는 데서 나오는 것이 아니라 '참고 기다리는' 데서 나온다. 매매에 나서기 전에 모든 요건이 내게 유리해질 때까지 기다려라. 하향식 매매원칙을 따르라. 일단 포지션을 취했으면 그 흐름이 유지되는 한 섣불리 이익을 실현하지 말고 꾹 참고 기다려야 한다. 물론 쉽지 않은 일이다. 조정 국면에서 평가 이익이 증발될까 두려워 빨리 이익을 실현하고 싶은 혹은 공매도분을 커버하고 싶은 유혹에 시달릴 것이다. 이러한 유혹을 극복하지 못한 숱한 투기자가 수백만 달러를 공중으로 날려버렸다. 시장에 진입할 때 또 포지션을 청산할 때는 그럴 만한 확실한 이유가 있는지 확인한 다음에 행동에 나서야 한다. 이렇게 할 능력이 있느냐에 따라 큰돈을 벌수 있느냐 없느냐가 판가름 난다.

- 모든 요건이 내게 유리하다고 판단될 때에 한해서 매매에 나서라. 시장에 줄곧 발을 담그고 있으면서 매번 이익을 낼 수 있는 사람은 없다. 때로는 시장에서 완전히 벗어나 있을 필요가 있다.

- 잘못된 판단을 했을 때 이를 극복할 수 있는 유일한 길은 그 잘못된 상황에서 벗어나는 것뿐이다. 곧바로 손실 부분을 감수하고 손을 털어라. 시간을 낭비하지 마라. 주가가 심리적 손절매 수준 이하로 떨어졌을 때는 곧바로 그 주식을 매도하라.

- 어떤 측면에서 보면 주식의 행동은 공격적인, 소극적인, 다혈질적인, 극도로 예민한, 직선적인, 논리적인, 예측이 가능한, 예측이 불가능한 등등 온갖 성격을 드러내는 인간과 비슷하다. 그러므로 사람들을 분석하듯 주식을 분석하라. 그러다 보면 특정 상황에서 주식이 어떤 반응을 나타낼지 예측할 수 있게 되고 따라서 이것이 주가 움직임의 시점을 예측하는 데 유용한 정보가 된다.

- 유동성이 낮은 포지션을 청산할 기회가 왔을 때 이 기회를 놓치면 엄청난 대가를 치르게 된다.

- 큰돈을 벌 기회가 왔을 때 이 기회를 놓치는 것만큼 통탄할 일은 없다.

- 주가가 좁은 구간 내에서 제자리걸음을 하는 시장 상황에서 시장이 언제 그리고 어떤 방향으로 움직일지를 미리 예측하거나 기대하는 것은 매우 위험하다. 시장 지수 혹은 주식 가격이 어떤 방향으로든 이 횡보 구간을 벗어날 때까지 기다려야 한다. 절대로 섣불리 예측하지 마라! 시장 자신이 추세를 확정해 줄 때까지 기다려라. 시장을 거스르려 하지 마라. 최소 저항선을 따르라. 증거를 따르라.

- 특정 주식의 가격이 어떻게 움직일지를 예측하는 데 시간을 낭비하지 마라. 그 시간에 시세를 열심히 주시하라. 시세가 가리키는 '그것'에 바로 해답이 있다. 시세에 드러난 내용의 '이유'를 알아내려고 애써봐야 소용이 없다. 주식시장의 주요 움직

임 뒤에는 거부할 수 없는 힘이 존재한다. 그리고 이 힘은 지금이 아니라 나중에 드러날 가능성이 크다. 투자로 성공하고 싶으면 이 점을 반드시 알아야 한다.

- 주식시장은 상승하거나 하락하거나 제자리걸음이거나 셋 중하나다. 상승세에서든 하락세에서든 이익을 낼 수 있다. 매수포지션 혹은 매도 포지션을 취해 양측에서 이익 기회를 노릴수 있다는 의미다. 어느 쪽을 취하든 상관이 없다. 다만 감정은 반드시 배제해야 한다. 시장이 횡보장을 형성할 때는 시장에서 벗어나 휴가라도 떠나라.

- '일중 반전'은 위험 신호다. 일중 고점이 전일 고점보다 높지만, 장 마감 시 종가는 전일 종가보다 낮고 당일 거래량은 전일 거래량보다 많을 때 일중 반전이 나타난다. 이를 반드시 경계하라!

- 매매한 주식의 흐름이 자신이 기대했던 것과 반대 방향으로전개된다면 신속하게 그 주식을 매도하라. 이러한 상황이 전개됐다는 것은 판단이 잘못됐다는 것을 의미한다. 그러므로 속히 손절매하라.

- 매매를 하기 전에 가능한 한 많은 요건이 자신에게 유리해질때까지 참고 기다려라. 인내야말로 돈을 벌 수 있는 비결이다.

- 가격이 급락한 주식의 주가 흐름을 관찰하라. 주가가 신속히반등하지 못하면 주가가 더 하락할 가능성이 있다. 이 주식에내재적 취약점이 있다. 이유는 나중에 드러날 것이다.

- 시장은 미래 시점을 기준으로 작동한다. 현재의 사건은 이미

시장에 모두 반영돼 있다.

- 기본 추세가 시작되는 지점이자 추세가 변하는 지점을 '전환 점'이라 한다. 전환점은 주식을 매수할지 아니면 매도할지를 알려준다. 추세의 변화를 포착할 수만 있다면 여기서 큰 이익을 낼 수 있다.

- 전환점에는 크게 두 가지 유형이 있다. 첫 번째가 '반전 전환 점'이다. 이는 '시장에서의 기본적 흐름의 변화로서 새로운 움직임이 시작되는 완벽한 심리적 시점이며, 기본 추세의 주요한 변화'로 정의된다. 장기 추세의 바닥에서의 전환점인지 천장에서의 전환점인지는 중요치 않다.

두 번째는 '연속 전환점'이다. '반전 전환점'이 명백한 추세 변화를 의미하는 반면에 '연속 전환점'은 현 추세가 진행 중임을 확정하는 의미가 있다. 이는 다음번 상승 추세가 나타나기 전의 통상적 강화의 형태로 나타난다.

주요 전환점은 '거래량'의 폭증을 동반한다는 점에 주목하라. 전환점은 타이밍의 핵심적 도구로써 시장의 진입 및 청산 시점을 드러내는 방아쇠 역할을 한다.

- 강세장의 막바지에서 연 수익의 30배, 40배, 50배, 60배 가격으로 매매되는 이른바 우량주의 행보에 주목하라. 이러한 주식은 통상적으로 수익의 8~12배 사이에서 매매되었을 주식일 것이다. 이는 너무 비정상적인 주가수익률이라는 뜻이다.

- 한창 유행하는 주식이라는 것 빼고는 그럴 만한 이유가 딱히

없는데 주가가 오르는 투기성 주식을 경계하라.

- '신고점'은 타이밍 전략에서 매우 중요한 신호다. 사상 최고치로 신고가를 경신했다는 것은 그 주식이 과도한 공급 물량에도 굴하지 않고 가격이 상승했고 따라서 최소 저항선이 앞으로 강력한 상승 경향을 나타낼 가능성이 크다는 의미일 수 있다. 대개 사람들은 주식이 신고가를 경신했을 때 곧바로 내다 팔고 더 싼 주식이 없나 찾는다.

: 하향식 매매 – 추세를 따르라, 주요 시장을 점검하라

투자자는 매매에 나서기 전에 시장의 전반적 추세, 즉 최소 저항선부터 파악해야 한다. 이 최소 저항선이 상승하는지 하강하는지 알아야 한다. 전체 시장이나 개별 주식이나 상황은 마찬가지다. 매매개시 전에 알아야 할 기본적인 사항은 시장의 전반적 추세가 상승세인지 하락세인지 아니면 횡보세인지 하는 부분이다. 매매에 나서기 전에 먼저 이 부분부터 확인해야 한다. 시장의 전반적 추세가 자신에게 유리하지 않다면 극히 불리한 상황에서 매매하는 것이나 마찬가지다. 흐름을 따르라. 추세를 거스르지 마라. 폭풍이 일 때는 항해에 나서지 마라. 그리고 무엇보다 시장에 맞서지 말아야 한다는 점을 기억하라.

- **업종의 집단적 행동이 타이밍의 핵심 신호다**

  주가가 움직일 때는 한 종목이 단독으로 움직이지는 않는다. U.S. 스틸의 주가가 오르면 머지않아 베들레헴, 리퍼블릭, 크루서블 등이 따라 오른다. 그 이유는 간단하다. U.S. 스틸의 영업이 호조를 보인 근본 원인이 타당한 것이라면 철강업계의 나머지 기업들도 같은 원인을 공유하고 있을 것이고 따라서 같은 주가 행보를 나타낼 것이다.

- **선도 업종 내 선도주를 매매하라**

  특정 업종 내에서도 가장 지배적인 종목을 매수하라.

- **강세장에서 상승 추세를 주도하는 시장 선도주에 주목하라**

  이러한 선도주들이 흔들리면서 신고가 형성에 실패하는 것은 시장추세가 바뀌었다는 신호일 수 있다. 선도주가 이러한 행보를 보이면 전체 시장도 이 흐름을 따르게 된다.

- **주식시장 흐름을 분석하려 할 때는 당일 가장 두드러진 행보를 나타냈던 선도주로 선택의 범위를 좁혀라**

  선도주에서 이익을 낼 수 없다면 그 시장에서도 이익을 낼 수 없다. 이익의 기회는 선도주의 흐름에서 찾을 수 있다. 관심 종목의 수를 제한하면 관리와 통제가 한결 수월해진다.

- **손절매 수준을 정해두어라**

  주식을 매수하기 전에 주가가 자신에게 불리한 방향으로 움직이는 경우 어느 수준에서 주식을 매도할지 미리 정해두어야 한다는 의미다. 일단 정한 손절매 수준은 반드시 지켜야 한다.

- 처음부터 대규모 포지션을 취하지 말고 일단 소규모 포지션을 취해 자신의 시장 판단이 옳은지를 시험하라

성공하는 트레이더는 성공 확률이 가장 높을 때 돈을 거는 법이다. 목표로 한 포지션 크기를 한 번에 다 채울 필요는 없다. 소규모 포지션을 이용한 시험 매매를 통해 자신의 시장 판단과 타이밍 분석이 옳은지 확인하고 최소 저항선의 방향도 확인하라. 이러한 '시험 매매 접근법'은 타이밍뿐 아니라 '자금관리'에서도 중요한 요소로 작용한다.

- 뜻밖의 기회가 왔다면 이를 놓치지 말고 잡아라

트레이더는 '예측할 수 없는', 즉 절대로 예상이 안 되는 상황에 신속히 대처할 수 있어야 한다. 반면에 상황이 영 좋지 못하다면 미련을 버리고 포지션을 청산하라. 그리고 다시는 뒤돌아보지 말고 깨끗이 털어버려라.

- 장기 상승 추세 이후에 거래량이 증가하고 주가가 등락을 거듭하는 상황을 경계하라

이것은 현 추세의 끝이 임박했다는 하나의 단서이자 경고등이다. 또 이는 강세에서 약세로, 기관에서 일반 개인의 손으로, 매집에서 분산으로 흐름이 넘어가고 있다는 신호일 수도 있다. 일반 대중은 이러한 거래량의 증가 현상을 천장 혹은 바닥을 암시하는 신호가 아니라 활기찬 시장에서 늘 겪는 통상적 수준의 주가 조정으로 간주하는 경우가 종종 있다.

: 자금관리 규칙

- 손절매 기준을 세워라. 투자자는 주가가 자신에게 불리한 방향으로 움직이는 경우 어느 수준에서 주식을 매도할지 미리 정해두어야 한다. 특히나 첫 매매 시에는 손절매 수준을 정하는 것이 필수적이다. 주가 움직임에 따라 손절매 기준을 조정하는 이른바 추적청산_{trailing stop: 고점 대비 일정 비율 이상 하락할 때 자동으로 매도하여 그간의 이익을 보존하는 방식-역주} 전략을 사용할 수도 있다. 그리고 손절매 원칙을 세웠으면 이를 반드시 지켜라! 투자 자본의 10%를 넘어서는 손실은 끌어안지 마라. 발생한 손실을 만회하려면 두 배의 이익을 내야 한다.

  리버모어는 10%의 증거금으로 모든 매매를 했던 버킷샵에서 이 원칙을 터득했다. 버킷샵에서는 손실이 10% 제한선을 초과

리버모어의 10% 손실 제한 원칙

초기 자본금(달러)	손실액(달러)	잔액(달러)	손실률(%)	손실 회복에 필요한 이익률(%)
1,000	80	920	8.0	8.7
	100	900	10.0	11.1
	200	800	20.0	25.0
	300	700	30.0	42.8
	400	600	40.0	66.6
	500	500	50.0	100.0

하면 포지션이 자동으로 청산됐다. 10% 손실 제한 원칙은 자금을 관리하는 데 중요한 요소다. 더불어 중요한 '타이밍' 규칙의 하나이기도 하다. 투자 자본의 10%를 넘어서는 손실은 끌어안지 마라! 50%의 손실이 났을 때 이를 만회하려면 100%의 이익을 내야 한다!

- 추가 증거금 납부 요청에 응하지 말고 또 평균 매입단가를 낮추려 하지 마라.

- 주기적으로 장부상의 이익을 '실제 돈'으로 바꿔 그 이익을 실현하라. 그리고 이익금의 일정 비율을 떼어 은행에 예치하거나 채권, 연금 등과 같은 안전 상품에 넣어두어라. 현금이 왕이다. 과거에도 그랬고 지금도 그렇고 앞으로도 '현금이 최고'라는 사실에는 변함이 없을 것이다. 현금은 권총의 총알이나 마찬가지다. 리버모어는 이러한 규칙을 꽤 여러 번 어긴 결과 여러 차례 큰 손실을 보았다.

- 시간 차원을 탐구하고 이를 충분히 이해하라. 시간은 돈이라 말하지만, 반드시 그런 것은 아니다. 돈이 그냥 놀고만 있는 때도 있기 때문이다. 시간은 시간이고 돈은 돈이다. 그냥 놀고 있던 돈이 나중에 좋은 기회를 만나 큰돈을 안겨줄 수도 있다. 인내, 인내, 인내! 그것이 바로 성공의 열쇠다. 절대로 서두르지 마라!

- 서두르지 마라! 성공하는 투자자가 시장에 항상 발을 담그고 있는 것은 아니다. 투자를 자제하고 현금 포지션을 취해야 할

때가 상당히 많다. 시장 추세가 불확실하다면 시장 진입을 보류하고 다음 추세가 확정될 때까지 참고 기다려라.

- '시험 매매' 전략을 사용하여 포지션을 구축하라. 첫 '시험 매매'에서 이익이 나지 않으면 두 번째 매매에 나서지 마라. 단번에 전체 포지션 크기를 다 채우지 마라. 시험 매매 격인 첫 매매 결과를 기다렸다가 여기서 이익이 나면 포지션을 늘려 나간다. 좀 더 구체적으로 말하자면, 처음에는 목표 포지션의 20%를 취하고 그다음에 20%, 또 다음에 20%를 취한다. 자신의 시장 판단이 옳았음이 확증될 때까지 기다렸다가 나머지 40%의 포지션을 취해 처음에 목표했던 포지션 크기를 완성한다. 각 '시험 매매' 단계가 모두 전체 포지션을 구축하는 중요한 구성 요소다. 언제든 주가 흐름이 자신에게 불리한 방향으로 전개된다면 행동을 멈추고 기다리거나 전체 포지션을 청산하라. 투자 자본의 10%를 넘는 손실은 절대 감수하지 마라.
- 모든 요건이 다 긍정적이라면 손실주는 매도하고 이익주는 보유하라.

자금관리에 관한 핵심 5원칙

- 투자 자본을 보호하라: 주식을 매수할 때 시험 매매 전략을 구사하라.
- 버킷샵에서와 같이 10% 손절매 원칙을 지켜라.
- 현금을 비축해두라.

- 이익주는 계속 보유하라. 이익 실현을 서두르지 마라. 손절매를 하라.
- 이익금의 50%는 따로 떼어 비축하라.

: 감정통제 규칙

- 주식매매를 할 때 가장 중요한 요소가 바로 감정통제다.
- 섣불리 예측하지 마라! 움직이기 전에 우선 시장이 어떤 단서나 신호, 실마리를 제공해줄 때까지 기다려라. 추세가 확정된 이후에 움직여라. 시장 추세를 섣불리 예측하는 것 자체가 실수다. 탐욕과 희망은 형제다. 예상을 바탕으로 결정을 내리지 마라. 시장은 항상 우리에게 시간을 준다. 단서가 나올 때까지 기다린다면 충분한 시간적 여유를 가지고 움직일 수 있다.
- 주식은 각기 다른 성격을 지닌 우리 인간과 비슷하다. 공격적인, 수동적인, 신경이 예민한, 직선적인, 무딘, 보수적인, 미래지향적인, 논리적인, 비논리적인 등으로 표현되는 인간의 본성의 특질을 주식에도 갖다 붙일 수 있다. 그러므로 사람들을 연구할 때처럼 주식을 연구하라. 그러면 특정 상황에서 특정 주식의 반응을 예측할 수 있게 될 것이다. 트레이더 중에는 매매 대상 종목을 특정 가격대로 제한하는 사람도 있다.
- 특정 주식의 가격 흐름에 대한 이유를 찾아내는 데 시간을 낭

비하지 마라. 그보다는 사실 그 자체를 분석 대상으로 삼아라. 해답은 그러한 가격이 형성된 '이유'가 아니라 시세 테이프가 말해주는 '그것'에서 찾아야 한다. 무엇보다 중요한 것은 이것이다. 시세, 즉 시장에 맞서지 마라!

- 주식 트레이더 중에는 자신의 판단이 잘못된 것일 수도 있다고 속삭이는 타인의 말에 귀가 솔깃해서 자신의 생각이나 신념을 슬그머니 접는 경우가 있다. 다른 사람의 조언에 귀 기울이는 것은 결과적으로 잘못된 판단에 이르게 하거나 자신의 생각을 실행하지 못하고 망설이게 한다. 이러한 망설임이나 우유부단함은 자신감 상실로 이어질 수 있고 결국은 막대한 자본 손실을 일으킬 수 있다.

- 비밀정보의 원천은 매우 다양하다. 친인척이나 사랑하는 사람 혹은 이전의 투자로 큰돈을 벌었고 그래서 그 같은 행운을 지인에게도 안겨주고 싶어 하는 친구 등이 정보원이 된다. 이 외에 특정 기업의 홍보 담당자나 선전원 혹은 범죄와 연루된 사람이 비밀정보의 출처가 될 수 있다. 이 점을 기억하라. 비밀정보는 다 위험하다. 비밀정보는 아예 무시하라!

- 자신의 매매 사전에서 희망이라는 단어는 모두 제거하라. 선택한 주식의 주가 흐름에 대해 희망을 품는 것은 도박과 다를 바 없다. 현 주식 포지션을 유지해야 할 합당한 이유가 없다면 다른 선택을 하는 것이 상책이다. 주가가 상승할 것이라거나 하락할 것이라고 기대하다가 깡통을 찬 투자자가 한둘이 아니

다. 희망은 언제나 탐욕과 같이 온다.

- 자신의 감정 상태를 항상 인지하고 있어라. 이익이 났다고 너무 우쭐대지 말고 손실이 났다고 너무 낙심하지도 마라. 늘 '평정심'을 유지해야 한다.

- 시장에서 변하는 것은 아무것도 없다. 단지 시장 참여자들이 달라질 뿐이다. 새로 시장에 참여한 사람들은 경험이 없으므로 1907년 시장 대폭락이나 1927년의 대공황과 같은 이전의 주요 시장 주기에 관한 정보가 기억에 저장돼 있지 않다. 신규 시장 참여자에게는 이러한 주기와 사건들이 새로운 것이겠지만, 시장의 관점에서는 전혀 새로울 것이 없다.

- 투기매매에 관한 방법론이라든지 '공격' 계획을 항상 가지고 있어야 한다. 그리고 그 계획이나 방법론을 늘 지켜야 한다. 시시때때로 계획을 변경하지 마라. 감정적으로나 이성적으로나 자신에게 잘 맞는 방법론을 찾아 이를 고수하라. 자신에게 최적화된 규칙을 항상 따라야 한다.

- 투기자는 '투자자'가 아니다. 투자자와 달리 투기자의 목적은 장기간에 걸쳐 꾸준히 이익을 내는 것이 아니다. 투기자는 자신이 선택한 종목이 어떤 것이든 간에 그 종목의 가격이 상승하거나 하락하는 데서 이익을 내야 한다.

- 혼자 힘으로 매매하라. 자기 돈에 관한 결정을 자신이 직접 내려야 한다. 그리고 자신의 매매 행동에 관해서는 침묵을 지켜라. 이익주에 관한 것이든 손실주에 관한 것이든 그 내용을 다

른 사람에게 발설하지 마라.

• 성공하는 투자자는 시장에 계속 발을 담근 채로 있지 않는다. 매매를 하다 보면 시장 진입을 보류하고 현금 포지션을 취해야 할 때가 상당히 많다. 시장 추세에 확신이 없다면 무리하게 진입하지 말고 더 기다려라.

• 시장이 자신에게 불리한 방향으로 움직일 때는 감정통제의 끈을 더욱 놓치면 안 된다. 그리고 매매에 성공했다고 너무 의기양양해서 돈 벌기 가장 쉬운 곳이 시장이라는 섣부른 망상에 빠지는 지경까지 가서는 안 된다. 시세와 싸우지 마라. 시세야말로 현실이다. 시세에 맞춰 반응하라.

• 훌륭한 트레이더가 갖춰야 할 '정신적 자질'에는 크게 네 가지가 있다.
  – 관찰력: 편견 없이 사실을 관찰하는 능력
  – 기억력: 핵심적 사건을 객관적으로 정확하게 기억하는 능력
  – 수리력: 숫자를 다루는 능력
  – 경험: 경험을 중히 여기고 경험에서 교훈을 얻는 능력

• 리버모어는 잠재적으로 떠오르는 메시지라든가 명백한 충동 등은 잠재의식이 자신에게 전하는 그 무엇이라고 믿는다. 이는 오랜 매매 경험에서 비롯된다. 그래서 리버모어는 그 당시에는 그 이유를 정확히 알 수 없었어도 자신의 내면에서 들리는 소리에 귀를 기울였다. 리버모어는 아리스토텔레스의 다음과 같은 말에 동의한다.

"우리는 우리가 경험한 모든 것의 총합체다."

- 투기매매에 성공하려면 우선 인간의 감정부터 이해하고 이를 다스려야 한다.

  - **탐욕:** 모든 사람에게 존재하는 감정이다. 웹스터 사전은 탐욕을 '무언가를 획득하거나 소유하려는 과도한 욕구'라고 정의하고 있다. 우리는 탐욕의 근원이 어디인지 그리고 이것이 어디를 향해 가는지 모른다. 다만 이것이 모든 인간의 마음에 존재한다는 사실은 안다.

  - **공포:** 언제든 단박에 표면화할 준비가 돼 있는 감정으로서 공포가 생기면 이성은 힘을 쓰지 못한다. 공포심을 느낄 때면 아무리 이성적인 사람도 비이성적으로 행동한다. 사람들은 누구나 손실이 발생하기 시작하면 공포심을 느낀다. 그리고 공포가 생기면 판단력이 흐려진다.

  - **무지:** 시장을 연구하고 시장에서 배워야 한다. 그것도 건성으로가 아니라 아주 자세하고 깊게 탐구하고 배워야 한다. 주식시장은 눈먼 듯 보이는 돈과 빠른 행동을 미끼로 수많은 사람을 오판에 이르게 한다. 무지의 반대는 앎이요, 이 앎이 곧 힘이다.

  - **희망:** 주식시장에서는 희망과 탐욕이 한 몸이라 해도 과언이 아니다. 일단 매매를 개시하면 희망이란 놈이 스멀스멀 기어 나온다. 희망을 품는 것, 상황을 긍정적으로 보는 것, 최고의 상황을 기대하는 것이 다 인간의 본성이다. 그러나 주식시장에서 희망은 무지, 탐욕, 공포 등 다른 '형제'와 마찬가지

로 이성을 마비시킨다. 주식시장은 오로지 사실만을 취급하는데 희망은 그 사실을 가려버린다. 룰렛판에서 승부를 결정짓는 것은 탐욕이나 공포, 혹은 희망이 아니라 검은색의 작은 구슬이다. 이 결과는 자연법칙처럼 객관적이며 최종적인 것으로서 그 누구도 여기에 이의를 제기할 수 없다.

- 주식시장은 호락호락한 곳이 절대 아니다. 마치 대부분의 시간 동안 거의 대다수 사람을 골탕 먹이려고 설계된 곳인 것처럼 말이다. 리버모어의 규칙은 대세를 거스르는 사고를 바탕으로 하기도 한다.
- 시장에 항상 매달려 있는 것은 바람직하지 않다. 경제적인 이유뿐 아니라 정서적 이유 때문에도 시장에서 물러나 있는 것이 필요할 때가 있다.
- 처음에 매수 혹은 매도 결정을 내릴 때와는 다른 방향으로 주가 흐름이 전개될 때는 그 흐름이 처음에 생각했던 방향으로 전개될 때까지 기다려라. 현 주가 흐름에 어긋나는 포지션일 때는 이를 합리화하려고 노력하지 마라.
- 주식에 관한 비밀정보는 주지도 받지도 마라. 그리고 이것만 기억하면 된다. 즉 상승 추세에서는 가격이 상승하고 하락 추세에서는 가격이 하락한다. 누구든 이것만 알면 된다. 그리고 혹시 누구에게 비밀정보랍시고 전해주고 싶다면 '이것만' 알려주면 된다. 그 이상은 안 된다.
- 투자자가 매매를 하다보면 실수를 할 때도 있다. 투자자 자신

도 실수하고 있다는 사실을 안다. 그런데도 중간에서 멈추지를 못하고 그대로 밀고 나간다. 그러다 나중에는 결국 규칙을 지키지 못한 자신을 탓하며 호되게 자책한다. 그러니 자신이 정한 규칙을 절대로 깨지 마라.

- 하락하는 주식을 계속 보유하고 있는 '비자발적 투자자'가 되지 마라.
- 주가가 조정 상태에 있을 때 주식을 매수하지 말고, 주가가 반등할 때 주식을 매도하지 마라.
- '강세' 혹은 '약세'라는 단어를 사용하지 마라. 이러한 단어는 시장 추세에 대한 선입견을 심어줄 우려가 있다. 시장 흐름에 대한 예측이 필요할 때는 '상승 추세' 혹은 '하락 추세'라는 단어를 사용하라. 리버모어가 그랬던 것처럼 간단히 이렇게 말하면 된다. "최소 저항선이 현재 상승 추세다." 혹은 "최소 저항선이 현재 하락 추세다."
- 투기매매도 하나의 사업이다. 다른 유형의 사업과 마찬가지로 여기서 성공하려면 성실, 근면, 노력이 요구된다.

"월스트리트에서 그리고 주식시장에서 새로운 것은 아무것도 없다. 과거에 일어났던 것은 또다시 일어날 것이다. 인간의 본성은 절대 변하지 않기 때문이다. 그리고 이 인간 본성의 기초가 되는 것이 바로 감정이다. 이 감정이 인간의 이성을 항상 흔들어 놓는다. 이 부분은 내가 장담한다."

_제시 리버모어

제시 리버모어의 주식투자 바이블

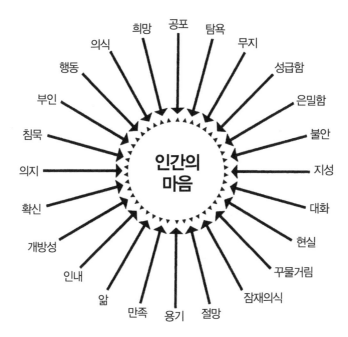

인간의 마음

희망　공포　탐욕
의식　　　　　　무지
행동　　　　　　　성급함
부인　　　　　　　　은밀함
침묵　　　　　　　　　불안
의지　　　인간의　　　지성
확신　　　마음　　　　대화
개방성　　　　　　　현실
인내　　　　　　꾸물거림
앎　　　　　　잠재의식
만족　용기　절망

이상과 같은 원판 한가운데에 투자자가 있다면 이 사람이 견뎌내야 할 정서적 및 심리적 압박감이 상당하다는 것이 눈에 뻔히 보일 것이다. 지그문트 프로이트는 인간의 정신과 본능은 필연적으로 그리고 영원히 갈등하는 관계라고 했다. 칼 융은 성공하는 사람은 궁극적으로 지식, 계몽, 조화를 추구한다고 했다. 투자자는 자신의 감정을 통제할 방법, 그리고 시장에서 사용할 심리적 무기를 결정해야 한다.

부록

제시 리버모어의
마켓 키
(1940년 판)

·
·
·

이 부분은 듀엘 슬론 앤 피어스Duell, Sloan and Pearce에서 최초 출간된 1940
년 판 《주식 매매하는 법》에 담겼던 내용 그대로를 옮긴 것이다. 여기에 제
시한 모든 차트 역시 원본에 소개됐던 형태 그대로 옮겨놓은 것이다. 그리
고 특정 주식의 실제 가격 흐름에 대한 설명과 함께 리버모어의 실제 주가
기록표도 수록했다.

주식시장을 꼼꼼히 탐구하는 성실한 '학생'이 이 부분을 읽는다면 리버모
어가 사용한 수치 가운데 일부는 그대로 따라 하기가 어렵다는 사실을 알
수 있을 것이다.

우리는 1966년에 인베스터즈 프레스Investor's Press, Inc.에서 출간된 제2판본
에 실린 것으로까지 범위를 넓혀 이 다양한 주가 사례표를 이해하려고 노력
했다. 1966년 판까지 검토한 이유는 1940년도 판에 실린 주가 기록표 중에
우리가 발견하지 못한 문제는 없었는지 확인하려는 것이었다.

검토 결과 불일치하는 부분은 없었다. 여기에 실린 내용은 리버모어가 자
신의 책에서 소개했던 그 마켓 키와 정확히 일치한다.

: 리버모어의 마켓 키 Livermore Secret Market Key

오랜 세월 투기매매 일을 해오면서 "주식시장에서 일어나는 일은 전혀 새로울 것이 없으며, 주가 흐름은 반복된다. 주식에 따라 편차는 있지만, 전반적인 주가 패턴은 동일하다"는 결론에 도달했다.

이미 언급했다시피 나는 주가를 기록해야겠다는 강한 충동을 느꼈다. 이것이 주가 흐름을 파악하는 데 도움이 될 것이라고 생각했다. 그래서 열정적으로 이 작업에 몰두했고, 미래의 주가 흐름을 예측하는 데 도움이 되는 출발점을 찾기 시작했다. 물론 쉽지 않은 작업이었다.

이제는 초창기에 시도했던 노력을 되짚어보면서 그러한 작업이 왜 즉시 결실을 보지 못했는지 그 이유를 이해할 수 있게 되었다. 그때는 단순히 투기적 관점에서만 접근했었다. 항상 시장에 발을 담그고 있으면서 단기적인 작은 변동에 따라 진입과 청산 시점을 포착하는 데 필요한 도구를 고안하려고만 했던 것이다. 하지만 다행스럽게도 너무 늦지 않게 이것이 실수였다는 사실을 깨달았다.

나는 계속해서 주가를 기록하는 작업은 그만한 가치가 있을 것이라 믿었고, 언젠가는 내게 유용한 결과물을 안겨줄 것이라 확신했다. 마침내 그 비밀이 베일을 벗었다. 주가를 계속 기록하다 보니, 중간에 발생하는 단발적인 움직임은 전체적인 시장 추세를 파악하는데 별 도움이 안 된다는 사실을 알게 되었다. 그러나 열심히 시장을 주시하면 의미 있는 주가 패턴이 형성된다는 사실을 알 수 있다. 이러한 패턴을 바탕으로 주요 시장 움직임을 예측할 수 있다. 그래서 나는 사소한 움직임은 주목하지 않기로 했다.

내가 계속해서 기록했던 주가표를 꼼꼼히 분석한 결과, 정말로 중요한 주가 움직임을 포착하는 것과 관련하여 가장 중요한 것은 바로 '시간 요소'였다. 이 새로운 사실에 한껏 고무된 나는 그때부터 시간 요소에 관심을 집중했다. 사소한 주가 변동을 일으키는 것이 무엇인지 알아내는 방법을 찾고 싶었다. 나는 이미 확실한 추세가 형성된 시장에도 간헐적 혹은 단발적으로 중간에 수도 없이 주가변동이 일어난다는 사실을 알게 되었다. 이러한 움직임들이 시장 추세를 파악하려는 사람들을 헷갈리게 했다. 그러나 이제 이러한 움직임을 무시하기로 한 이상 내게 이것은 문제가 되지 않았다.

나는 통상적인 조정, 혹은 반등이 시작됐다고 볼 수 있는 시점이 어디인지 알아내고 싶었다. 그래서 주가 움직임의 거리, 즉 주가의 변동폭을 관찰하기 시작했다. 처음에는 1포인트를 기준으로 계산했다. 그런데 별로 만족스럽지가 않았다. 그래서 이번에는 2포인트를, 그다음에는 다시 3포인트를 기준으로 삼아봤다. 그러다 마침내 통상적인 조정이 시작됐음을 나타내는 것으로 생각되는 기준 포인트가 얼마인지 알게 되었다.

상황을 간단히 정리하기 위해 특수한 기록표를 하나 만들었다. 각각의 주가를 기록하기 위해 선을 그어 칸을 만들고 이렇게 만든 표를 나 나름대로 '미래의 주가 움직임을 예측하는 지도'라 명명했다. 각 주식에 총 6개 칸을 할당하여 주가를 기록했다.

- 첫 번째 칸은 부차적인 반등
- 두 번째 칸은 통상적인 반등
- 세 번째 칸은 상승 추세
- 네 번째 칸은 하락 추세
- 다섯 번째 칸은 통상적인 조정
- 여섯 번째 칸은 부차적인 조정

상승 추세 칸에 기록할 때는 검은색 펜으로 수치를 적는다. 상승 추세 칸의 왼쪽 2개 칸에는 연필로 수치를 적어 넣는다. 하락 추세 칸에 기록할 때는 빨간색 펜으로 수치를 적는다. 하락 추세 칸 다음 오른쪽 2개 칸에는 연필로 수치를 적어 넣는다.

따라서 상승 추세 칸이나 하락 추세 칸 중에 한 곳에 주가를 기록하는 자체가 당시의 실제 추세를 확인하는 것과 같은 의미가 있었다. 또 각기 다른 색 펜으로 기록한 수치에도 나름의 의미가 있다. 빨간 펜이든 검은 펜이든 꾸준히 같은 색 펜으로 기록하면 수치를 혼동할 일이 없다.

그리고 연필로 기록한 수치들을 보면 통상적 주가 변동을 확인할 수 있다.나중에 이 표를 다시 작성할 때에 연필로 적은 수치를 옅은 파란색 펜으로 바꿔 적었다.

30달러 이상의 가격으로 거래되는 주식 중에서 주가가 극점고점 혹은 저점에서 6포인트 정도 반등하거나 조정이 일어나면 통상적인 반등 혹은 통상적인 조정이 일어난 것으로 간주하기로 했다. 이러한 반등 혹은 조정은 시장의 전반적 추세가 변했다는 것을 의미하지는 않는다.

제시 리버모어의 주식투자 바이블

이는 단지 시장이 통상적 수준의 주가 변동을 겪고 있음을 나타낸다. 이때의 시장 추세는 반등 혹은 조정이 일어나기 전의 추세와 정확히 같은 것이다.

여기서 나는 한 종목의 주가 움직임만을 보고 그 종목이 속한 업종 전체의 추세가 확실히 바뀌었다는 식으로 확대하여 해석하지는 않을 것이다. 적어도 같은 업종 내 2개 종목의 주가 움직임을 보고 업종의 추세가 확실히 바뀌었는지를 판단할 것이다. 따라서 이때의 가격이 '핵심 가격Key Price'이 되는 것이다. 이 2개 종목의 주가 움직임을 종합하여 내가 말하는 '핵심 가격'을 찾아낸다. 때로는 상승 추세 칸 혹은 하락 추세 칸에 기록될 만큼 한 종목의 주가가 크게 변동하기도 한다. 그러나 한 종목에만 의존하면 전반적 추세를 잘못 판단할 위험이 있으므로, 적어도 2개 종목의 주가 움직임을 종합하여 판단하면 추세 판단에 관해 좀 더 확실한 근거가 된다. 즉 추세를 오판할 가능성이 그만큼 줄어든다. 그러므로 추세가 확실히 변했는지는 '핵심 가격'의 움직임을 통해 확정해야 한다.

이 '핵심 가격' 부분을 좀 더 상세히 설명하도록 하겠다. 앞서 언급했다시피 추세 변동의 기준점을 6포인트라고 봤을 때, 내 주가 기록표를 보면 알 수 있겠지만 U.S. 스틸의 경우 주가가 5¹/⁸포인트 변동했는데도 이를 기록할 때가 있다. 이에 상응하는 베들레헴의 주가가 7포인트 변동했기 때문이다. 이 2개 종목의 주가를 종합한 것이 핵심 가격이 된다. 따라서 이 핵심 가격이 총 12포인트 변동했다면 종목당 6포인트 기준은 충족한 것이 된다.

기록 요건을 충족시키는 수준의 포인트에 도달하면, 즉 두 종목의 평균 주가 변동값이 6포인트이면, 상승 추세 칸에 기록한 마지막 가격보다 높을 때마다 혹은 하락 추세 칸에 기록한 마지막 가격보다 낮을 때마다, 이전의 극단가고가 혹은 저가를 기록한 그 칸에 그 가격을 계속해서 기록해 나간다. 이러한 과정을 추세 반전이 시작될 때까지 계속한다. 그리고 물론 핵심 가격 기준으로 총 12포인트 혹은 평균 6포인트의 주가 변동이 일어난 것이 추세 반전의 기준이 된다.

이렇게 기준 포인트를 정한 이후로는 이 기준을 어긴 적이 없다. 여기에는 예외가 있을 수 없다. 이 주가 기록표를 이용했을 때 애초에 내가 기대했던 것과 다른 결과가 나오더라도 이에 대해 어떠한 변명도 핑계도 대지 않는다. 내가 기록한 이 가격들은 내가 멋대로 만들어낸 것이 아니다. 이 포인트는 당일 매매에서 기록된 실제 가격을 기준으로 정한 것이다.

주가 기록표의 출발점이 되는 포인트를 처음부터 정확히 짚었다고 말하는 것은 뻔뻔스러운 일일 것이다. 게다가 이렇게 말하는 것 자체가 사람들을 호도할 수 있고 또 상당히 불성실한 발언이기도 하다. 사실 나는 오랜 관찰과 분석 끝에 주가 기록의 기준으로 삼을 만한 포인트를 겨우 찾을 수 있었다. 이러한 주가 기록들을 살펴보면 주요 주가 움직임에 관한 접근법을 결정하는 데 유용한 '지도'가 눈앞에 펼쳐질 것이다. 혹자는 성공하느냐 마느냐의 문제는 결정의 시간, 즉 언제 결정하느냐에 달렸다고 말한다.

자신이 작성한 주가 기록표가 어떤 행동을 하라고 가리킬 때 이

지시대로 신속하게 행동할 용기가 있느냐에 따라 성공과 실패가 갈리는 것은 확실하다. 망설였다가는 일을 그르치고 만다. 결단력 있게 행동할 수 있도록 자신의 감정을 다스리는 훈련을 해야 한다. 다른 사람이 설명하거나 이유를 말해주거나 행동의 정당성을 부여해줄 때까지 기다렸다가는 행동할 시기를 놓치고 만다.

예를 하나 들어보겠다. 유럽에서 전쟁이 선포되자 모든 주식의 가격이 급격히 상승한 이후에 통상적인 수준의 조정이 일어났다. 그러고 나서 주요 4개 업종에 속한 모든 종목의 주가가 조정 이전 수준을 회복했고 철강 업종을 제외한 전 종목이 신고가에 거래됐다. 내 방법론에 따라 주가를 꾸준히 기록한 사람은 철강주의 행보에 당연히 관심이 쏠렸을 것이다. 다른 업종의 종목과는 달리 유독 철강주가 상승세를 이어가지 못한 이유가 분명히 있었을 것이다. 당연히 여기에는 그럴 만한 이유가 있었다. 그러나 나는 당시에는 그 이유를 몰랐다. 그리고 나뿐만 아니라 그 이유를 명확히 설명해줄 사람이 어디 있기는 하겠는가 싶었다. 그러나 주가를 꾸준히 기록해왔던 사람이라면 누구나 철강주의 행보를 보고 이제 철강 업종의 상승 추세는 끝났다고 생각했을 것이다.

그런데 그로부터 4개월이 지난 1940년 1월이 돼서야 철강주의 '이상한' 주가 움직임이 설명됐다. 그 당시에 영국 정부가 U.S. 스틸주식 10만 주를 처분했다고 발표한 데다가 캐나다는 2만 주를 팔아 치웠다. 이 같은 사실이 공표될 당시 U.S. 스틸은 1939년 9월에 기록한 고가보다 26포인트 낮은 수준이었고 베들레헴 스틸은 29포인트가 낮았다. 반면에 다른 3개 업종의 주가는 철강주가 고가를 기록했던 때와 같은 시기에 형성된 고가 수준에서 겨우 $2^{1/2}$~ $12^{3/4}$포인트 낮은 수준에 불과했다. 특정 주식에 대해 이를 매수해야 할 혹은 매도해야 할 '충분한 이유'를 찾아내려는 것이 얼마나 어리석은 시도인지가 잘 드러나는 대목이다. 그러한 이유가 확실해질 때까지 기다렸다가는 적절한 시점에 행동할 기회를 놓치고 말 것이다!

투자자 혹은 투기꾼들에게는 시장 자체의 움직임이 이유가 되는 경우를 제외하고는 다른 것은 아무런 의미가 없다. 시장의 움직임이 적절하지 않거나 나타나야 할 움직임과는 다르게 움직일 때 그때가 바로 자신의 생각을 바꿔야 할 시점이다. 주가 움직임에는 다 그럴만한 이유가 있다는 점을 명심하라. 그러나 이 점도 같이 기억하라. 지금 바로가 아니라 시간이 좀 지난 연후에야 그러한 이유를 알 기회가 생길 것이고 그때는 이미 적절하게 행동할 시점을 놓쳐버린 이후일 것이다.

거듭 강조하고자 한다. 지금의 이 공식은 주요 시장 추세가 형성돼 있을 때 중간에 이루어지는 중단기 주가 변동에는 해당 사항이 없다. 따라서 이 공식을 이러한 중단기 주가 변동에 적용하여 매매시점을 포착하려 하는 것은 바람직하지 않다. 이 공식의 목적은 주요한 주가 움직임을 포착하여 중요 추세의 처음과 끝을 알아내려는 것이다. 이러한 목적에 따라 꾸준히 작업하다 보면 매우 유용한 공식을 찾아내게 될 것이다. 이 공식은 30달러 이상의 가격으로 거래되는, 이른바 거래가 활발한 주식을 대상으로 설계되었다. 물론 모든 주식의 주가 움직임을 예측하는 데 무리 없이 사용할 수는 있지만 초 저가주의 경우에는 이 공식을 적절히 수정하여 사용할 필요가 있다. 생각보다 그렇게 복잡하지 않다. 관심이 있는 사람이라면 이 공식에 관한 다양한 국면을 쉽게 이해할 수 있을 것이다.

이후 부분에서는 수치에 대한 설명과 함께 내가 작성한 주가 기록표를 제시하였다.

: 주가 기록표 작성 규칙 설명

1. 상승 추세 칸의 수치는 검은색 펜으로 기록한다.
2. 하락 추세 칸의 수치는 빨간색 펜으로 기록한다.
3. 나머지 4개 칸의 수치는 연필로 기록한다.
4. (a) 통상적인 조정 칸에 수치를 기록하기 시작한 첫날, 상승 추세 칸에 기록한 가장 최근 수치 밑에 빨간 줄을 긋는다. 상승 추세 칸의 가장 최근 가격에서 처음으로 약 6포인트 조정이 이루어졌을 때 시작하면 된다.

   (b) 통상적인 반등 칸 혹은 상승 추세칸에 수치를 기록하기 시작한 첫날, 통상적인 조정칸의 가장 최근 수치 밑에 빨간 줄을 긋는다. 통상적인 조정 칸의 가장 최근 가격에서 처음으로 약 6포인트 반등이 이루어졌을 때를 출발점으로 하면 된다.

   이제 관찰해야 할 전환점 2개가 생긴 셈이다. 시장이 전환점 수준에서 어떤 가격을 형성하는지에 따라 확실한 추세가 재개된 것인지 아니면 그 움직임이 끝난 것인지가 결정된다.

(c) 통상적인 반등 칸에 수치를 기록하기 시작한 첫날, 하락 추세 칸의 가장 최근 수치 밑에 검은 줄을 긋는다. 하락 추세 칸의 가장 최근 가격에서 처음으로 약 6포인트 반등이 이루어졌을 때 시작하면 된다.

(d) 통상적인 조정 칸에 혹은 하락 추세 칸에 수치를 기록하기 시작한 첫날, 통상적인 반등 칸의 가장 최근 수치 밑에 검은 줄을 긋는다. 통상적인 반등 칸의 가장 최근 가격에서 처음으로 약 6포인트 조정이 이루어졌을 때 시작하면 된다.

5. (a) 통상적인 반등 칸에 가격을 기록하던 중, 이 가격이 통상적인 반등 칸의 가장 최근 수치_{밑에 검은 줄 표시가 돼 있음}보다 3포인트 이상 높을 때는 상승 추세 칸에 검은색 펜으로 이 가격을 기록한다.

(b) 통상적인 조정 칸에 가격을 기록하던 중, 이 가격이 통상적인 조정 칸의 가장 최근 수치_{밑에 빨간 줄 표시가 돼 있음}보다 3포인트 이상 낮을 때는 하락 추세 칸에 빨간색 펜으로 이 가격을 기록한다.

6. (a) 상승 추세 칸에 가격을 기록한 이후에 6포인트 정도의 조정이 이루어지면 그 가격을 통상적인 조정 칸에 기록하기 시작한다. 그리고 주식이 통상적인 조정 칸의 가장 최근 가격보다 낮은 가격에 거래될 때마다 항상 그 가격을 통상적인 조정 칸에 기록해 나가면 된다.

(b) 통상적인 반등 칸에 가격을 기록한 이후에 6포인트 정도의

조정이 이루어지면 그 가격을 통상적인 조정 칸에 기록하기 시작한다. 그리고 주식이 통상적인 조정 칸의 가장 최근 가격보다 낮은 가격에 거래될 때마다 항상 그 가격을 통상적인 조정 칸에 기록해 나가면 된다. 이때 그 가격이 하락 추세 칸의 가장 최근 가격보다 더 낮을 때는 이를 하락 추세 칸에 기록한다.

(c) 하락 추세 칸에 가격을 기록한 이후에 6포인트 정도의 반등이 이루어지면 그 가격을 통상적인 반등 칸에 기록하기 시작한다. 그리고 주식이 통상적인 반등 칸의 가장 최근 가격보다 높은 가격에 거래될 때마다 항상 그 가격을 통상적인 반등 칸에 기록해 나가면 된다.

(d) 통상적인 조정 칸에 가격을 기록한 이후에 6포인트 정도의 반등이 이루어지면 그 가격을 통상적인 반등 칸에 기록하기 시작한다. 그리고 주식이 통상적인 반등 칸의 가장 최근 가격보다 높은 가격에 거래될 때마다 항상 그 가격을 통상적인 반등 칸에 기록해 나가면 된다. 이때 그 가격이 상승 추세 칸의 가장 최근 가격보다 더 높을 때는 이를 상승 추세 칸에 기록한다.

(e) 통상적인 조정 칸에 가격을 기록하기 시작했는데 그 가격이 하락 추세 칸의 가장 최근 가격보다 더 낮으면 그 가격은 빨간색 펜으로 하락 추세 칸에 기록한다.

(f) 이와 마찬가지로 통상적인 반등 칸에 가격을 기록하는 중이었는데 그 가격이 상승 추세 칸의 가장 최근 가격보다 더 높을 때는 이 가격을 통상적인 반등 칸에 적지 말고 검은색 펜으

로 상승 추세 칸에 적는다.

(g) 통상적인 조정 칸에 가격을 기록하는 중인데, 이 칸의 가장 최근 가격에서 6포인트 정도의 반등이 이루어졌다고 하자. 이때 이 가격이 통상적인 반등 칸의 가장 최근 가격보다는 낮은 수준이라면 이 가격은 부차적인 반등 칸에 기록한다. 그리고 이러한 가격이 통상적인 반등 칸의 가장 최근 가격을 초과할 때까지는 계속해서 이를 부차적인 반등 칸에 기록한다. 그리고 가격이 통상적인 반등 칸의 가장 최근 가격을 초과할 때 다시 이를 통상적인 반등 칸에 기록하기 시작한다.

(h) 통상적인 반등 칸에 가격을 기록하는 중인데, 이 칸의 가장 최근 가격에서 6포인트 정도의 조정이 이루어졌다고 하자. 이때 이 가격이 통상적인 조정 칸의 가장 최근 가격보다 낮지 않다면 이 가격은 부차적인 조정 칸에 기록한다. 그리고 이러한 가격이 통상적인 조정 칸의 가장 최근 가격보다 낮을 때까지는 계속해서 이를 부차적인 조정 칸에 기록한다. 그리고 가격이 통상적인 조정 칸의 가장 최근 가격보다 낮을 때 다시 이를 통상적인 조정 칸에 기록하기 시작한다.

7. 개별 주식은 6포인트 기준을 사용하지만, 핵심 가격은 12포인트 기준을 사용한다는 것만 빼면 핵심 가격을 기록할 때도 이와 동일한 원칙이 적용된다.

8. 통상적인 반등 칸 혹은 통상적인 조정 칸에 가격을 기록하기 시작하는 순간, 하락 추세 칸 혹은 상승 추세 칸에 기록한 가장

최근 가격이 전환점이 된다. 반등 혹은 조정이 끝난 다음에는 다시 하락 추세 칸 혹은 상승 추세 칸에 기록하기 시작한다. 이 때 이전 칸에 기록된 극단 가격이 또 다른 전환점이 된다.

2개의 전환점이 형성된 다음에야 이러한 가격 기록들이 다음의 중요한 움직임을 정확히 예측하는 데 유용한 수치가 된다. 이러한 전환점 밑에는 빨간색 혹은 검은색으로 두 줄을 그어 놓았기 때문에 확인하기가 쉽다. 주요 가격 흐름을 놓치지 않으려고 이렇게 밑줄을 긋는 것이고 주식의 가격이 이 두 전환점 가운데 한 지점에 혹은 그 지점의 근처에 도달할 때마다 그 상황을 주시해야 한다.

9. (a) 하락 추세 칸에 빨간색 펜으로 기록된 가장 최근 가격에 검은색 밑줄이 있으면 이는 그 가격 지점에서 매수하라는 신호다.

(b) 통상적인 반등 칸에 기록된 가장 최근 가격 밑에 검은색으로 밑줄이 그어져 있고 다음 반등에서 주가가 전환점 가격에 거의 근접한다면, 이 시점에서 시장이 상승 추세로 돌아설 정도로 이 움직임이 강력한 것인지 확인해야 한다.

(c) 반대의 상황도 마찬가지다. 즉 상승 추세 칸에 기록된 가장 최근 가격에 빨간색 밑줄이 그어져 있을 때 그리고 통상적인 조정 칸의 가장 최근 가격에 빨간색 밑줄이 그어져 있을 때도 위와 동일한 원칙이 적용된다.

10. (a) 이 방법론은 통상적인 반등 혹은 조정이 이루어진 다음에 주가가 그 방향 그대로 방향으로 가고 있는지를 확실히 파악

하려는 목적으로 설계된 것이다. 반등 혹은 조정 이후에 주가가 확실히 그 방향상승 혹은 하락 그대로 움직인다면 조만간 이전 전환점을 돌파할 가능성이 크다. 즉 개별 주식을 기준으로 하면 2포인트, 핵심 가격을 기준으로 하면 6포인트가 변동하게 될 것이다.

(b) 그런데 주가가 이러한 흐름을 나타내지 못하고 조정 국면에서 최근 전환점상승 추세 칸에서 빨간색 밑줄이 그어진 가격 수준보다 3포인트 이상 낮은 가격에 거래된다면 이는 상승 추세가 끝났다는 의미다.

(c) 하락 추세에도 동일한 원칙이 적용된다. 통상적인 반등이 끝난 이후에는 가격을 다시 하락 추세 칸에 기록하게 된다. 그런데 새로 기록된 가격이 최근 전환점검은색 밑줄이 그어진 가격 수준보다 3포인트 이상 낮다면 이는 하락 추세가 재개됐다는 확실한 신호다.

(d) 주가가 이러한 추세로 나가지 않고 반등 국면에서 최근 전환점하락 추세 칸에서 검은색 밑줄이 그어진 가격보다 3포인트 이상 높은 가격으로 거래된다면 이는 하락 추세가 끝났다는 의미다.

(e) 통상적인 반등 칸에 가격을 기록하던 중 최근 전환점빨간색 밑줄이 그어진 가격을 약간 밑도는 수준에서 반등이 끝나고 주가가 이전 가격에서 3포인트 이상 조정된다면, 이는 이 주식의 상승 추세가 끝났다는 것을 의미하는 위험 신호다.

(f) 통상적인 조정 칸에 가격을 기록하던 중 최근 전환점검은색 밑줄이 그어진 가격을 약간 웃도는 수준에서 조정이 끝나고 주가가 이전

가격에서 3포인트 이상 반등한다면, 이는 이 주식의 하락 추세가 끝났다는 것을 의미하는 위험 신호다.

: 리버모어 마켓 키의 차트와 설명

차트 1

- 4월 2일에 통상적인 반등 칸에 가격이 기록되기 시작했다. 규칙 설명 6-C 참조. 하락 추세 칸에 적힌 가장 최근 가격에 검은색으로 밑줄을 그었다. 규칙 설명 4-C 참조.
- 4월 28일에 통상적인 조정 칸에 가격이 기록되기 시작했다. 규칙 설명 4-D 참조.

CHART ONE

	SECONDARY RALLY	NATURAL RALLY	UPWARD TREND	DOWNWARD TREND	NATURAL REACTION	SECONDARY REACTION	SECONDARY RALLY	NATURAL RALLY	UPWARD TREND	DOWNWARD TREND	NATURAL REACTION	SECONDARY REACTION	SECONDARY RALLY	NATURAL RALLY	UPWARD TREND	DOWNWARD TREND	NATURAL REACTION	SECONDARY REACTION
		65 3/4							57						122 3/4			
				48 1/2							43 1/4					91 3/4		
		62 1/8							65 7/8						128			
				48 1/4							50 1/8						98 3/8	
1938								56 7/8										
DATE		U.S. STEEL						BETHLEHEM STEEL						KEY PRICE				
MAR23				47								50 1/4					97 1/4	
24																		
25				44 3/4						46 3/4						91 1/2		
SAT26				44						46						90		
28				43 5/8												89 5/8		
29				39 5/8						43						82 5/8		
30				39						42 1/8						81 1/8		
31				38						40						78		
APR.1																		
SAT.2		43 1/2						46 3/8						89 7/8				
4																		
5																		
6																		
7																		
8																		
SAT9		46 1/2						49 3/4						96 1/4				
11																		
12																		
13		47 1/4												97				
14		47 1/2												97 1/4				
SAT16		49						52						101				
18																		
19																		
20																		
21																		
22																		
SAT23																		
25																		
26																		
27																		
28					43													
29					42 3/8						45						87 3/8	
SAT30																		
MAY2					41 1/2						44 1/4						85 3/4	
3																		
4																		

차트 2

- 표 상단에 제시된 가격밑줄 표시된 가격은 전환점 확인을 위해 이전 표차트 1에서 이월 기록한 것이다.

- 5월 5일부터 21일까지는 가격이 기록되지 않았다. 통상적인 조정 칸에 기록된 가장 최근 가격보다 낮은 가격이 없었기 때문이다. 표에 기록할 만큼의 주가 반등도 없었다.

- 5월 27일에 베들레헴 스틸의 가격이 빨간색 펜으로 기록됐다. 하락 추세 칸에 기록된 이전 가격보다 낮은 가격이 형성됐기 때문이다. 규칙 설명 6-C 참조.

- 6월 2일에 베들레헴 스틸은 43달러에서 매수신호가 잡혔다. 규칙 설명 10-C 참조. 같은 날 U.S. 스틸은 $42^{1/4}$에서 매수신호를 냈다. 규칙 설명 10-F 참조.

- 6월 10일에 베들레헴 스틸의 가격이 부차적인 반등 칸에 기록됐다. 규칙 설명 6-G 참조.

CHART TWO

	SECONDARY RALLY	NATURAL RALLY	UPWARD TREND	DOWNWARD TREND	NATURAL REACTION	SECONDARY REACTION	SECONDARY RALLY	NATURAL RALLY	UPWARD TREND	DOWNWARD TREND	NATURAL REACTION	SECONDARY REACTION	SECONDARY RALLY	NATURAL RALLY	UPWARD TREND	DOWNWARD TREND	NATURAL REACTION	SECONDARY REACTION
				38						40						78		
		49						52						101				
1938					41 1/2						44 1/4						85 3/4	
DATE			U.S. STEEL						BETHLEHEM STEEL						KEY PRICE			
MAY 5																		
6																		
SAT. 7																		
9																		
10																		
11																		
12																		
13																		
SAT. 14																		
16																		
17																		
18																		
19																		
20																		
SAT. 21																		
23											44 1/8						85 5/8	
24											43 1/2						85	
25					41 3/8						42 1/2						83 7/8	
26					40 1/8						40 1/2						80 5/8	
27					39 7/8					39 3/4							79 5/8	
SAT. 28																		
31					39 1/4												79	
JUNE 1																		
2																		
3																		
SAT. 4																		
6																		
7																		
8																		
9																		
10							46 1/2											
SAT. 11																		
13																		
14																		
15																		
16																		

차트 3

- 6월 20일에 U.S. 스틸의 가격이 부차적인 반등 칸에 기록됐다. 규칙 설명 6-G 참조.
- 6월 24일에 U.S. 스틸과 베들레헴 스틸의 가격이 검은색 펜으로 상승 추세 칸에 기록됐다. 규칙 설명 5-A 참조.
- 7월 11일에 U.S. 스틸과 베들레헴 스틸의 가격이 통상적인 조정 칸에 기록됐다. 규칙 설명 6-A, 4-A 참조.
- 7월 19일에 U.S. 스틸과 베들레헴 스틸의 가격이 검은색 펜으로 상승 추세 칸에 기록됐다. 이들 가격이 동일 칸에 기록된 가장 최근 가격보다 높았기 때문이다. 규칙 설명 4-B 참조.

CHART THREE

	U.S. STEEL						BETHLEHEM STEEL						KEY PRICE					
DATE	SECONDARY RALLY	NATURAL RALLY	UPWARD TREND	DOWNWARD TREND	NATURAL REACTION	SECONDARY REACTION	SECONDARY RALLY	NATURAL RALLY	UPWARD TREND	DOWNWARD TREND	NATURAL REACTION	SECONDARY REACTION	SECONDARY RALLY	NATURAL RALLY	UPWARD TREND	DOWNWARD TREND	NATURAL REACTION	SECONDARY REACTION
				38						40						78		
		49						52						101				
					39¼					39¾							79	
1938							46½											
June 17																		
SAT. 18																		
20	45⅜						48¼						93⅝					
21	46½						49⅞						96⅜					
22	48½						50⅞						99⅜					
23		51¼						53¼						104½				
24			53¾						55⅛						108⅞			
SAT. 25			54⅞						58⅛						113			
27																		
28																		
29			56⅞						60⅛						117			
30			58⅜						61⅝						120			
JULY 1			59												120⅝			
SAT. 2			60⅞						62½						123⅜			
5																		
6																		
7			61¾												124¼			
8																		
SAT. 9																		
11					55⅝						56¾						112⅜	
12					55½												112¼	
13																		
14																		
15																		
SAT. 16																		
18																		
19			62⅜						63⅛						125½			
20																		
21																		
22																		
SAT. 23																		
25			63¼												126¾			
26																		
27																		
28																		
29																		

차트 4

- 8월 12일에 U.S. 스틸의 가격이 부차적인 조정 칸에 기록됐다. 가격이 통상적인 조정 칸에 기록된 가장 최근 가격보다 낮지 않았기 때문이다. 같은 날 베들레헴 스틸의 가격이 통상적인 조정 칸에 기록됐다. 가격이 통상적인 조정 칸에 기록된 가장 최근 가격보다 낮았기 때문이다.
- 8월 24일에 U.S. 스틸과 베들레헴 스틸의 가격이 통상적인 반등 칸에 기록됐다. 규칙 설명 6-D 참조.
- 8월 29일에 U.S. 스틸과 베들레헴 스틸의 가격이 부차적인 조정 칸에 기록됐다. 규칙 설명 6-H 참조.

CHART FOUR

	SECONDARY RALLY	NATURAL RALLY	UPWARD TREND	DOWNWARD TREND	NATURAL REACTION	SECONDARY REACTION	SECONDARY RALLY	NATURAL RALLY	UPWARD TREND	DOWNWARD TREND	NATURAL REACTION	SECONDARY REACTION	SECONDARY RALLY	NATURAL RALLY	UPWARD TREND	DOWNWARD TREND	NATURAL REACTION	SECONDARY REACTION
			61 3/4						62 1/2						124 1/4			
					55 1/2						56 3/4						112 1/4	
			63 1/4						63 1/8						126 3/8			
1938																		
DATE			U.S. STEEL						BETHLEHEM STEEL						KEY PRICE			
SAT. JULY 30																		
AUG. 1																		
2																		
3																		
4																		
5																		
SAT. 6																		
8																		
9																		
10																		
11																		
12						56 5/8					54 7/8						111 1/2	
SAT. 13						56 1/2					54 5/8						111 1/8	
15																		
16																		
17																		
18																		
19																		
SAT. 20																		
22																		
23																		
24		61 5/8						61 3/8						123				
25																		
26		61 7/8						61 1/2						123 3/8				
SAT. 27																		
29						56 1/8						55					—	
30																		
31																		
SEPT. 1																		
2																		
SAT. 3																		
6																		
7																		
8																		
9																		
SAT. 10																		

차트 5

- 9월 14일에 U.S. 스틸의 가격이 하락 추세 칸에 기록됐다. 규칙 설명 5-B 참조. 같은 날 베들레헴 스틸의 가격이 통상적인 조정 칸에 기록됐다. 빨간색 밑줄이 그어진 이전 가격보다 3포인트 낮은 수준에 이르지 않았기 때문에 계속해서 통상적인 조정 칸에 기록된 것이다.

- 9월 20일에 U.S. 스틸과 베들레헴 스틸의 가격이 통상적인 반등 칸에 기록됐다. U.S. 스틸은 규칙 설명 6-C, 베들레헴 스틸은 6-D 참조.

- 9월 24일에 U.S. 스틸의 가격이 빨간색 펜으로 하락 추세 칸에 기록됐다. 이 칸에 새 가격이 기록된 것이다.

- 9월 29일에 U.S. 스틸과 베들레헴 스틸의 가격이 부차적인 반등 칸에 기록됐다. 규칙 설명 6-G 참조.

- 10월 5일에 U.S. 스틸의 가격이 검은색 펜으로 상승 추세 칸에 기록됐다. 규칙 설명 5-A 참조.

- 10월 8일에 베들레헴 스틸의 가격이 검은색 펜으로 상승 추세 칸에 기록됐다. 규칙 설명 6-D 참조.

CHART FIVE

Date	Sec Rally	Nat Rally	Up Trend	Down Trend	Nat React	Sec React	Sec Rally	Nat Rally	Up Trend	Down Trend	Nat React	Sec React	Sec Rally	Nat Rally	Up Trend	Down Trend	Nat React	Sec React
			63¼						63⅛						126⅝			
				55½				61½			54⅜			123⅜				111⅛
		61⅞																
1938					56⅛						55							
DATE			*U.S. STEEL*						*BETHLEHEM STEEL*						*KEY PRICE*			
SEPT.																		
13				54¼							53⅝						107⅞	
14				52							52½					104½		
15																		
16																		
SAT.17																		
19																		
20		57⅝						58¼										
21		58												116¼				
22																		
23																		
SAT24				51⅞							52						103⅞	
26				51⅛							51¼						102⅜	
27																		
28				50⅞							51						101⅞	
29	57⅛						57¾						114⅞					
30		59¼						59½						118¾				
SAT. OCT.1		60¼						60						120¼				
3		60⅜						60⅜						120¾				
4																		
5		62						62						124				
6		63						63						126				
7																		
SAT.8		64¼						64						128¼				
10																		
11																		
13		65⅜						65⅛						130½				
14																		
SAT.15																		
17																		
18																		
19																		
20																		
21																		
SAT.22		65⅞						67½						133⅜				
24		66												133½				

차트 6

- 11월 18일에 U.S. 스틸과 베들레헴 스틸의 가격이 통상적인 조정 칸에 기록됐다. 규칙 설명 6-A 참조.

DATE	SECONDARY RALLY	NATURAL RALLY	UPWARD TREND	DOWNWARD TREND	NATURAL REACTION	SECONDARY REACTION	SECONDARY RALLY	NATURAL RALLY	UPWARD TREND	DOWNWARD TREND	NATURAL REACTION	SECONDARY REACTION	SECONDARY RALLY	NATURAL RALLY	UPWARD TREND	DOWNWARD TREND	NATURAL REACTION	SECONDARY REACTION
1938 DATE			66 (U.S. STEEL)						$67\frac{1}{2}$ (BETHLEHEM STEEL)						$133\frac{1}{2}$ (KEY PRICE)			
OCT.25			$66\frac{1}{8}$						$67\frac{7}{8}$						134			
26																		
27			$66\frac{1}{2}$						$68\frac{7}{8}$						$135\frac{3}{8}$			
28																		
SAT.29																		
31																		
NOV.1									69						$135\frac{1}{2}$			
2																		
3									$69\frac{1}{2}$						136			
4																		
SAT.5																		
7			$66\frac{3}{4}$						$71\frac{7}{8}$						$138\frac{5}{8}$			
9			$69\frac{1}{2}$						$75\frac{3}{8}$						$144\frac{7}{8}$			
10			70						$75\frac{1}{2}$						$145\frac{1}{2}$			
SAT.12			$71\frac{1}{4}$						$77\frac{5}{8}$						$148\frac{7}{8}$			
14																		
15																		
16																		
17																		
18			$65\frac{1}{8}$						$71\frac{7}{8}$							137		
SAT.19																		
21																		
22																		
23																		
25																		
SAT.26			$63\frac{1}{4}$						$71\frac{1}{2}$							$134\frac{3}{4}$		
28			61						$68\frac{3}{4}$							$129\frac{3}{4}$		
29																		
30																		
DEC.1																		
2																		
SAT.3																		
5																		
6																		
7																		
8																		

차트 7

- 12월 14일에 U.S. 스틸과 베들레헴 스틸의 가격이 통상적인 반등 칸에 기록됐다. 규칙 설명 6-D 참조.

- 12월 28일에 베들레헴 스틸의 가격이 검은색 펜으로 상승 추세 칸에 기록됐다. 같은 칸에 기록된 이전의 최근 가격보다 높은 가격을 형성했기 때문이다.

- 리버모어 방법론에 의하면 1월 4일에 새로운 시장 추세가 나타났다. 규칙 설명 10-A, 10-B 참조.

- 1월 12일에 U.S. 스틸과 베들레헴 스틸의 가격이 부차적인 조정 칸에 기록됐다. 규칙 설명 6-H 참조.

CHART SEVEN

	SECONDARY RALLY	NATURAL RALLY	UPWARD TREND	DOWNWARD TREND	NATURAL REACTION	SECONDARY REACTION	SECONDARY RALLY	NATURAL RALLY	UPWARD TREND	DOWNWARD TREND	NATURAL REACTION	SECONDARY REACTION	SECONDARY RALLY	NATURAL RALLY	UPWARD TREND	DOWNWARD TREND	NATURAL REACTION	SECONDARY REACTION
			$71\frac{1}{4}$						$77\frac{5}{8}$						$148\frac{7}{8}$			
					61						$68\frac{3}{4}$						$129\frac{3}{4}$	
1938																		
DATE			U.S. STEEL						BETHLEHEM STEEL						KEY PRICE			
DEC. 9																		
SAT. 10																		
12																		
13																		
14		$66\frac{5}{8}$						$75\frac{1}{4}$						$141\frac{7}{8}$				
15		$67\frac{1}{8}$						$76\frac{3}{8}$						$143\frac{1}{2}$				
16																		
SAT. 17																		
19																		
20																		
21																		
22																		
23																		
SAT. 24																		
27																		
28		$67\frac{3}{4}$							78					$145\frac{3}{4}$				
29																		
30																		
SAT. 31																		
1939 JAN. 3																		
4		70							80						150			
5																		
6																		
SAT. 7																		
9																		
10																		
11												$73\frac{3}{4}$						
12						$62\frac{5}{8}$						$71\frac{1}{2}$						$134\frac{1}{8}$
13																		
SAT. 14																		
16																		
17																		
18																		
19																		
20																		
SAT. 21						62						$69\frac{1}{2}$						$131\frac{1}{2}$

차트 8

- 1월 23일에 U.S. 스틸과 베들레헴 스틸의 가격이 하락 추세 칸에 기록됐다. 규칙 설명 5-B 참조.

- 1월 31일에 U.S. 스틸과 베들레헴 스틸의 가격이 통상적인 반등 칸에 기록됐다. 규칙 설명 6-C, 4-C 참조.

CHART EIGHT

	U.S. STEEL						BETHLEHEM STEEL						KEY PRICE					
DATE	SEC. RALLY	NAT. RALLY	UPWARD TREND	DOWNWARD TREND	NAT. REACTION	SEC. REACTION	SEC. RALLY	NAT. RALLY	UPWARD TREND	DOWNWARD TREND	NAT. REACTION	SEC. REACTION	SEC. RALLY	NAT. RALLY	UPWARD TREND	DOWNWARD TREND	NAT. REACTION	SEC. REACTION
			$71\frac{1}{4}$						$77\frac{5}{8}$						$148\frac{7}{8}$			
				$\underline{70}$	$\underline{61}$					$\underline{80}$	$\underline{68\frac{3}{4}}$				$\underline{150}$		$\underline{129\frac{3}{4}}$	
1939				62						$69\frac{1}{2}$								$131\frac{1}{4}$
JAN 23			$57\frac{7}{8}$						$63\frac{3}{4}$						$121\frac{5}{8}$			
24			$56\frac{1}{2}$						$63\frac{1}{4}$						$119\frac{3}{4}$			
25			$55\frac{5}{8}$						63						$118\frac{7}{8}$			
26			$\underline{53\frac{1}{4}}$						$\underline{60\frac{1}{4}}$						$\underline{113\frac{1}{2}}$			
27																		
SAT 28																		
30																		
31	$59\frac{1}{2}$						$68\frac{1}{2}$						128					
FEB 1																		
2	60												$128\frac{1}{2}$					
3																		
SAT 4	$60\frac{5}{8}$						69						$129\frac{5}{8}$					
6							$69\frac{7}{8}$						$130\frac{3}{4}$					
7																		
8																		
9																		
10																		
SAT 11																		
14																		
15																		
16							$70\frac{3}{4}$						$131\frac{5}{8}$					
17	$61\frac{1}{8}$						$71\frac{1}{4}$						$132\frac{3}{8}$					
SAT 18	$61\frac{1}{4}$												$132\frac{1}{2}$					
20																		
21																		
23																		
24	$62\frac{1}{4}$						$72\frac{3}{8}$						$139\frac{5}{8}$					
SAT 25	$63\frac{3}{4}$						$74\frac{3}{4}$						$138\frac{1}{2}$					
27																		
28	$64\frac{3}{4}$						75						$139\frac{3}{4}$					
MAR 1																		
2																		
3	$64\frac{7}{8}$						$75\frac{1}{4}$						140					
SAT 4							$75\frac{1}{2}$						$140\frac{3}{8}$					
6																		
7																		

차트 9

- 3월 16일에 U.S. 스틸과 베들레헴 스틸의 가격이 통상적인 조정 칸에 기록됐다. 규칙 설명 6-B 참조.

- 3월 30일에 U.S. 스틸의 가격이 하락 추세 칸에 기록됐다. 같은 칸에 기록된 이전 가격보다 낮은 가격을 형성했기 때문이다.

- 3월 31일에 베들레헴 스틸의 가격이 빨간색 펜으로 하락 추세 칸에 기록됐다. 같은 칸에 기록된 이전 가격보다 낮은 가격을 형성했기 때문이다.

- 4월 15일에 U.S. 스틸과 베들레헴 스틸의 가격이 통상적인 반등 칸에 기록됐다. 규칙 설명 6-C 참조.

CHART NINE

Date	\[US\] Sec.Rally	Nat.Rally	Up.Trend	Down.Trend	Nat.React	Sec.React	\[BETH\] Sec.Rally	Nat.Rally	Up.Trend	Down.Trend	Nat.React	Sec.React	\[KEY\] Sec.Rally	Nat.Rally	Up.Trend	Down.Trend	Nat.React	Sec.React
				53 1/4						60 1/4						113 1/2		
1939		64 7/8						75 1/2						140 5/8				
DATE	U.S. STEEL						BETHLEHEM STEEL						KEY PRICE					
MAR 8		65												140 1/2				
9		65 1/2						75 7/8						141 3/8				
10																		
SAT 11																		
13																		
14																		
15																		
16				59 5/8						69 1/4						128 7/8		
17				56 3/4						66 3/4						123 1/2		
SAT 18				54 3/4						65						119 3/4		
20																		
21																		
22				53 1/2						63 5/8						117 1/8		
23																		
24																		
SAT 25																		
27																		
28																		
29																		
30				52 1/8						62						119 1/8		
31				49 7/8						58 3/4						108 5/8		
APR. SAT 1																		
3																		
4				48 1/4						57 5/8						105 7/8		
5																		
6				47 1/4						55 1/2						102 3/4		
SAT 8				46 7/8						52 1/2						97 3/4		
10																		
11				46 3/4						51 5/8						96		
12																		
13																		
14																		
SAT 15	50						58 1/2						108 1/2					
17																		
18																		
19																		

차트 10

- 5월 17일에 U.S. 스틸과 베들레헴 스틸의 가격이 통상적인 조정 칸에 기록됐고 다음 날인 5월 18일에는 U.S. 스틸의 가격이 하락 추세 칸에 기록됐다. 규칙 설명 6-E 참조. 다음 날인 5월 19일에는 하락 추세 칸에 기록된 베들레헴 스틸의 가격에 빨간색 밑줄을 그었다. 이는 가격이 하락 추세 칸에 기록된 가장 최근 가격과 동일하다는 의미다.

- 5월 25일에 U.S. 스틸과 베들레헴 스틸의 가격이 부차적인 반등 칸에 기록됐다. 규칙 설명 6-G 참조.

CHART TEN

	SECONDARY RALLY	NATURAL RALLY	UPWARD TREND	DOWNWARD TREND	NATURAL REACTION	SECONDARY REACTION	SECONDARY RALLY	NATURAL RALLY	UPWARD TREND	DOWNWARD TREND	NATURAL REACTION	SECONDARY REACTION	SECONDARY RALLY	NATURAL RALLY	UPWARD TREND	DOWNWARD TREND	NATURAL REACTION	SECONDARY REACTION
				44 3/8						51 5/8						96		
1939		50						58 1/2						108 1/2				
DATE			U.S. STEEL						BETHLEHEM STEEL						KEY PRICE			
APR 20																		
21																		
SAT. 22																		
24																		
25																		
26																		
27																		
28																		
SAT 29																		
MAY 1																		
2																		
3																		
4																		
5																		
SAT. 6																		
8																		
9																		
10																		
11																		
12																		
SAT. 13																		
15																		
16																		
17					44 5/8						52						96 5/8	
18				43 1/4												95 1/4		
19																94 7/8		
SAT. 20																		
22																		
23																		
24																		
25	48 3/4						57 3/4						106 1/2					
26	49						58						107					
SAT. 27	49 3/8							—					107 7/8					
29		50 1/4						59 3/8						109 5/8				
31		50 7/8						60						110 7/8				
JUNE 1																		

차트 11

- 6월 16일에 베들레헴 스틸의 가격이 통상적인 조정 칸에 기록됐다. 규칙 설명 6-B 참조.

- 6월 28일에 U.S. 스틸의 가격이 통상적인 조정 칸에 기록됐다. 규칙 설명 6-B 참조.

- 6월 29일에 베들레헴 스틸의 가격이 하락 추세 칸에 기록됐다. 이 가격이 하락 추세 칸에 기록된 가장 최근 가격보다 낮았기 때문이다.

- 7월 13일에 U.S. 스틸과 베들레헴 스틸의 가격이 부차적인 반등 칸에 기록됐다. 규칙 설명 6-G 참조.

CHART ELEVEN

	U.S. STEEL						BETHLEHEM STEEL						KEY PRICE					
DATE	SEC. RALLY	NAT. RALLY	UPWARD TREND	DOWNWARD TREND	NAT. REACTION	SEC. REACTION	SEC. RALLY	NAT. RALLY	UPWARD TREND	DOWNWARD TREND	NAT. REACTION	SEC. REACTION	SEC. RALLY	NAT. RALLY	UPWARD TREND	DOWNWARD TREND	NAT. REACTION	SEC. REACTION
		50	$44\frac{1}{2}$					$58\frac{1}{2}$	51					$108\frac{1}{2}$		96		
				$43\frac{1}{4}$												$94\frac{7}{8}$		
1939	$50\frac{7}{8}$						60						$110\frac{7}{8}$					
JUNE 2																		
SAT. 3																		
5																		
6																		
7																		
8																		
9																		
SAT. 10																		
12																		
13																		
14																		
15																		
16								54										
SAT. 17																		
19																		
20																		
21																		
22																		
23																		
SAT. 24																		
26																		
27																		
28				45						$52\frac{1}{2}$						$97\frac{1}{2}$		
29				$43\frac{3}{4}$							51					$94\frac{3}{4}$		
30 SAT				$43\frac{5}{8}$						$50\frac{1}{4}$						$93\frac{7}{8}$		
JULY 1																		
3																		
5																		
6																		
7																		
SAT. 8																		
10																		
11																		
12																		
13	$48\frac{1}{4}$						$57\frac{1}{4}$						$105\frac{1}{2}$					
14																		

차트 12

- 7월 21일에 베들레헴 스틸의 가격이 상승 추세 칸에 기록됐고 다음 날인 7월 22일에 U.S. 스틸의 가격이 상승 추세 칸에 기록됐다. 규칙 설명 5-A 참조.
- 8월 4일에 U.S. 스틸과 베들레헴 스틸의 가격이 통상적인 조정 칸에 기록됐다. 규칙 설명 4-A 참조.
- 8월 23일에 U.S. 스틸의 가격이 하락 추세 칸에 기록됐다. 이 가격이 하락 추세 칸에 기록된 가장 최근 가격보다 낮았기 때문이다.

제시 리버모어의 주식투자 바이블

CHART TWELVE

DATE	U.S. STEEL – SECONDARY RALLY	NATURAL RALLY	UPWARD TREND	DOWNWARD TREND	NATURAL REACTION	SECONDARY REACTION	BETHLEHEM STEEL – SECONDARY RALLY	NATURAL RALLY	UPWARD TREND	DOWNWARD TREND	NATURAL REACTION	SECONDARY REACTION	KEY PRICE – SECONDARY RALLY	NATURAL RALLY	UPWARD TREND	DOWNWARD TREND	NATURAL REACTION	SECONDARY REACTION
			43 1/4							51						94 7/8		
		50 7/8						60						110 7/8				
				43 5/8							50 1/4						93 7/8	
1939	48 1/4						57 1/4						105 1/2					
SAT. JUL. 15																		
17		50 3/4						60 5/8						111 1/8				
18		51 1/8						62						113 7/8				
19																		
20																		
21		52 1/2						63						115 1/2				
SAT 22			54 1/8						65						118 1/8			
24																		
25			55 1/8						65 3/4						120 1/8			
26																		
27																		
28																		
SAT 29																		
31																		
AUG. 1																		
2																		
3																		
4					49 1/2						59 1/2						109	
SAT 5																		
7					49 1/4												108 1/4	
8																		
9											59						108 1/4	
10					47 3/4						58						105 3/4	
11					47												105	
SAT 12																		
14																		
15																		
16																		
17					46 1/2												104 1/2	
18					45						55 1/8						100 1/8	
SAT 19																		
21				43 3/8							53 3/8						96 3/4	
22																		
23				42 5/8													96	
24				41 5/8						51 7/8						93 1/2		
25																		

차트 13

- 8월 29일에 U.S. 스틸과 베들레헴 스틸의 가격이 통상적인 반등 칸에 기록됐다. 규칙 설명 6-C, 6-D 참조.

- 9월 2일에 U.S. 스틸과 베들레헴 스틸의 가격이 상승 추세 칸에 기록됐다. 이 가격이 상승 추세 칸에 기록된 가장 최근 가격보다 더 높았기 때문이다.

- 9월 14일에 U.S. 스틸과 베들레헴 스틸의 가격이 통상적인 조정 칸에 기록됐다. 규칙 설명 6-A, 4-A 참조.

- 9월 19일에 U.S. 스틸과 베들레헴 스틸의 가격이 통상적인 반등 칸에 기록됐다. 규칙 설명 6-D, 4-B 참조.

- 9월 28일에 U.S. 스틸과 베들레헴 스틸의 가격이 부차적인 조정 칸에 기록됐다. 규칙 설명 6-H 참조.

- 10월 6일에 U.S. 스틸과 베들레헴 스틸의 가격이 부차적인 반등 칸에 기록됐다. 규칙 설명 6-G 참조.

제시 리버모어의 주식투자 바이블

CHART THIRTEEN

	SECONDARY RALLY	NATURAL RALLY	UPWARD TREND	DOWNWARD TREND	NATURAL REACTION	SECONDARY REACTION
		55 3/8	43 1/4		50 1/4	
1939			41 7/8			
U.S. STEEL						
SAT. AUG 26						
28						
29		98				
30						
31						
SEPT 1		52				
SAT 2			55 1/4			
5			66 7/8			
6						
7						
8			69 3/4			
SAT 9			70			
11			78 5/8			
12			82 3/4			
13						
14				76 3/8		
15						
SAT 16				75 1/2		
18				70 1/2		
19	78					
20	80 5/8					
21						
22						
SAT 23						
25						
26						
27						
28				75 1/8		
29				73 1/2		
SAT 30						
OCT 2						
3						
4				73		
5						
6	78 1/2					
SAT 7						

	SECONDARY RALLY	NATURAL RALLY	UPWARD TREND	DOWNWARD TREND	NATURAL REACTION	SECONDARY REACTION
		65 3/8				
1939 BETHLEHEM STEEL			51 7/8			
29		60 1/2				
SEPT 1		65 1/2				
SAT 2			70 3/8			
5			85 1/2			
8			87			
SAT 9			88 3/4			
11			100			
14				91 3/4		
SAT 16				88 3/8		
18				83 3/4		
19	92 3/8					
20	95 5/8					
28				89		
29				86 3/4		
4				86 1/4		
6	92 3/4					

	SECONDARY RALLY	NATURAL RALLY	UPWARD TREND	DOWNWARD TREND	NATURAL REACTION	SECONDARY REACTION
		120 7/8	93 7/8			
1939 KEY PRICE			93 1/2			
29		108 1/2				
SEPT 1		117 1/2				
SAT 2			125 5/8			
5			152 7/8			
8			156 3/4			
SAT 9			158 3/4			
11			178 5/8			
12			182 3/4			
14				168 1/8		
SAT 16				163 7/8		
18				159 1/2		
19	170 3/8					
20	176 1/4					
28				164 1/2		
29				160 1/2		
4				159 1/4		
6	171 1/4					

차트 14

- 11월 3일에 U.S. 스틸의 가격이 부차적인 조정 칸에 기록됐다. 이 가격이 같은 칸에 기록된 가장 최근 가격보다 낮았기 때문이다.

- 11월 9일에 U.S. 스틸의 통상적인 조정 칸에 대시(–) 표시를 했다. 새 가격이 같은 칸에 기록된 가장 최근 가격과 동일했기 때문이다. 같은 날 베들레헴 스틸의 통상적인 조정 칸에는 새 가격이 기록됐다. 이 가격이 같은 칸의 가장 최근 가격보다 낮았기 때문이다.

CHART FOURTEEN

	SECONDARY RALLY	NATURAL RALLY	UPWARD TREND	DOWNWARD TREND	NATURAL REACTION	SECONDARY REACTION	SECONDARY RALLY	NATURAL RALLY	UPWARD TREND	DOWNWARD TREND	NATURAL REACTION	SECONDARY REACTION	SECONDARY RALLY	NATURAL RALLY	UPWARD TREND	DOWNWARD TREND	NATURAL REACTION	SECONDARY REACTION
			82¾						100						182¾			
					70½						83¾						154¼	
		80⅝						95⅝						176¼				
						73						86¼						159¼
1939	78½						92¾						171¼					
DATE			U.S. STEEL						BETHLEHEM STEEL						KEY PRICE			
OCT. 9																		
10																		
11																		
13																		
SAT. 14																		
16																		
17	78⅞						93⅞						172¾					
18	79¼												173½					
19																		
20																		
SAT. 21																		
23																		
24																		
25																		
26																		
27																		
SAT. 28																		
30																		
31																		
NOV. 1																		
2																		
3						72½												
SAT. 4																		
6																		
8						72⅛						86⅛						158¼
9					—						83¼						153¾	
10					68¾						81¾						150½	
13																		
14																		
15																		
16																		
17																		
SAT. 18																		
20																		
21																		
22																		

차트 15

- 11월 24일에 U.S. 스틸의 가격이 하락 추세 칸에 기록됐다. 규칙 설명 6-E 참조. 다음 날인 11월 25일에 베들레헴 스틸의 가격이 하락 추세 칸에 기록됐다. 규칙 설명 6-E 참조.

- 12월 7일에 U.S. 스틸과 베들레헴 스틸의 가격이 통상적인 반등 칸에 기록됐다. 규칙 설명 6-C 참조.

CHART FIFTEEN

	SECONDARY RALLY	NATURAL RALLY	UPWARD TREND	DOWNWARD TREND	NATURAL REACTION	SECONDARY REACTION	SECONDARY RALLY	NATURAL RALLY	UPWARD TREND	DOWNWARD TREND	NATURAL REACTION	SECONDARY REACTION	SECONDARY RALLY	NATURAL RALLY	UPWARD TREND	DOWNWARD TREND	NATURAL REACTION	SECONDARY REACTION
			82 3/4						100						182 3/4			
					70 1/2						83 3/4						154 1/4	
		80 5/8						95 5/8						176 1/4				
1939					68 3/4						81 3/4						150 1/2	
DATE			U.S. STEEL					BETHLEHEM STEEL							KEY PRICE			
NOV.24				66 7/8							81					147 7/8		
SAT.25										80 3/4						147 5/8		
27																		
28																		
29				65 7/8						78 1/8						144		
30				63 5/8						77						140 5/8		
DEC.1																		
SAT.2																		
4																		
5																		
6																		
7		69 3/4						84						153 3/4				
8																		
SAT.9																		
11																		
12																		
13																		
14								84 7/8						154 5/8				
15																		
SAT.16																		
18																		
19																		
20																		
21																		
22																		
SAT 23																		
26																		
27																		
28																		
29																		
SAT.30																		
1940 JAN.2																		
3																		
4																		
5																		
SAT.6																		

차트 16

- 1월 9일에 U.S. 스틸과 베들레헴 스틸의 가격이 통상적인 조정 칸에 기록됐다. 규칙 설명 6-B 참조.

- 1월 11일에 U.S. 스틸과 베들레헴 스틸의 가격이 하락 추세 칸에 기록됐다. 이 가격이 하락 추세 칸에 기록된 가장 최근 가격보다 더 낮았기 때문이다.

- 2월 7일에 베들레헴 스틸의 가격이 6포인트 반등하면서 통상적인 반등 칸에 기록됐다. 다음 날 U.S. 스틸의 가격과 베들레헴 스틸 가격이 기록됐고 핵심 가격이 기록 요건을 충족시키면서 이 역시 기록됐다.

CHART SIXTEEN

	SECONDARY RALLY	NATURAL RALLY	UPWARD TREND	DOWNWARD TREND	NATURAL REACTION	SECONDARY REACTION	SECONDARY RALLY	NATURAL RALLY	UPWARD TREND	DOWNWARD TREND	NATURAL REACTION	SECONDARY REACTION	SECONDARY RALLY	NATURAL RALLY	UPWARD TREND	DOWNWARD TREND	NATURAL REACTION	SECONDARY REACTION
				63 5/8						77						140 5/8		
1940		69 3/4						84 7/8						154 5/8				
			U.S. STEEL						BETHLEHEM STEEL						KEY PRICE			
JAN. 8																		
9					64 1/4						78 1/2						142 3/4	
10					63 3/4												142 1/4	
11				62						76 1/2						138 1/2		
12				60 1/8						74 1/8						134 1/4		
SAT. 13				59 5/8						73 1/2						133 1/8		
15				57 1/2						72						129 1/2		
16																		
17																		
18				56 7/8						71 1/2						128 3/8		
19										71						127 7/8		
SAT. 20																		
22				55 7/8						70 1/8						126		
23																		
24																		
25																		
26																		
SAT. 27																		
29																		
30																		
31																		
FEB. 1																		
2																		
SAT. 3																		
5																		
6																		
7								76 3/8										
8		61						78						139				
9		61 3/4						79 1/2						141 1/4				
SAT. 10																		
13																		
14																		
15																		
16					56 1/8													
SAT. 17																		
19																		

제시 리버모어의 주식투자 바이블

초판 1쇄 발행 2013년 7월 25일
개정판 1쇄 발행 2023년 3월 10일
　　　6쇄 발행 2024년 4월 30일

지은이 제시 리버모어
해설 리처드 스미튼
옮긴이 이은주

펴낸곳 ㈜이레미디어
전화 031-908-8516(편집부), 031-919-8511(주문 및 관리)
팩스 0303-0515-8907
주소 경기도 파주시 문예로 21, 2층
홈페이지 www.iremedia.co.kr **이메일** mango@mangou.co.kr
등록 제396-2004-35호

편집 주혜란, 이병철 **디자인** 이선영 **마케팅** 김하경
재무총괄 이종미 **경영지원** 김지선

ISBN 979-11-91328-77-6 03320

＊ 가격은 뒤표지에 있습니다.
＊ 잘못된 책은 구입하신 서점에서 교환해드립니다.
＊ 이 책은 투자 참고용이며, 투자 손실에 대해서는 법적 책임을 지지 않습니다.

당신의 소중한 원고를 기다립니다.
mango@mangou.co.kr